d

Andrzej Szczypiorski

Europa ist unterwegs

Essays und Reden
Aus dem Polnischen von
Klaus Staemmler

Diogenes

*Die Rückgewinnung des Glaubens. Vom Segen
der Literatur in einer schweren Zeit*
wurde von Winfried Lipscher übersetzt,
*Die Furcht vor der Freiheit. Über die gewandelte Stellung
der polnischen Kirche seit 1989*
von Dorota Stroinska und *Wo leben eigentlich
die Deutschen? Über einige Merkwürdigkeiten in einem
wiedervereinigten Land* von Albrecht Lempp.
Alle anderen Übersetzungen stammen von Klaus Staemmler.
Die Reden *Heute ist alles nur ein Schatten*
und *Die Kunst darf nicht schweigen*
wurden vom Autor auf deutsch gehalten.
Umschlagfoto von Isolde Ohlbaum

Inhalt

Das Wahre, Schöne, Gute

Rede zur *Europa musicale* am 26. Oktober 1993
in München

Zugegeben, ich bin verwundert, daß ich hier vor Ihnen stehe, um über die Musik zu reden. Die Musik ist für mich wie eine schöne Frau – verführerisch, rätselhaft. Ich liebe sie, verstehe aber wenig, ich begehre sie, vermag sie aber nicht zu erkennen.

Über die Musik habe ich wie über die Frau nie geredet. Es ist nämlich das eine zu schreiben – am Schreibtisch, den ich seit langem als letzte, mich von der geheimnisvollen und nicht allzu anziehenden Welt trennende Barrikade ansehe – und etwas anderes, mit voller Stimme zu einem versammelten Publikum zu sprechen.

Gestatten Sie deshalb, daß ich meine Zeit nicht der Musik widme, sondern einer Frau, der einzigen Frau, die immer meine unglückliche Liebe war, nämlich der wehrlosen und faszinierenden, von Zeus auf Kreta geraubten Schönheit, deren Name Europa lautet. Im Polnischen ist sie seit Jahrhunderten weiblichen Geschlechts, was mir erlaubt hat, mich mit einem Gefühl an sie zu wenden, das eine Figur männlichen Geschlechts nie bei mir geweckt hat.

Der große polnische Dichter Miłosz hat sie immer für eine nahe Familienangehörige gehalten und hält sie gewiß weiter für eine solche. Darin sind wir uns einig, doch mein

Verhältnis zu Europa ist im Verlauf eines langen Lebens sehr wesentlichen Wandlungen unterlegen. Als ich ein Kind, ein Junge war, kam es mir vor, als wäre Europa meine Mutter und sorge gut für mich. Im Jahr 1939 jedoch erwies sie sich mir und der großen Mehrheit der Polen gegenüber als Stiefmutter – als grausame, böse Stiefmutter aus den Märchen der Brüder Grimm.

Sie tat nichts, um mich vor der schrecklichen Erfahrung des Krieges zu bewahren, mehr noch, sie selbst rief, getrieben von Egoismus, Kurzsichtigkeit und Einbildung, diese schreckliche Katastrophe hervor. Sie erlaubte, daß ihre jüdischen Kinder ohne jedes Erbarmen ermordet wurden. Sie erlaubte, daß ihre slawischen Kinder, darunter die Polen, dezimiert wurden. Sie erlaubte, daß ihre deutschen Kinder sich von ihrer reichen und schönen Tradition lossagten, um ihre Mutter zu verleugnen, wie seinerzeit Petrus dreimal Jesus verleugnete, ehe der Hahn krähte.

Dasselbe Europa kapitulierte später in Jalta und Potsdam vor dem furchtbaren asiatischen Tyrannen und gab ihm für ein halbes Jahrhundert fast die Hälfte seiner selbst in Gefangenschaft, die Polen, Tschechen, Slowaken, Ungarn, einen erheblichen Teil der Deutschen, die Rumänen, Bulgaren und zahlreiche andere Völker.

In jenen Jahren war sie für mich nicht einmal eine Stiefmutter, sondern ein dummes, egoistisches Weibsstück, das sich ein furchtbares Los bereitete. Sie saß vor dem Spiegel, korrigierte unablässig ihr Aussehen, dachte sich fast Tag für Tag neue verjüngende und duftende Kosmetika aus, war aber im Grunde eine alte und häßliche Hure ohne Grundsätze, um Sartre zu zitieren.

Heute ist sie etwas fülliger geworden und benimmt sich etwas besser, erinnert mich aber an eine Tante, die ich vor Jahren hatte. Diese Tante liebte es, gute Ratschläge zu geben, sie redete sehr viel, hatte auf alles eine passende Antwort, rührte sich aber selbst fast nie von ihrem Sofa.

Wenn ich heute an das Los der Hunderttausende denke, die einen Augenblick vor dem Tod ihrer Nächsten die Nachrichten über weitere europäische Einfälle zur vermeintlichen Beendigung des Balkankrieges hören, kommt mir diese dicke, redselige Tante nicht nur unklug vor, sondern auch unmoralisch. Und doch liebe ich sie und glaube weiterhin, daß es wohl gelingen wird, diese alte Frau zu retten, die so viele Hoffnungen enttäuscht hat.

Denn diese alte Frau ist zum Glück nicht nur aus politischem Lehm geformt, wohnt nicht nur in Parlamenten und Ministerialkabinetts, geht nicht nur zum Cocktail mit Staatsmännern, wo man banale Bemerkungen über das Wetter, die EWG und die NATO, die japanische Konkurrenz und die amerikanische Kurzsichtigkeit austauscht, als hätte es eine europäische Kurzsichtigkeit nie gegeben. Diese alte Frau hört – zum Glück – auch Beethoven und Bach, Chopin und Szymanowski. Sie liest die Gedichte Goethes und Elliots, Puschkins und Mickiewiczs. Sie bewundert auf der Bühne Shakespeare, Molière, Pirandello und Mrożek. Sie greift nach den Büchern von Dostojewski, Faulkner, Flaubert und Mann. Sie hat Freude an ihrer Bewunderung für Michelangelo, Dürer, Fragonard, Murillo, Manet.

Diese alte Frau, die viel gesündigt hat und weiterhin sündigt, manchmal geradezu schamlos, weiß dennoch, was Liebe ist, und begehrt die Liebe sehr.

Liebe ist nicht nur eine Angelegenheit unserer intimen Biografien. Liebe ist auch die Sehnsucht der europäischen Gesellschaften und Nationen. In der Politik gibt es keine Liebe. Aber die gesamte menschliche Kultur, vor allem die von Menschen geschaffene Kunst, stellt eine Frucht der Liebe dar.

Die Menschen sind, meine ich, ihrer Natur nach recht schwach, und eben deshalb gefällt ihnen die Gewalt. Das Böse ist verführerischer als das Gute. Die Barbarei, die in uns steckt, ist ein Teil der Natur, die uns geformt hat. In der Natur gibt es keine Liebe, denn das grundlegende Entwicklungsgesetz in der Natur ist der Tod.

Um die Liebe zu schaffen, um das Liebesbedürfnis hervorzurufen und dieses Bedürfnis zu befriedigen, bedarf es der Kultur und Kunst. Im gleichen Sinne ist jedes Kunstwerk ein Akt der Liebe, drückt es den Wunsch aus, die Welt möge erträglicher sein und weniger grausam, anständiger und weniger schmutzig. Das Kunstwerk ist eine Herausforderung, die der Mensch dem Tod entgegenschleudert – ein Akt tiefer Liebe. Gewöhnlich entsteht es in Leiden, Einsamkeit und großer Angst. In diesem Sinn ist es ein Geschenk für andere Menschen von Seiten des Schöpfers.

Die alte Frau Europa wurde, als sie noch jung und verlockend war, von einem Gott entführt, der die Gestalt eines Stiers annahm. Wie gewöhnlich bei den antiken Griechen ist das ein sehr vielsagendes und gescheites Bild. Getragen von dem machtvollen tierischen Element, ist Europa auf dem Rücken des Stiers schön, nackt und wehrlos, aber trotzdem kann nur sie allein das wilde Tier zähmen. Denn mit ihrer Schönheit und Nacktheit ist sie doch das Symbol der Liebe. Ihr fehlt auch nicht das bißchen Schamlosigkeit und Extravaganz, ohne die man nicht ernstlich an Kunst denken kann. Letzten Endes zeigt gerade die Kunst uns so, wie wir in unserer geheimsten, intimsten Menschlichkeit sind.

Wenn wir weiterhin an die Erlösung glauben sollen – und sogar die Vernunft flüstert uns ein, daß wir ohne einen solchen Glauben unmöglich tapfer, schöpferisch, zukunftsoffen leben können –, müssen wir uns auf die Werte der Kultur konzentrieren. Die Politik ist im Grunde recht langweilig, bestimmt aber unbeständig. Was in Europa wertvoll war, wurde immer in der Sprache der Kunst ausgedrückt. Am meisten verbreitet ist die Sprache der Musik. Sie kennt keine semantischen Barrieren, die die Literatur behindern und begrenzen. Die Musik braucht kein Licht, ohne das die visuellen Künste keinen Zugang zu uns haben. Die Musik mildert nicht nur die Sitten, sondern formt sie auch, weil sie den Menschen erlaubt, sich vor dem Bösen, der Häßlichkeit und dem Alltagselend in der Welt jener wunderbaren Triade zu bergen, welche die antiken Griechen mit den drei Worten das Wahre, das Schöne, das Gute bezeichneten. Diese drei Worte prangen an der Front der alten Oper in Frankfurt, doch sie sind auch in die Herzen derer eingegraben, die sich, auf die Zukunft der europäischen Kultur vertrauend, heute hier versammelt haben.

Meine Worte bedeuten nicht allzu viel. Hundertmal mehr bedeutet die polnische Musik, der dieser Abend gewidmet ist.

Europa ist unterwegs

Über die ›Wende‹ in einigen Ländern Europas
und ihre politischen Folgen für alle

Die Zeit, die vergeht, ist kein Stück Draht. Draht kann man formen, verformen, abschneiden – ja sogar mit Hilfe von Wärme dehnen. Mit der vergehenden Zeit lassen sich solche Experimente nicht vornehmen.

Um im Bereich der hinkenden Vergleiche zu bleiben, möchte ich annehmen, daß die Zeit wie eine Eisenbahnschiene ist, irgendwo jenseits der Reichweite meines Blicks befindet sich ihr Anfang, und irgendwo im fernen Raum wird ihr Ende sein. Dort wird die Lokomotive halten oder entgleisen und vom Bahndamm fallen, eine Katastrophe verursachen.

Mit dem Ende des Jahres 1994 endet nichts, so wie mit seinem Anfang nichts begann. Europa ist unterwegs, Deutschland ist unterwegs, Polen ist unterwegs. Wohin? Wissen wir, in welchem historischen Moment wir unseren Weg gewählt haben?

Man hat sich daran gewöhnt zu meinen, der große Umbruch sei vor einigen Jahren geschehen, zusammen mit dem Sturz der kommunistischen Macht, dem Regierungswechsel in Polen im September 1989, dem Fall der Berliner Mauer im November 1989. Ich bin aber gar nicht sicher, daß damals alles begann.

Im Leben der Völker geht es ähnlich zu wie im Leben des einzelnen. Irgend etwas plagt den Menschen, zunächst nimmt er die Unpäßlichkeit auf die leichte Schulter, dann kommt die Besinnung, der Mensch reflektiert tiefer über seine Lage, er durchlebt einen inneren Aufruhr, reift heran zum Protest, möchte etwas ändern, weiß aber nicht, wie er sich daran machen soll. Er hat einen Lebensplan, einen zweiten, einen dritten – am Ende steht der dramatische Beschluß, das Programm des Handelns, die Konzeption des Wandels, man muß ihn also realisieren. Der Mensch erleidet eine erste, eine zweite Niederlage, doch neben die Enttäuschung tritt auch die Hartnäckigkeit, das moralische Gebot, den Widrigkeiten entgegenzuwirken, und endlich erscheint, lange erwartet, mühevoll vorbereitet, der Tag der Befreiung, der Euphorie, der Befriedigung. Zeit vergeht, und es zeigt sich, daß das Erreichte nicht mehr befriedigt: ein bißchen Nostalgie, ein bißchen Enttäuschung, ein bißchen Zorn, ein bißchen Bitterkeit, ein neues Suchen, wobei der Mensch keineswegs aus vorangehenden Erfahrungen lernt, und das ist ganz natürlich, weil die Stimmung nun anders ist als früher, auch die Umstände sind andere, ja sogar das Wetter ist anders und fördert nicht die Reflexion.

Etwas Ähnliches geschieht auch in den großen sozialen Gruppierungen, in ganzen Völkern und Staaten.

Das Jahr 1994 halte ich für eine Zeit der Nostalgie, des Zögerns, der Ungewißheit, des Nachdenkens über die Zukunft oder vielleicht des intuitiven Wunsches, sich die Zukunft anders einzurichten. Es war wohl ein Jahr des Suchens, eine Sehnsucht nach Veränderung erfaßte die Menschen, was früher gewesen, verlor plötzlich an Reiz, und zugleich keimte in vielen Köpfen der traurige Gedanke, einen Verlust erlitten zu haben, irgend etwas sei plötzlich weniger geworden, doch wissen wir nicht was.

Es steht außer Zweifel, daß wir nicht mehr viel Zeit haben, weil wir älter geworden sind. Doch die Völker denken ja nicht an die Vergänglichkeit. An dieser Stelle enden die Analogien zwischen der Einzelperson und dem Kollektiv.

Und doch haben sich die Völker im Jahr 1994 verhalten, als plagte sie die Enttäuschung, statt Pläne für eine bessere Zukunft auszuarbeiten.

Vielleicht haben die Europäer erst im Jahr 1994 mit einer gewissen Verspätung verstanden, daß kürzlich etwas Großes geschehen, daß die Welt in eine gefährliche Kurve geraten ist.

Die Pariser Marktfrauen, die am 14. Juli 1789 die Bastille einnahmen, kehrten am Abend des gleichen Tages in ihre Häuser zurück, schuppten Fische für das Abendessen und hatten keine Ahnung, daß eine große, die Welt verändernde Revolution begonnen hatte. So ist das gewöhnlich in der Geschichte: Die Menschen, die an den umwälzenden Geschehnissen teilnehmen, haben davon keine Ahnung, sie wissen nicht, daß sie in eine Kurve geraten sind, sie essen weiter ihre Suppe, die in dieser Kurve auch nicht aus dem Teller schwappt. Erst nach kurzer Zeit kann man feststellen, daß eine neue Welt geboren worden ist, die niemand geplant und niemand vorausgesehen hat.

Die Ereignisse der letzten Jahre nennt man in Deutschland ›die Wende‹. In Polen benutzt man die Bezeichnung ›Transformation des Systems‹.

Das sind elegante Euphemismen, die jedoch den Geisteszustand in unserer Zeit bezeugen. Die Menschen haben Angst davor, die Dinge beim Namen zu nennen, Angst vor den zahlreichen pathetischen, aber auch schrecklichen und grausamen Wörtern.

Ich bin Schriftsteller, das Wortmaterial ist mir nahe und wertvoll, ich wohne in einem Hause, das ich aus Wörtern erbaue. Vielleicht fürchte ich mich deshalb weniger vor ihnen und suche gewöhnlich nach den am besten geeigneten, den wahren Namen der Dinge und Erscheinungen.

Schon im Sommer 1989 schrieb ich, was rund um uns geschehe, was wir erlebten, sei einfach eine Revolution. Eine Revolution ist mehr als eine Kurve oder Umformung. Eine Revolution ist ein Erdbeben für die Nationen und für die einzelnen Menschen. Ein großer Umbruch, eine große Umwandlung, ein großes Drama für den einzelnen und die Gemeinschaft, eine alte Welt tritt ab, neue Herausforderungen treten auf, neue Pflichten und Aufgaben, aber auch neue Gedanken und Zukunftsvisionen.

Infolge des Sturzes des Kommunismus und des Zerfalls der Sowjetunion erlebt Europa eine große und wahre Revolution, deren Bedeutung und Folgen sich nur mit dem vergleichen lassen, was Rußland im Jahr 1917 erlebte, als die Bolschewiken nach der Macht griffen und sie mit Waffengewalt an sich rissen, um danach unter Anwendung eines furchtbaren Terrors die kommunistische Tyrannei zu festigen.

Was jetzt vor unseren Augen und unter unserer, nicht immer bewußten Mitwirkung geschah, war nicht nur die Liquidation des früheren Systems in Rußland und seinen

Satellitenstaaten. Was geschah, ist keineswegs – trotz der Illusionen mancher Westeuropäer – eine Rückkehr zur Normalität in den Ländern des früheren realen Sozialismus. Denn was da geschah, ist das Begräbnis eines bestimmten Mythos in der europäischen Kultur, der das geistige Reifen vieler Generationen im 19. und 20. Jahrhundert begleitete, das Begräbnis des Aufklärungsmythos, man könne die ewige Ambivalenz zwischen Freiheit und Gleichheit aufheben, und ebenso der süßen Überzeugung, mit Hilfe ihrer Vernunft könnten die Menschen die Zukunft planen und gestalten.

In diesem Sinne ist die geistige Erschütterung durch diese Revolution wohl noch tiefer und schmerzlicher als die wirtschaftlichen und rechtlich-verfassungsmäßigen Umgestaltungen in Polen, in der früheren DDR, in Tschechien, der Slowakei und Ungarn.

Das alles geschieht schon seit einigen Jahren, und man könnte glauben, die Menschen hätten sich an den Wandel gewöhnt, ihn akzeptiert und im Rahmen dieses Wandels ihr Leben eingerichtet.

Aber das Jahr 1994 hat bewiesen, daß das alles nur Schein war. Erst jetzt, aus der Perspektive der letzten Jahre, die eine gewisse Distanz zur neuen Wirklichkeit geschaffen haben, zeigt sich, daß Europa die alte Vision seiner selbst verloren hat, daß Europa neu gestaltet werden soll, diese Zukunft aber nach alten, abgenutzten Prinzipien und Kriterien ohne Kraft und Sinn organisieren will.

Das ist sehr menschlich und verständlich. Die Landschaften verändern sich, der Mensch aber denkt, wie er früher gedacht hat. Er denkt also z. B., man müsse die frühere DDR so organisieren wie früher die Bundesrepublik. Und er ist verbittert, erstaunt, enttäuscht, daß ihm das nicht gelingt, daß irgend etwas in der alten Maschinerie stockt, daß die Institutionen des Systems zwar noch irgendwie funktionieren, die Leute sich aber von Tag zu Tag anders verhalten, nicht so, wie sie selbst es erwartet haben.

Und der Mensch des Jahres 1994 meint entsprechend seinen früheren Denkgewohnheiten, man müsse nach alten, bewährten Grundsätzen und Kriterien die Europäische Union und die NATO ausweiten. Plötzlich aber zeigt sich, daß es nun nicht mehr die alte, so präzise, elegant und beinahe lyrisch geplante Europäische Union ist, denn der lebendige Organismus Europa bäumt sich auf, etwas Großes ist geschehen, neue Impulse, neue Wünsche, neue Visionen, die man bisher nicht in Worte kleiden konnte. Die Menschen aber spüren ganz genau, daß eine neue Welt erstanden ist und die Stunde der Wahrheit geschlagen hat – und plötzlich überkommt sie die Angst vor den Rätseln der Zukunft.

Der Atlantikpakt bestand fort als Organisation, die der militärischen Herausforderung durch den sowjetischen Imperialismus begegnen sollte. Heute gibt es diese Herausforderung nicht mehr, der Pakt aber existiert weiter, er soll ausgeweitet werden, reorganisiert, doch die Sache sieht immer kläglicher aus. Folglich haben sich die Amerikaner das Bündnis für den Frieden ausgedacht, denn irgend etwas mußte man sich ausdenken, um die intellektuelle Leere zu füllen, in der sich das ganze Verteidigungssystem der westlichen Welt befindet.

Es gibt keine Vision des Morgen, die Wirklichkeit der

Politiker reduziert sich auf die Fortsetzung des Gestern. Dabei ist es unmöglich, die Politik früherer Jahre fortzusetzen, jener Welt der Herausforderungen, Bedrohungen, Unsicherheiten, täglichen Provokationen durch den sowjetischen Imperialismus – unter völlig anderen Bedingungen, wenn man einfach nicht weiß, was Rußland ist, ob es eine Bedrohung darstellt, ob es ein Feind ist, ein Partner oder gar Freund. Man kann nicht viel planen, denn die Erfahrung der letzten Jahre war eine bittere Lehre, aus der man den Schluß ziehen muß, daß alle Voraussicht sich nicht bestätigt und die lebendige Materie der elementaren, heftigen, oft ohne jede intellektuelle Vorbereitung unternommenen und dennoch folgenreichen Handlungen sich der Kontrolle der scharfsinnigen Denker und Praktiker des kollektiven Lebens entzieht.

Die Europäer haben das im Jahr 1994 stark empfunden. Plötzlich befanden sie sich in einer undurchdringlichen Welt voller Rätsel. Vermutlich deswegen reagierten sie ganz instinktiv, geleitet von Unsicherheit und Angst. Sie wußten, irgend etwas war geschehen, sie hatten etwas verloren, mußten etwas erhoffen – und niemand war imstande, ihnen etwas Frieden und Ordnung zu garantieren.

Außerdem leerte sich wohl der Koffer der zeitgenössischen Illusionen. Der Mensch sah plötzlich, dieser Koffer war leer, oder bestenfalls sah man den Boden hervorscheinen. Einige Jahrzehnte lang hatte der europäische Mensch sich eingebildet, der Sinn seines Lebens sei es, materiellen Wohlstand zu erreichen, also Dinge wie soziale Sicherheit, eine hübsche Wohnung, ein hübsches Auto, ein schöner Urlaub in warmen Ländern, eine treue Frau und eine attraktive Freundin. Und plötzlich, nach Jahren, in dieser neuen Welt der Rätsel und Strudel, des Glanzes und des Schattens stellte sich heraus, daß der Volkswagen, ja sogar der Mercedes, der schöne Pelz und die Kanarischen Inseln nicht alles bedeuten. Schlimmer noch, sie befriedigen nicht einmal einen kleinen Teil der Ansprüche, Sehnsüchte und Träumereien.

Und so kehren die Postkommunisten zurück an die Macht – in Polen, in Ungarn. Sie sind nur dem Namen nach Postkommunisten. In der Praxis realisieren sie – wie ihre Vorgänger – das revolutionäre Szenario der Demokratie und des freien Marktes, aber sie sind in die Amtsstuben der Macht zurückgekehrt im Gefolge des gedanklichen Chaos, der Nostalgie und der Unruhe der Wähler, denen die Welt der neuen Herausforderungen zu schwierig erscheint.

So taucht Berlusconi als Triumphator in Rom auf, und die alten großen italienischen Parteien verlassen nach fast einem halben Jahrhundert die Bühne, beladen mit der Schande der Korruption, Unfähigkeit und Dummheit. Das ist ein Zeichen der geistigen Krise südlich der Alpen, ein Zeichen, daß etwas Neues reift – selbst wenn nach meiner Meinung die Dinge dort in eine falsche Richtung gehen.

Etwas Ähnliches geschieht in Frankreich, aber auch in Deutschland, Skandinavien, Österreich und in Großbritannien. Und die Wahlen zum Senat der USA zeigen, daß die Krise der alten politischen Illusionen auch die Amerikaner nicht übergangen hat.

Das Jahr 1994 ist ein Jahr der Ermüdung, Enttäuschung, der Suche, dumpfer Ahnungen, vor allem aber scheint mir, es ist ein Jahr des unausgesprochenen Wunsches von Millionen Menschen nach etwas völlig Neuem in der Zukunft; denn was es bisher gab, ist abgenutzt, man kann sich nicht länger auf diese verrosteten Strukturen verlassen. Der Mensch meint – und das wohl nicht ohne Grund –, daß diese alte Konstruktion die neuen, ungeheuren Lasten einer großen Revolution nicht tragen wird. Und da ist noch etwas, was ich im Jahr 1994 finde. Es gibt eine Sehnsucht, ein Begehren, die neue Wirklichkeit beim Namen zu nennen. Eine intellektuelle Abrechnung zu vollziehen mit der Revolution, die fortdauert. Das ist eine seltsame Revolution, denn sie siegte im Grunde ohne philosophische Vorbereitung. Unsere Bastille vom Ende des 20. Jahrhunderts wurde erobert, aber es gab vorher keine Enzyklopädisten, weder Voltaire noch Diderot noch Jean-Jacques Rousseaus Gesellschaftsvertrag.

Es wäre gut, wenn die Zeit der Schamanen und falschen Propheten nicht morgen käme. Gerade deshalb braucht Europa ein Fundament für die weitere Entwicklung. Nur werden es die Politiker nicht legen.

Unsere revolutionäre Welt braucht eine revolutionäre Vision. Das darf keine neue Ideologie sein, denn alle Ideologien – das hat uns die Geschichte der letzten zwei Jahrhunderte gelehrt – sind mörderisch und menschenfeindlich. Nötig aber ist eine dem Menschen nahe Idee der Einheit und Solidarität im Rahmen der vom Ideal so weit entfernten, gebrechlichen und melancholischen Welt der kapitalistischen Demokratie, die nun schon nicht mehr von der sowjetischen Vision einer Erlösung in der Gefängniszelle bedroht ist, wohl aber von der eigenen Unvollkommenheit, der eigenen Langeweile und dem eigenen Hochmut.

Das Jahr 1994 war eine Zeit der Unruhe, der Unsicherheit und der Angst. Das nächste Jahr müßte das Kapitel der großen Konzentration und der mühevollen intellektuellen Arbeit an der künftigen Gestalt Europas aufschlagen.

Es liegt etwas Bedrohliches in der Distanz, welche die fortgeschrittenen biologischen und technischen Wissenschaften von der rückständigen, anachronistischen Lehre vom Menschen und seiner Kondition trennt. Wir wissen sehr viel über die Materie. Moderne Techniken und Technologien determinieren unser privates und öffentliches Leben, die Gentechnik eröffnet entsetzliche, geheimnisvolle Such- und Experimentierbereiche, der Mensch aber bleibt immer ein Rätsel, seine Reaktionen sind nicht voraussehbar, sein Verhalten entzieht sich der Kontrolle.

Im satten, friedfertigen Europa, das seit einigen Jahren erleichtert aufatmet, weil die imperialen sowjetischen Drohungen verschwunden sind, mordet man Menschen ungestraft auf barbarische Weise, nicht nur durch verbrecherische Banden, sondern auch in den Städten und Dörfern des früheren Jugoslawien, wo die furchtbarsten Züge der menschlichen Natur zutage treten. Die Politiker des zivilisierten Europa aber schwatzen ohne Maß, sie wollen in der Flut gedankenloser und gleichgültiger Worte ihre Gewissensbisse wegen der eigenen Kraftlosigkeit und des eigenen Krämergeistes ertränken.

Europa durchlebt heute seine Ohnmacht, die Krise seiner eigenen Illusionen. Und all das geschieht auf offener Bühne. Vor unseren Augen sterben Menschen zu Tausenden, die Politik im alten Stil erweist sich als ratlos. Sie sieht aus wie eine bewußtlos geschlagene Greisin, die am hellichten Tag auf irgendeiner verkehrsreichen Großstadtstraße von mit Schlagringen bewaffneten Banditen überfallen wurde.

Das Verhalten der Menschen ist ein Rätsel. Der ganze Vorrat an humanistischen europäischen Gedanken kann den neuen Anforderungen nicht gerecht werden. Es fehlt etwas in diesen früher so funkelnden Gedankenkonstruktionen – und nun beginnen die Menschen, am Sinn der vorhandenen demokratischen Institutionen zu zweifeln. Sie beginnen sich umzuschauen nach einem Stärkeren und Rücksichtslosen, der Ordnung schafft und ihnen gestattet, in Ruhe von dem Gebrauch zu machen, was Europa in seinen Häusern, Koffern, Safes, aber auch in seinen Träumen angesammelt hat.

Das ist eine bedrohliche Erwartung, ein bedrohliches Suchen nach neuen Lösungen. Der Neandertaler, der in uns schlummert, kann erwachen und zur Keule greifen. In Jugoslawien hat er das schon getan.

Wir leben in einer Welt ohne Kompaß. Der große historische Sturm hat bewirkt, daß das Schiff Europa driftet und die Besatzung langsam das Vertrauen in die Vernunft, den Mut und die Qualifikationen der eigenen Kapitäne verliert. Doch geht es nicht um die Wachablösung auf der Kommandobrücke. Es geht um eine tiefere Reflexion über das Schicksal des Menschen in der neuen Welt, die uns besser bekannt ist, als wir uns selber kennen.

Das ist, wie ich meine, die wichtigste Herausforderung der gegenwärtigen Revolution. Die Revolution dauert fort, und man weiß nicht, wie sie endet, man weiß nicht, was sich aus ihr ergibt. Notwendig ist eine große Mobilisierung. Vielleicht bin ich gerade darum Pessimist.

Heute ist alles nur ein Schatten

Festrede zur Eröffnung der Europäischen Wochen
in Passau 1995

Es ist dunkler geworden. Vielleicht nur um mich herum oder einfach auf der Welt. Früher war es so hell, daß ich den Umriß jeder Sache sehen konnte. Keine warf einen Schatten. Ich erinnere mich an den Sächsischen Garten, an die Kastanienbäume entlang der Gartenwege und vor allem an die einfachen Menschen mit Schirmmützen, die Damen mit Schleierhüten, die Herren mit Bowlern, die alten Juden in Kaftanen und Krimerkäppchen. Ich erinnere mich an diese ganze umgebrachte Welt, die keinen Schatten auf mein Leben warf.

Es gab ein sehr armes, rückständiges, finsteres Polen, aber gleichzeitig auch ein aufgeklärtes, duftendes, welterfahrenes, wobei dieses zweite immer ein wenig verschämt zu sein schien, als ob es sich seiner Mitschuld bewußt gewesen wäre, daß dieses erste Polen der Armut und der Unaufgeklärtheit immer noch existierte.

Der alte Jude wickelte ein Stück Hering in Zeitung ein, danach trank er Wasser aus einem Straßenbrunnen – das war seine Mahlzeit. Im Restaurant »Zum Blumenstrauß« verköstigten sich die Studenten umsonst, denn Brot und Soßen waren gratis. Der Eigentümer wußte, was er tat. Schließlich sollten aus diesen jungen Menschen in einigen Jahren Ärzte,

Rechtsanwälte, Ministerialbeamte werden, also mit einem Wort – die wohlhabende Klientel einer eleganten Kneipe.

Der Eigentümer hatte sich verkalkuliert. Sowohl er als auch die Studenten mußten bald dafür den Kopf hinhalten.

Die polnische Intelligenz jener Zeit war nicht zahlreich, aber sehr gebildet. Die gebildeten Bürger hegten meist liberale, linke, auf die polnische Staatsunabhängigkeit ausgerichtete Ansichten. Unsere Intelligenz wurde im Geiste des Fortschritts, der Freiheit, Gleichheit und Brüderlichkeit erzogen, was heute ein wenig komisch klingt, denn niemand mehr nimmt die Illusionen des 19. Jahrhunderts ernst.

Vielleicht gerade deswegen ist es dunkler geworden.

Das Polen nach 1918 war souverän, aber sehr rückständig. Das Land erhob sich nach der hundertjährigen Teilung. Alte Menschen erzählten in Warschau, daß man zu Zeiten des Zaren Nikolaus viel besser gelebt hätte, es hätte keine solche Armut, Arbeitslosigkeit und Eigennützigkeit gegeben. Ähnlich wurde in Krakau gesprochen, und mit Wärme erinnerte man sich an Kaiser Franz Joseph. Vielleicht hatten die Alten recht. Aber auch sie freuten sich über die Staatsunabhängigkeit. Die Intelligenz sehnte sich nach einem Wandel. Die Menschen lasen kluge Bücher, diskutierten über bewußte Mutterschaft, waren den klerikalen Tendenzen abgeneigt. Für die riesengroße Mehrheit der gebildeten Polen war damals das liberale und libertinische Frankreich ein Vorbild. Es war interessant, obwohl psychologisch ganz verständlich, daß die nationale und christlich demokratische Rechte oft die Intelligenz in der ersten Generation gewann, jene Bauernsöhne, die mit schrecklicher Anstrengung und durch Entbehrungen sich heraufarbeiteten. Für diese Menschen konnte eine soziale Revolution, oder überhaupt jeder Wandel in Richtung links, nur eines bedeuten – und zwar, daß alles, was sie durch Schuften und Opfer erreichten, sich plötzlich für alle als leicht, billig und einfach erweisen könnte. Niemand verzichtet gern auf seine eigene Außergewöhnlichkeit.

Der große polnische Denker Kolakowski spricht über die totalitäre Versuchung unseres Jahrhunderts. Diese Versuchung fiel aber nicht vom Himmel. Nach dem Großen Krieg 1914–18 begannen der damals schon alte europäische Kapitalismus und die noch jungen europäischen demokratischen Strukturen in eine Krise zu geraten. Das Weimarer Deutschland, Österreich, Italien litten Not. Noch zu Beginn der 30er Jahre kamen in Schweden und Norwegen Todesfälle durch Unterernährung vor. Frankreich, ausgeblutet nach dem Krieg, konnte kaum Atem holen. Was damals im revolutionären Rußland stattfand, beeinflußte das Denken von Millionen Menschen. In Polen war dieser Einfluß verhältnismäßig geringer als anderswo, weil das eine russische Erfahrung war und die Polen – aus verständlichen Gründen – dieser Erfahrung nicht vertrauten.

Aber jenes Europa war immer noch mit den früheren Idealen verbunden. Es dominierte die Überzeugung, daß der Mensch unbegrenzte Möglichkeiten vor sich habe und der Fortschritt der Wissenschaft und Technik einen allgemeinen Wohlstand in der Welt sichere. Man müsse sich nur der Unaufgeklärtheit und Rückständigkeit konsequent widersetzen, die Bildung und die demokratischen Prinzipen, die Ideale der sozialen Gerechtigkeit verbreiten – und dies würde dem Übel ein Ende machen.

Diese Illusionen korrespondierten ganz gut mit dem Programm des wissenschaftlichen Umbaus der Gesellschaft, das durch das Sowjetsystem in Rußland verkündet wurde. G. H. Wells kam voller Begeisterung aus Moskau zurück. Emil Ludwig schrieb gerührt über die Pfeife Stalins. Diese Menschen waren keine Idioten. Genauso könnte man sagen, daß jeder ein Idiot war, der damals an die Ideale der europäischen Aufklärung glaubte.

Selbstverständlich hatte das Sowjetsystem viele Gegner, sogar verbissene Feinde, die schon im Jahre 1917 wußten, daß der Bolschewismus verbrecherisch war. Aber das war damals eine durch das Klasseninteresse vergiftete Meinung, immerhin unternahm der Kapitalismus eine militärische Intervention gegen die Bolschewiken, während außerhalb Rußlands die Arbeitermassen in dem Umbruch eine Chance auf Befreiung sahen. Für Millionen der Ausgebeuteten war das eine frohe Botschaft. Im Verständnis der gebildeten Menschen, die an Idealen der sozialen Gerechtigkeit hingen, konnte das sowjetische Experiment als – vielleicht nicht besonders glückliche oder sogar falsche, aber doch verlockende – Verwirklichung von all dem betrachtet werden, was eine Erbschaft des aufklärerischen Europas war. Schließlich knüpften Marx und Engels ganz bewußt an jenem Nachlaß an, denn im 19. Jahrhundert konnten gebildete und vernünftige Menschen – ehrlich gesagt – nur an ihn anknüpfen.

Vor 150 Jahren war die Zerstörung der Bastille ein lebendiges Symbol des Fortschritts. In der Jugendzeit meines Vaters ebenfalls. Es herrschte damals eine ziemlich verbreitete Meinung. Wenn die Kommunisten zu bösen und gemeinen Taten fähig waren, dann nicht, weil sie die Nachfolger der aufklärerischen Illusionen waren, sondern weil das russische Syndrom der Rückständigkeit, der Willkür, des Mystizismus und der asiatischen Tradition sie prägte. Für die damaligen Kritiker, oder sogar deklarierte Gegner des Kommunismus, waren die Sowjets damals – im theoretischen Sinne – nicht ganz so schlecht.

Nur die sowjetische Praxis sei schlecht gewesen.

In den 30er Jahren erwies sich Europa angesichts der totalitären Herausforderung als ohnmächtig. Gentlemen in Gehröcken und Melonen, Absolventen der berühmten Universitäten fühlten sich in ruhigen Arbeitskabinetts und Bibliotheken ausgezeichnet, aber sehr unwohl mitten auf der Straße. Unwohl in der Menschenmenge, die sich nach einer Änderung, Verbesserung der Lebensverhältnisse sehnte oder zumindest die Hoffnung auf eine solche Verbesserung hegte. Diese Gentlemen führten sehr verwickelte diplomatische Spiele mit den neuen Anführern der Massen.

In den Augen des kultivierten, gebildeten Menschen war Mussolini ein Narr und Hitler ein in grotesker Uniform verkleideter Friseur. Aber das damalige Europa setzte sich nicht mehrheitlich aus diesen kultivierten und gebildeten Menschen zusammen. Ein verbitterter Arbeitsloser, ein vor dem Begehren nach materiellem Aufstieg zerfressener Lump, ein abergläubischer Bauer, ein unaufgeklärter und eitler Spießbürger, mancher durch eine Pleite bedrohte Unternehmer oder Landgutsbesitzer sowie eine zahlreiche Klientel der damaligen Kirche und ein Anhänger der damaligen nationalistischen Illusionen – sie alle setzten auf die neuen Propheten eine gewisse Hoffnung, erblickten eine gewisse Chance.

29

Das war damals das Reich des Schattens, das unreife Gemüter verlockte. Das Reich des Lichtes war ein Erbe der Enzyklopädisten und der französischen Revolutionsepopöe, die neue, unbegrenzte Horizonte eröffnete: Der Mensch und seine Rechte. Der Mensch und seine Würde. Vor allem jedoch der Mensch und seine Vernunft, dank der die Welt sich zum besseren wandelt und nach der rationalisierten Vollkommenheit strebt.

Im Reich des Schattens herrschte eine Irrationalität: ein Kult des Willens, eine Verachtung des Intellektes und der Vernunft, eine Mystik der Gewalt. Das Reich des Schattens gebar das Tausendjährige Reich, die Runenzeichen, die Rache an den Juden als Mörder Gottes, den Orden der ss, die Menschenmengen mit Fackeln. Und gleich danach – die Bücherverbrennung. Niemand erinnerte sich an Heine: Dort, wo man Bücher verbrennt, verbrennt man am Ende auch Menschen.

Das war ein neues Mittelalter, eine Herausforderung, die dem aufgeklärten, liberalen, demokratischen Europa des 19. Jahrhunderts gestellt wurde, das in München Chamberlain verkörperte. Damals erschien er gar nicht als ein feiger Zauderer. Er veranschaulichte eher den guten Willen, das Maßverhalten, die politische Kultur, mit einem Wort – das alles, was in der europäischen Tradition Achtung verdiente. Später sagte Churchill über ihn, daß er die Würde einbüßte, um den Frieden zu retten, aber den Frieden rettete er auch nicht. In den Tagen der Münchner Konferenz sah die europäische Demokratie noch nicht ein, daß sie mit Banditen paktierte. Nur ein anderer Bandit, in Moskau, sprach darüber laut und ungeniert. Später sollte er von dem

Kapital seines aufklärerischen, rationalistischen Scharfsinns lange Jahre Kupons abschneiden.

In den Jahren 1939–45 wurden ganze Völker in Öfen verbrannt. Nach dem Krieg blieb von Europa nur Schutt und Asche. In diesem Schutt und in dieser Asche waren auch der Glaube an Klugheit, Wirksamkeit und Ehrlichkeit der Demokratie verglüht. Mehr noch: Die individualistische Konzeption des Menschen schien einfach kompromittiert zu sein. Immerhin war der Krieg doch ein Zusammenstoß von zwei großen Kollektivsystemen, und der Tod des Individuums hatte an Bedeutung verloren. Das Prinzip der großen Zahlen ließ am Ende am demokratischen Gedankengut Europas zweifeln. Nach dieser historischen Erfahrung konnte es nicht anders sein. Außerdem waren sich alle bewußt, daß Hitler durch die Demokratie verhätschelt worden war, daß die Demokratie ihn mit ihrem Haß wie auch mit ihrem Zynismus genährt hatte, denn sie sah in Hitler eine Waffe gegen die sowjetische Bedrohung.

Aber letztendlich rettete eben diese kommunistische Kriegsmaschinerie Europa vor der durch das Tausendjährige Reich so perfekt geplanten Vernichtung. Die kommunistische Utopie erwies sich im Kampf um die biologische Erhaltung des damaligen Europa erfolgreicher als die geschwätzigen Gentlemen in Gehröcken, die bis Mitte 1941 Schlacht für Schlacht verloren, bis Hitler endlich die Sowjetunion angriff. Aber als er angriff, erwies sich Stalin plötzlich, von heute auf morgen, als der kostbarste Verbündete der Demokratie, als deren mutiger Verfechter, für viele einfach als ein unbestrittener Anführer der freien Welt im Kampf gegen die faschistische Tyrannei Hitlers.

Als auf den Kriegstrümmern die Volksrepublik Polen entstand, bedeutete dies für die überwiegende Mehrheit des polnischen Volkes die Rettung. Die Osteuropäer entrannen dem ihnen von Hitler schon zugeschriebenen Tod. Wer das nicht begreift, begreift überhaupt nichts von jener Epoche. Der eiserne Besen der sowjetischen Konzeption der Welt kehrte zu Beginn all das aus, was den Aufgeklärten als finster, übel und belastet mit der Schuld für das größte Verbrechen gegen die Menschheit vorkam. Derselbe Besen kehrte auch den schwachen, gebrechlichen osteuropäischen Kapitalismus aus – diese beschämende Last, die Arbeitslosigkeit, Armut, den Analphabetismus, die Ausbeutung des Arbeiters und des Bauern sowie die Illusionen der Vorkriegszeit über die Machtstellung kleiner Völker, den abstoßenden Volksantisemitismus, den unaufgeklärten und prahlsüchtigen Klerikalismus, die Scheininstitutionen wie Parlament und Selbstverwaltung, die in den letzten Vorkriegsjahren nur eine Fassade für das autoritäre Regime bildeten. Die neue Wirklichkeit erklärte die kollektive Weisheit der Massen, die jedoch auch aus der Tradition der Intelligenz herrührte, denn das war das romantische Paradigma der revolutionären Berufung des Volkes und auch positivistisches Erziehungsideal.

So war die Volksdemokratie im Osten nicht nur eine totalitäre Versuchung, sondern auch eine Chance, die Schuld der Vergangenheit zurückzuzahlen, in der es den gebildeten Menschen an Energie, Entschlossenheit und politischen Möglichkeiten mangelte, um die fortschrittlichen Umwandlungen zu verwirklichen, die im Westen Europas schon längst vollzogen waren. Im Jahre 1945 gab es in unserer Intelligenz ein ganzes Heer opferbereiter Schwärmer und Idealisten, es gab begeisterte Anhänger der Genossenschaftsbewegung und der Volksuniversitäten für Bauern und Arbeiter, es gab komische Idealisten, die von Glashäusern, Kooperativmolkereien, kostenlosen Kindergärten, Vollbeschäftigung, von der Freiheit, Gleichheit und Bruderschaft träumten...

In der damaligen Zeit gab es keine ernsthafteren programmatischen Unterschiede in der Frage der Nationalisierung der Industrie und der Bodenreform, es gab auch Einvernehmen in puncto Gewerkschaften, Streiks, Sozialversicherungen, Frauengleichberechtigung, allgemein zugänglicher Bildung sowie bei hundert anderen sozialen und wirtschaftlichen Schlüsselfragen. (Doch daran erinnert man sich heute kaum noch oder nur sehr ungern.)

Es gab jedoch zwischen diesen Menschen einen grundsätzlichen Unterschied in der wichtigsten Frage – und zwar in der Auffassung der Souveränität des polnischen Staates. Die Lösung dieses Problems lag aber nicht in polnischen Händen. Die Welt akzeptierte, daß es gut war, wie es war. Die Polen hatten buchstäblich nichts zu sagen.

Schon in den ersten Nachkriegsjahren feierte die Münchner Politik ihre triumphale Wiedergeburt. Schließlich war Jalta eine gigantische Wiederkehr von München, und zum Teil nahmen sogar dieselben Personen daran teil. In jener Zeit konnte man in Polen, in der Tschechoslowakei, in Ungarn zu einer Schlußfolgerung voller Verzweiflung kommen nämlich daß die westliche Demokratie käuflich und ehrenlos war und keine Scharfsinnigkeit besaß.

Im psychologischen Sinne wurde die sogenannte Volksdemokratie z.B. in Polen auf den aufklärerischen Träumereien der Vorkriegszeit, auf der Bitternis der Kriegsniederlage und auf der tiefen Enttäuschung der Massen über die Vorkriegsregierungen aufgebaut. Schließlich wurde diese Demokratie auf der Hoffnungslosigkeit der Nachkriegszeit und auf den Illusionen, die die Polen gegenüber dem Westen so lange gehegt und schließlich begraben hatten, errichtet. Der Westen tat zu Beginn so, als ob alles in Ordnung wäre, quatschte in den späteren Dekaden lange über die Konvergenz und über die Zähmung des sowjetischen Systems, indem er mit Hartnäckigkeit immer neue, illusorische Werte fand, die er als rational und anerkennenswert betrachtete. Dummes Zeug über die Sowjets redeten nicht nur exaltierte Personen wie Eleanor Roosevelt oder Simone de Beauvoir, nicht nur gebildete Kommunisten wie Aragon, Fast, Neruda und Tausende andere Intellektuelle im Westen, sondern auch nüchterne, kühl kalkulierende Politiker wie de Gaulle und Kissinger. Eigentlich nur Adenauer als einziger ließ sich nie von den sowjetischen Posen zum besten halten. Im Rahmen des Verknechtungssystems begann man schon nach 1956 die Sklerose dieses Systems zu spüren. Auch das ließ hoffen, daß es einmal besser sein wird.

Die polnische Intelligenz als die erste von allen Schichten des Volkes driftete zur Seite der antikommunistischen Opposition. Am Anfang unsicher, voller revisionistischer Zweifel, später immer entschlossener. Vielleicht steckte darin etwas vom Syndrom der Schuld für die im ersten Jahrzehnt nach dem Krieg begangenen Sünden, als die gebildeten Menschen mehr als die anderen zur Unterdrückung des Landes beitrugen. Daß sie dazu beigetragen haben, unterliegt keinem Zweifel. Die einen ließen sich von Zynismus und Angst leiten, und diese trugen die meiste Schuld. Ein gebildeter Mensch, der einige Jahre in sowjetischen Verhältnissen zubrachte und am eigenen Leibe die Segen der aufgeklärten stalinistischen Fürsorge erfuhr und der später dieselben Segen in Polen einführte – war nicht nur ein Dummkopf, sondern auch ein Schurke. Denn er wußte doch ganz genau, was er tat. Er tat es also aus niedrigen Beweggründen, aus Angst, aus dem Begehren nach einer Karriere und aus dem Willen nach Erhaltung der Macht, auch wenn er sich selbst für einen der Idee völlig hingegebenen Kommunisten hielt.

Zweifelsohne konnte man einmal im Leben ein idealistischer Kommunist werden, wenn man die sowjetische Praxis nicht kannte. Aber jeder, der sie kennengelernt hatte und doch auf seinen Positionen beharrte, mußte sich dessen bewußt sein, daß er sich an einer Teufelei beteiligte. Und damit war er schon kein anständiger Mensch mehr.

Die anderen, die der schönen, aufklärerischen Illusion unterlagen, sündigten mit der Kurzsichtigkeit, politischen Dummheit und mit dem schwachen Glauben an die europäischen Werte. Die jüngeren, die in neuen Verhältnissen groß wurden und andere Verhältnisse einfach nicht kannten, wollten sinnvoll nach den Möglichkeiten leben, die ihnen in diesen schlechten Zeiten gegeben waren. Ein hegelianischer Biß – sagte ein Philosoph.

Wahrhaftig ein Biß. Aber kein erstbester, sondern ein hegelianischer. Im Ernst gesagt, war dieser Biß verbrecherisch. Daraus ergibt sich jedoch gar nicht, daß jeder Gebissene – zum Verbrecher und jeder Nichtgebissene zum Heiligen wurde.

Es ist schwierig, die Ewigkeit herauszufordern. Die Menschen in Osteuropa glaubten jahrzehntelang daran, daß jene Welt ewig dauern würde. Immerhin lebten in ihr ganze Generationen. Diejenigen, die am Anfang dieses Jahrhunderts geboren wurden und schon als bewußte Menschen zwei Weltkriege erfuhren, verloren später ihre reifen Jahre in verschiedenen Verwicklungen der polnischen Volksrepublik und erlebten in Mehrheit die jetzigen Zeiten nicht mehr. Ihre Kinder, die zu Zeiten Hitlers und Stalins zur Welt kamen, erlangten die Ausbildung und die gesellschaftliche Position zur Zeit der kommunistischen Diktatur. Diese Menschen konnten sich keine andere Wirklichkeit als die vorstellen, die ihnen durch die elende Geschichte unseres Jahrhunderts gegeben war.

Helmut Kohl sprach seinerzeit über »die Gnade der späten Geburt«. Eine schöne Redewendung. Sie konnte im Kopf eines Menschen entstehen, der die Kontinuität der Geschichte verspürt und versucht, ihre schrecklichen Zusammenhänge zu begreifen. Diese »Gnade der späten Geburt« ist sui generis ein Zeugnis des wahrhaftig freien und demokratischen Gedankens, denn nur in der Welt der Freiheit und Demokratie begreift der Mensch, was die Verantwortung für das ist, was als kollektives Schicksal und nicht als Wahl des Individuums bezeichnet werden kann. Bei uns kann man oft junge Menschen treffen, die nicht so denken können. Für sie gibt es keine Kontinuität, sie fühlen sich keiner Verantwortung für die Vergangenheit ihres Landes verpflichtet und finden in ihrer späten Geburt keine Gnade

des glücklichen Zufalls. Nach ihrer mythologisierten Welt-
auffassung stiegen die Polen erst im Jahre 1989 von den
Bäumen. Diese jungen Menschen ähneln manchen Kommunisten, die die Kontinuität der Geschichte auch nicht begrif-
fen, obwohl sie sich auf deren Dialektik ununterbrochen
beriefen.

Heute sagt die junge Rechte, die voller Zorn die ganze
Welt umkrempeln will, daß der Widerspruch der Intelligenz gegen das Regime und später der Protest der Arbeiter
oder der Bauern proportional zu der Abschwächung des
Systems der Tyrannei wuchs. Das ist wahr, aber klingt zu
komisch, um daraus einen politischen oder – was noch
wichtiger ist – einen moralischen Vorwurf schmieden zu
können. Die Tatsache, daß die Rebellion gegen das Regime
erst dann massenhaft wurde, als das System wie ein alter
Gaul kaum Atem schnappte und sich unbeholfen zu refor-
mieren versuchte, ist eine Banalität. Schon Tocqueville
schrieb über diese Gesetzmäßigkeit.

In den Zeiten, wo die Gefängnisse voll sind, die Verfolgungen grausam und die Bevölkerung eingeengt ist durch
eiserne Zügel der Polizeiaufsicht, wo eine fremde Armee,
jederzeit zu einem blutigen Eingriff bereit, im Lande steht,
ist der massenhafte Widerspruch kaum zu erwarten. Desto
weniger, wo das Volk soeben aus dem Meer der Vernichtung
auftaucht, dezimiert, verwundet, betrogen, verkauft, um
jede Hoffnung beraubt, sechs Millionen Opfer beweinend,
darunter auch den bestialischen Mord an der eigenen
Hauptstadt, wo die tragischste polnische Schlacht um die
Unabhängigkeit verloren wurde.

Aber abgesehen von all diesen Fakten, wartet die Geschichte der Volksrepublik Polen auf ihre Monografie. Vielleicht werden wir dort erfahren, was für eine Rolle es spielte, daß die Staatsmacht von der alten, teilweise kommunistischen, teilweise nur von linken Träumereien genährten Intelligenz in die Hände des neuen, vom neuen Staatssystem beförderten bäuerlichen Parteikaders überging. War das nicht eine der Ursachen, warum die Dynamik der sozialen Umwandlungen aufhörte, die gesellschaftlichen Strukturen petrifiziert und gleichzeitig die Reste der aufklärerischen Illusionen auf den Müll geworfen wurden, die zweifelsohne vor 50 Jahren die Anfänge der kommunistischen Diktatur in Polen, in Ungarn, in der Tschechoslowakei begleiteten?

Mackiewicz schrieb einmal, daß die Ideen wie ein Bumerang zurückkehren, mal auf eine durchaus banale Weise, mal auf einer geraden Linie, mal auf einer krummen, überraschend und merkwürdig. Mackiewicz war selbst überraschend und merkwürdig in seinen geschichtsphilosophischen Ansichten, hatte aber einen scharfen und verführerischen Geist, oft traf er also den Kern dort, wo die anderen jahrelang irrten und keine Lösungen fanden.

Rückblickend kommt der paradoxe Gedanke in den Sinn, daß gerade in Polen, infolge des lange heranreifenden Protestes, die Idee der sozialen Gerechtigkeit breite Menschenmassen für den Kampf gegen das System der sozialen Gerechtigkeit mobilisierte. War doch die »Solidarität« in den Jahren 1980–81 nicht das beste Zeugnis dafür, daß der alte aufklärerische Traum von der Freiheit, Gleichheit und Brüderlichkeit wieder lebendig sei und Millionen Menschen beflügeln könne? Die letzten Jahre waren ein neuer Sturm auf die Bastille. Dieser Sturm ist gelungen, die Bastille wurde zerstört. Sogar im wörtlichen Sinne wiederholte sich etwas, denn die Mauer in Berlin wurde gestürzt, und bis heute verkaufen die Schlaumeier abgeschlagene Mauerstücke für teures Geld.

Aber jene erste Bastille wurde anders eingenommen. Zuerst gab es die Enzyklopädisten, Voltaire, Jean-Jacques Rousseau und seinen »Gesellschaftsvertrag«. Diese Menschen wußten, was sie wollten und woran sie dachten. Später, am 14. Juli 1789, kamen die Pariser Hökerinnen, um die Festung der Tyrannei zu erobern. Als sie die Festung einnahmen, gingen sie nach Hause, Fische für ihre Männer für das Abendmahl abzuschuppen. Niemand wußte damals, daß er eine Revolution führte. Erst später bewies sich, daß etwas Großes passiert war, das das Schicksal der Welt veränderte.

Im Vorsolidarność-Europa gab es in den 60er und 70er Jahren unseres Jahrhunderts weder Enzyklopädisten noch Voltaire noch Rousseau. Es gab im Grunde keine geistige Gärung. Die Bastille wurde ohne jegliche intellektuelle Vorbereitung eingenommen. Es würde schwerfallen, das Werk Solschenizyns für die Bibel der neuen Revolution anzuerkennen. Wenn schon, dann kann man eher auf Milton Friedman hinweisen.

Zwar wurde in Polen viel getan, damit überhaupt eine intellektuelle Projektion der Zukunft entstehen konnte. Es wurden Diskussionen über die Bürgergesellschaft, über die Wirtschaftsreform und das Bedürfnis einer pluralistischen Presse geführt. Diese Diskussionen hatten jedoch einen begrenzten Charakter, denn noch im Frühling 1989 glaubte niemand, daß der Kommunismus die nächsten Monate nicht überstehen sollte. Die Menschen sannen über die Reformen im Rahmen des damaligen Tatbestandes und bedachten nicht eine völlig neue Situation, die einfach unerreichbar schien. Mehr noch, diese ganz neue Situation, die irgendwo am Horizont der Epoche schimmerte, war gar nicht der Kapitalismus. Und auch das war verständlich. Niemand macht eine Revolution, um das zu erreichen, was schon war. Keine Revolution beruft sich auf die Vergangenheit, denn sie müßte in dem Fall sich selbst verraten...

Und so nahten die Stunden eines großen historischen Paradoxes. Die Revolution, die auf ihre Fahnen die alten und über zwei Jahrhunderte hinweg bewährten aufklärerischen Parolen Freiheit, Gleichheit, Brüderlichkeit schrieb und dann noch hinzufügte: gesunder Verstand gegen den Kretinismus des kommunistischen Systems, die Ratio gegen den Aberglauben des Parteirituals, die Computer gegen die Rechenbretter in der Wirtschaft, die Gewissens-, Meinungs- und Aussagefreiheit gegen die stumpfsinnige Zensur, das Wissen gegen die Unaufgeklärtheit. Diese Revolution berief sich gleichzeitig auf voraufklärerische Rudimente der Religiosität und der alten Tradition, auf alte Gebräuche, alte Zeichen und Symbole, auf die zunächst milde, dann immer gewaltsamere Xenophobie. Diese Revolution verkündete egalitäre Parolen und proklamierte gleichzeitig fast von heute auf morgen antiegalitäre Praktiken des freien Marktes, und schon am Tage nach dem Sieg geriet sie in ein programmloses Chaos, wohl gerade deswegen, weil sie intellektuell nicht fundiert war.

Alle Revolutionen in der Weltgeschichte brachen spontan

aus und alle – außer dieser letzten – waren dank der lang-
jährigen Arbeit vieler Geister theoretisch vorbereitet. Aber
am Ende des 20. Jahrhunderts war das infolge der größten
und zynischsten intellektuellen Usurpation, die jemals in
der Kultur Europas begangen wurde, einfach nicht möglich.
Alles, was in der europäischen Tradition vernünftig, fort-
schrittlich, human, aufgeklärt, würdig und edel war, wurde
durch den Kommunismus im Prozeß seiner Entwicklung in
Anspruch genommen – angefangen mit Babeuf über die
utopischen Sozialisten, Marx und Engels, bis zu Lenin und
Stalin sowie ihre geistig verkrüppelten Nachfolger. Und
so wurde das Vernünftige ins Gedankenlose verwandelt,
das Fortschrittliche ins Rückständige, das Humane ins Un-
menschliche und das Aufgeklärte, das Würdige und Edle ins
Unaufgeklärte, Gemeine und Niederträchtige.

Das ganze aufklärerische Erbe Europas war auf die große
und trügerische Idee zurückzuführen, daß der Mensch –
dank seiner Vernunft – einmal die Ambivalenz zwischen der
Freiheit und der Gleichheit überwinde, was allen schließlich
die Brüderlichkeit sichere. Das Experiment des Kommunismus sollte in seinen theoretischen Voraussetzungen darauf
beruhen, daß die Menschen einmal gleich und frei und auf
diese Weise Brüder werden.

Immerhin enttäuschte der Kapitalismus in dieser so
grundlegenden Frage die Erwartungen, selbst dann, als er
unter dem Einfluß der kommunistischen Bedrohung eine
tiefe Reform durchführte. Er unternahm langwierige, aber
doch fruchtlose Bemühungen, um sich mit der Ambivalenz
der Aufklärung – prosaischer und noch schmerzhafter gesagt: mit der menschlichen Natur – erfolgreich zu messen.

Der Kapitalismus strengte sich furchtbar an, damit Europa der aufklärerischen Konzeption des Fortschritts gerecht wurde: die Menschen- und Bürgerrechte, Chancengleichheit, der Staat als Moderator der Verhältnisse auf dem Markt, die parlamentarische Demokratie, der technische Fortschritt, der Wohlstand überall dort, wo die Völker durch große Anstrengung einen riesigen Laib Brot zur Verteilung erwirtschaften, die allgemeinen Versicherungen, der Schirm des Sozialschutzes über den Köpfen der Bedürftigsten, die hohen Steuern für die Reichen, die Begünstigungen für die Schwachen und für die vom Schicksal Benachteiligten, der Wohlfahrtsstaat.

Es unterliegt keinem Zweifel, daß der Kapitalismus einen großen Fortschritt vollzog. Und es unterliegt auch keinem Zweifel, daß er die Erwartungen nicht erfüllte. Im Kapitalismus ist immer wieder der Schrei der riesigen Massen zu hören, deren Begehren nicht erfüllt wurde, die sich nach einer Änderung sehnen, denn das, was besteht, ist schlecht und befriedigt nicht mal einen Bruchteil ihrer Bestrebungen.

Es gibt – wie ich vermute – zwei große Dilemmata, die die Welt der freien Menschen nicht zu lösen imstande war. Das erste Dilemma ist auf psychologische Voraussetzungen zurückzuführen, nach denen der Mensch seine personale Freiheit begreift. Die aufgeklärte Vernunft befaßte sich – fast immer und fast ausschließlich – mit den Problemen der Gemeinschaft: mit dem Staat, mit den gesellschaftlichen Gruppen und den Wechselbeziehungen zwischen ihnen. Im rein theoretischen Sinne bildete das Individuum den Mittelpunkt, aber es war und blieb im Grunde bis heute unerkennbar. In unserem Jahrhundert voller Zweifel und Ängste erschienen Freud, Adler, Bergson, Husserl. Man kann aber fragen, ob sie den aufklärerischen Gedanken fortsetzten oder wohl eher zu seiner Niederlage beitrugen.

Die Freiheit im Rahmen und in den Grenzen des einzelnen bleibt in einem ewigen Streit mit der Gleichheit, oder sie ist sogar etwas mehr – sie ist eine Herausforderung für die Gleichheit. Denn die Freiheit im Verständnis der Politik, der Soziologie, der Lehre vom Staat und der Gesellschaft ist ein ziemlich selbstverständlicher Begriff. Aber im Verständnis des Individuums ist sie rätselhaft, geheimnisvoll, schwer zu definieren, wenn überhaupt definierbar. Das ist ein Begriff, der mit dem Charakter, den Gewohnheiten, der Erziehung zusammenhängt, und es kann sich auch bald erweisen, daß die Freiheit ihre genetischen Grundlagen hat. Denn was bedeutet, daß ich frei bin? Bedeutet es nicht oft, daß ich besser, klüger, reicher, schöner, gesünder als die anderen sein will? Widersprechen meine Freiheit, mein Wille zur Freiheit, nicht dem Prinzip der Gleichheit aller Menschen, und ist meine Sehnsucht nach dem Freisein nicht eine Art Protest gegen die Welt der Gleichen?

Kann die Freiheit des Individuums überhaupt auf die Grundlagen zurückgeführt werden, auf die vor zweihundert Jahren die Väter der europäischen und amerikanischen Demokratie, diese Propheten der neuen Welt, hinwiesen – dieser Welt, die aus den Ruinen der zerstörten Bastille entstehen sollte?

Das aufklärerische Paradigma der Freiheit wurde nicht nur durch den Lauf der historischen Ereignisse, sondern auch durch die wissenschaftlichen Erkenntnisse über den

Menschen, seine geistige und biologische Beschaffenheit in Frage gestellt. Das menschliche Individuum ist heute kein so einfaches und banal selbstverständliches Phänomen, wie es noch vor hundert Jahren schien. Es genügt, Canetti zu lesen, um sich davon zu überzeugen. Es genügt, die neueste Geschichte Europas zu betrachten, um an allem zu zweifeln, was in bezug auf die menschliche Person so gewiß schien.

Die Freiheit des Individuums ist nicht nur und sogar nicht in erster Linie die Frage seiner sozialen Zusammenhänge. Die Freiheit gehört zur Welt unserer Träume, Vorstellungen, der nicht ausgesprochenen und nicht bezeichneten Phobien und Sehnsüchte, ein nicht geringer Teil der Freiheit steckt im Unterbewußtsein. Vielleicht gerade deswegen ist sie ein Geheimnis und ein Rätsel für uns selber. Ein rationales Instrumentarium reicht hier nicht aus. Denn es gibt keine rationalen Erklärungen für Auschwitz und Gulag, oder die Erklärungen sind – genauer gesagt – nicht sehr überzeugend. Wer offenherzig glaubt, daß diese Erfahrung in enge Rahmen der Politik, der gesellschaftlichen und wirtschaftlichen Verhältnisse hineingepreßt werden kann, unterliegt einer der naivsten Illusionen der Postaufklärung.

Es gibt auch ein zweites Dilemma, das die Welt mit Hilfe jener intellektuellen Ordnung nicht löste. Die katholische Kirche kritisierte seit langem einerseits den Kommunismus, andererseits den Liberalismus. Man kann mit der Kirche nicht übereinstimmen, aber wenn Johannes Paul II. die Frage stellt, was für den Menschen wichtiger ist und sein sollte: Sein oder Haben, schneidet er auf diese Weise das bedeutendste Problem der menschlichen Person in unseren

Zeiten an. Dasselbe Problem kündigte vor Jahren Sartre an, nur von Gott abgesehen, aber auch mit dem Menschen als Achse des Weltalls.

Die Bastille unseres Jahrhunderts ist gestürzt. Wer glaubt, daß dies nur den Sturz der kommunistischen Tyrannei bedeutet, ist naiv. Etwas Wichtigeres ist geschehen. Der Untergang der sowjetischen Konzeption der Welt und des Menschen in der politischen und sozialen Praxis war eine Befreiung von Millionen Menschenleben aus der Knechtschaft. Aber im europäischen Gedankengut, im Lichte der Tradition der letzten 200 Jahre, bedeutet die antikommunistische Revolution auch das Ende der aufklärerischen Illusionen, also die Zerstörung der intellektuellen Konzeption, die der Entwicklung des früheren Europa zugrunde lag.

Die große ideelle Auseinandersetzung von über zehn Generationen existiert nicht mehr. Es ist eine merkwürdige, niemandem bisher bekannte Epoche der Uniformierung der Entwicklung eingetreten. Und plötzlich erwies sich – wohl zum ersten Mal in der Geschichte –, daß es nur ein einziges Rezept, einen einzigen Weg, ein einziges Modell und eine einzige Weise der Gestaltung der Zukunft gäbe.

Und die Menschen verloren den Glauben an den Sinn der sich vollziehenden Umwandlungen. Sie verloren auch die Hoffnung darauf, daß die Welt überhaupt veränderbar ist und daß es sich lohnt, die Welt zu verändern. Dieser seltsame Zustand der Gemüter kann zum Teil auf eine banale Behauptung zurückgeführt werden, daß dort, wo es keine reale Chance auf eine Wahl gibt, auch keine Freiheit existiert. Die Menschen fangen an, instinktiv zu spüren, daß sie auf eine gewisse Weise verurteilt wurden. Sogar diejenigen, die im Wohlstand leben, fangen an, sich mit der Vision eines Wohlstands zu quälen, von dem es keine Zuflucht gibt und nie eine Zuflucht geben kann. Zum ersten Mal erlebt Europa eine Revolution der Enttäuschung und des Verlustes.

Es scheint, daß die Bitternis des Alltags nur diejenigen betrifft, die in den vergangenen Jahrzehnten das Reich der kommunistischen Utopie bevölkerten und heute den sumpfigen Boden der neuen Erfahrungen der Demokratie und des freien Marktes betreten. Im Grunde werden jedoch die Enttäuschung und das Gefühl eines Verlustes auch von Millionen Menschen geteilt, die seit Jahrzehnten in der Welt der Normalität lebten. Es erweist sich, daß diese Normalität damals eine Normalität war, aber heute ist sie eben keine mehr.

Das Begehren nach Veränderungen ist fast allgemein. Im satten Deutschland, Frankreich, Skandinavien herrscht die Atmosphäre des Abwartens auf etwas nicht Genanntes und Geheimnisvolles, was die Schicksale der einzelnen Menschen und der ganzen Gesellschaft verändert.

Noch vor einigen Jahren stellte niemand das Bedürfnis nach einer europäischen Integration in Frage. Heute beherrscht die Verzweiflung Millionen Gemüter. Die Integration erweckt Angst, nicht nur, weil die Reicheren zum Aufstieg der Ärmeren werden zuzahlen müssen, wie es schon jetzt im vereinigten Deutschland geschieht. Die Angst vor der Integration ergibt sich auch aus der Befürchtung, die nationale Identität einzubüßen, die plötzlich so kostbar wurde, gewiß aus dem Grunde, daß die sowjetische Gefahr verschwand. Denn die Sowjets waren der Beweggrund für die Integration Europas. Als die Sowjets zu existieren aufhörten, kamen alte Egoismen zu Wort, die früher am Rande vegetierten, denn die Einheit der freien Welt war erforderlich angesichts der schrecklichen Bedrohung. Es gibt keine Gefahr mehr... und plötzlich erweist sich, daß diese Einheit nicht mehr so unentbehrlich wie gestern ist. Die Integration wird mehr durch die mächtige Eurobürokratie benötigt, als von den Völkern ersehnt.

Das ist traurig, aber wohl auch verständlich, denn die Menschen denken, daß die Integration eine Unifizierung bedeutet, und die Unifizierung ist der Natur des Menschen fremd. Denn nur die Welt der Fernsehwerbung stellt uns wie Halbidioten dar, die die gleichen Banalitäten erzählen, die gleichen Dinge begehren, auf gleiche Weise denken und aus den gleichen Gründen glücklich sind.

Der Atlantische Pakt, der durch einige Jahrzehnte eine Garantie der Sicherheit und der weiteren Entwicklung Europas bildete, erweist sich in der neuen Situation und angesichts der neuen Herausforderungen als eine so unnütze und anachronistische Struktur, daß er den Menschen als Narrheit oder – was noch schlimmer ist – als ein Haufen rostigen, zerstückelten Schrotts vorkommt. Diese militärische Macht wurde wehrlos gegenüber einigen Tausenden der entschlossenen und determinierten Raufbolde im ehemaligen Jugoslawien. Dies ist gar nicht die Folge einer militärischen Schwäche, aber einer Atrophie des Willens, ein Ergebnis der geistigen Sklerose dieser Organisation, die doch das Wohlergehen und das ruhige Dasein von Millionen Menschen in Europa bewachen sollte.

Die parlamentarische Demokratie und die freie Marktwirtschaft, diese zwei prächtigen Pfeiler der Welt der Vernunft, bilden keine Garantie des ruhigen Schlafs für das immer größere Heer von Zweifelnden, Enttäuschten und Verbitterten mehr. Die Westeuropäer – die noch vor einigen Jahren von ihrem Erfolg und ihren schönen Zukunftsperspektiven überzeugt waren – haben plötzlich die alte Ordnung satt. Ein Gespenst geht um in Europa – das Gespenst des großen Zweifels.

Warum geschieht es so? Der Untergang der Sowjets und das Ende der kommunistischen Gefahr sollten Mut einflößen und die noch bis vor kurzem allgemeine Überzeugung bestätigen, daß der Westen recht hätte und daß die Zukunft ihm gehöre. Der heutige Mangel an einer Alternative läßt aber die Menschen völlig neue Fragen stellen. Die erste Frage: Vielleicht hatte der Westen doch nicht recht? Die zweite Frage: Wenn der Westen nicht recht hatte, wer hatte dann recht? Weil in Europa außer Frage steht, daß der Kommunismus nicht recht hatte, entsteht die dritte Frage: Rechthaben – vielleicht gibt es das nicht?

Aber wenn es so sein sollte, hat das ganze Gedankengut der Aufklärung keinen Wert. Und wenn dieses Gedankengut keinen Wert hat, dann bedeutet dies, daß schon vor 200 Jahren Europa eine falsche Richtung wählte und sich auf dem Irrweg befindet. Aber vielleicht ist es anders? Vielleicht ist jenes Programm vor 200, 100 oder sogar 50 Jahren fruchtbar und vernünftig gewesen, hat aber an Wert für die Gestaltung der Zukunft verloren?

Die Demokratie bildet die Rahmen für die Entfaltung des Pluralismus. Ohne Demokratie gibt es keine Vielfalt. Aber vielleicht kommt einmal der Augenblick, in dem sich erweist, daß in der Vielfalt es nicht mehr möglich ist, mit demokratischen Methoden erfolgreich zu handeln? Vielleicht geht die Menge in Qualität über. Vielleicht ist das die Quadratur des Kreises: Denn dort, wo es keine Demokratie gibt, kann es keinen Pluralismus geben, aber dort, wo der volle Pluralismus besteht, verliert die Demokratie an Effektivität. Die Geschichte Europas lehrt, daß die Demokratie dort am besten funktioniert hat, wo die Vielfalt begrenzt gewesen ist, wie im alten England des parlamentarischen Zweiparteiensystems, wie im alten, liberalen Europa, wo die Nutzung der demokratischen Einrichtungen durch den Zensus der Ausbildung, der sozialen Herkunft und des Vermögens sehr eingeschränkt gewesen ist.

Die Menschen stellen sich heute die Frage, ob in der Welt einer solchen unbegrenzten, unfaßbaren und ungeordneten Vielfalt, in der jede Meinung berechtigt ist und durch elektronische Medien verbreitet wird – ohne Rücksichtnahme auf die Hierarchie ihres Wertes –, eine wirksame Demokratie überhaupt bestehen kann. Die Konsequenz eines solchen Denkens wird die Sehnsucht nach einer autoritären Lösung der Dilemmata der modernen Zeit sein. Die Menschen sehnen sich nach einer gewissen Ordnung und fühlen sich nicht imstande, ununterbrochen Entscheidungen zu treffen, wozu sie der Überfluß an Informationen, Meinungen, Urteilen, Ansichten, Visionen, Irrtümern und sogar Erfolgen zwingt.

Und sehr viele kommen zum Schluß, daß zwei Fernsehkanäle besser als hundert wären. Das Leben wäre dann einfacher und erfordere nicht eine solche geistige Anstrengung. Vielleicht sei die Zensur nicht so schlimm, wenn jemand irgendwo und irgendwann darüber entscheiden würde, was ich wissen sollte, und deswegen kann ich ruhiger schlafen. Vielleicht sei ein kluger Herrscher nötig, der entscheiden, urteilen, trennen, bestrafen und belohnen und gleichzeitig die Verantwortung tragen würde? Die Sehnsucht nach einem klugen Herrscher ist eine Rückkehr zu den voraufklärerischen Zeiten, zu einer idealen absoluten Monarchie, zwar einer aufgeklärten, aber doch tatkräftigen, strengen und unkontrollierten. Diese Sehnsucht ist eine Rückkehr zur Standesgesellschaft, wo die Hierarchie über die Kondition des Menschen entscheidet, aber auch eine moralische Ordnung in sein Leben einführt und in starren und unveränderlichen Rahmen seine Persönlichkeit entfalten läßt. Diese Begrenzung ist eine Art Segen, denn sie nimmt dem Individuum die Last der Verantwortung für sein eigenes Schicksal ab.

Die Flucht vor der Freiheit ist kein neues Phänomen in unserer Kultur. Nur jetzt ist sie fast überall präsent. Die große Revolution, die im Osten Europas vor einigen Jahren anfing, bringt Früchte der Müdigkeit, der Enttäuschung und der unruhigen Sehnsüchte mit sich. Überall geschieht etwas Ähnliches, unabhängig davon, ob die Menschen Not leiden oder sich unter Überfluß an Reichtum beugen. Diese Revolution löste eine tiefe geistige Krise Europas aus. Vielleicht hielt die ausgediente Dampfmaschine der Aufklärung nach zwei Jahrhunderten nützlicher, störungsloser Arbeit vor unseren Augen und mit unserer Beteiligung an. Und der Dampf geht nur in die Luft. Wenn es so in der Tat ist, dann sind die Perspektiven finster. Diese Welt wirft keinen Schatten mehr. Alles ist ein Schatten.

Die Beschämung von Millionen

Osteuropa fünf Jahre nach der ›Wende‹

Vor über dreißig Jahren bewohnte ich ein kleines Holzhäuschen in einer entlegenen Vorstadt Warschaus. Es war die Zeit der großen Armut und kulturellen Rückständigkeit in Polen. Eines Tages sagte der Müllmann, der den Behälter vor dem Haus leerte, mit einem Unterton von Neid zu mir: »Sie haben aber einen reichen Müll…«

Wie sich herausstellte, meinte er ein paar leere Kaffeebüchsen. Auf viele Dinge habe ich verzichtet, nie aber auf Kaffee, und zudem hatte es sich so gefügt, daß es mir einige Tage vorher gelungen war, für meinen kleinen Sohn Bananen zu kaufen, und der Müllmann war auf die gelb-braunen Schalen gestoßen.

Seit dieser Zeit habe ich häufig über die Welt unter dem Aspekt von armem und reichem Müll nachgedacht und bin zu dem Schluß gekommen, daß dies durchaus kein dummes Kriterium für die Beurteilung der Wirklichkeit ist.

Auf dem Kutusowskij-Prospekt, im Zentrum Moskaus, sah ich einmal, wie ein heftiger Windstoß zerrissene und schmutzige Zeitungen emporwirbelte und angefaulte Kartoffelschalen über den Bürgersteig trieb. Das machte einen deprimierenden Eindruck. Und ein anderes Mal, in Paris, streikte die städtische Müllabfuhr, und ich sah auf den Straßen ganze Haufen von Müll: Verpackungsfolien, Kartons, Büchsen, Schachteln, allerlei Cellophan, Kisten aus Plastik, schlanke und bauchige Flaschen mit verschiedenen Firmenetiketten. Es war ein sehr hübscher und bunter Müll, er kam mir ungewöhnlich elegant und reich, vielleicht sogar anziehend vor.

Heute ähnelt der Müll im Osten Europas dem im Westen, aber das Straßenbild und das Aussehen mancher Menschen erlaubt ohne große Mühe zu erkennen, ob wir uns in Hamburg oder Paris, oder eher in Warschau oder Leipzig befinden.

Ich denke, im Osten Europas erhebt sich aus den Straßen der Städte der Dunst der Erschöpfung, Beschämung und Sehnsucht, während im Westen die kleinen Wolken des Überdrusses, der Ungewißheit und der Enttäuschung über den Himmel treiben.

Unter den zahlreichen zeitgenössischen Illusionen, an denen es uns nicht fehlt, ist eine fast überall in den unterschiedlichen Kunstgattungen gegenwärtig, die nämlich, daß intellektuelle Tiefe und poetische Sensibilität in Armut und Häßlichkeit stärker zu Wort kommen als in Wohlstand und Schönheit.

Das ist gut sichtbar in der zeitgenössischen künstlerischen Fotografie. Aus Angst vor der Banalität des Schlosses von Versailles und der Bernini-Kolonnade flieht sie zu mageren Katzen in schmutzigen Winkeln oder in verräucherte Kneipen, wo häßliche Menschen in armseliger Kleidung ihr Bier trinken. Ich treffe auf dieselbe Tendenz im zeitgenössischen Kino und Theater, folglich bildet die Fotografie hier keine Ausnahme.

Übrigens – vielleicht steckt darin ein tieferer Sinn. Wenn

die Menschen in den Filmen von Bergman und den Stücken von Beckett so schön, aufreizend und verführerisch wären wie Marilyn Monroe, dann würden wir ihrer intellektuellen Tiefe und Überempfindlichkeit keinen Glauben schenken, weil das Christentum uns Jahrhunderte lang gelehrt hat, daß alles Körperliche flach, leer und sündig ist und Abscheu hervorrufen sollte. Diese Lehre ist bis heute in der zeitgenössischen Kunst präsent. Vielleicht hat die Welt des Wohlstandes jene Dummheit noch gesteigert, die da behauptet, wenn etwas schön und verlockend ist, sei es wenig wert. Wie allgemein bekannt, treten schöne, halbnackte und verlockende Frauen gewöhnlich in schlechten, eine Atmosphäre von Erotik und Gewalt ausstrahlenden Filmen auf. Dagegen beugt sich fast jeder Künstler, wenn er – seiner eigenen Meinung nach – nachdenklich und tiefgründig sein möchte, konzentriert über die Häßlichkeit der Welt und wühlt in deren Abfall, Schund und Dreck, um dort den Stein der Weisen zu finden.

Doch gab es etwas Ähnliches schon früher. Ich erinnere mich: Als ich ein Kind war, erschienen in Warschau Groschenhefte für arme und ungebildete Leser. In den Schundromanen jener Zeit traten fast regelmäßig reiche Gräfinnen und noch reichere Fürsten auf, die vom frühen Morgen an Fräcke trugen und zum Frühstück Kaviar aßen und Kakao tranken. Anspruchsvolle Werke zeigten die Dramen schlichter, armer und mit dem Schicksal ringender Menschen, als gäbe es eine Gesetzmäßigkeit und wechselseitige Abhängigkeit zwischen dem materiellen Mangel und dem geistigen Reichtum.

Ich habe den Eindruck, als suchten die Menschen nach

bestimmten Werten, vielleicht auch nach lehrreichen Geheimnissen in diesen Landschaften, Situationen und Abenteuern, die recht weit entfernt waren von ihren eigenen, alltäglichen Erfahrungen. In ihrer nahen Umgebung, die wohlbekannt zu sein scheint, sehen sie gewöhnlich nichts besonders Attraktives und Verlockendes. Nur was fern und fremd ist, erlaubt die Vermutung, es sei auch wichtig, wertvoll und lehrreich.

Karl de Kaysers Fotografien sind unzweifelhaft sehr schön und gleichzeitig wahr. Es liegt auf der Hand, daß man nicht die *ganze*, sehr komplexe Wahrheit über die Wirklichkeit zeigen kann. Jeder Künstler gibt immer nur einen Teil von ihr wieder, der manchmal über ihn selbst mehr aussagt als über die äußere Welt. Ich denke, das gilt auch für die fotografische Kunst; denn ihr wichtigstes Subjekt ist der schöpferische Mensch, der die Welt mit der Linse seines Fotoapparats betrachtet und festhält. Das wird immer *seine* Welt sein. Er lenkt das Auge der Kamera in eine bestimmte Richtung, er wählt die Landschaft, das Gesicht, die Geste, die Tageszeit, ein Lächeln oder eine Grimasse, die Stille der Welt oder ihren Lärm, die Einsamkeit des Menschen oder seine Verlorenheit in der Menge. Karl de Kayser hat eine Auswahl bestimmter Elemente der Wirklichkeit von heute im Osten Europas ausgesucht. Was er auf seinen Fotos präsentiert, ist die Wahrheit, aber es ist auch ein Zeugnis für die Anschauungen, Vorstellungen und intellektuellen Meinungen dieses hervorragenden Künstlers.

Jeder Mensch des Westens hat andere Erwartungen bezüglich der Welt des Ostens, so wie jeder Mensch des Ostens seine Erwartungen bezüglich des Westens hat.

Binnen kurzem aber sollte sich herausstellen, daß dies nur Hirngespinste waren.

So etwas erleben wir wohl zur Zeit in ganz Europa, nur ein paar Jahre nach dem großen Umbruch, der noch vor kurzem sowohl dem Osten als auch dem Westen unseres Kontinents so faszinierende Perspektiven eröffnete.

Vor zehn Jahren meinten die Bewohner von Warschau und Budapest, und gewiß auch die von Dresden, wenn sie sich eines Tages in der Welt des Kapitalismus befänden, würden sie zweifellos jeden Tag aus ihrem eigenen Suppenteller goldene Schweizer Uhren fischen. Vor zehn Jahren meinten die Bewohner von Rom und Paris und sicher auch die von Hamburg, wenn im Osten Europas eines Tages der Kapitalismus Einzug hielte, würde er zweifellos mit Dankbarkeit, Begeisterung und Demut akzeptiert. Gleichzeitig jedoch meinten die Leute im Westen Europas, die geistigen Erfahrungen der Bewohner der kommunistischen Utopie würden für sie eine neue Art des Wissens um das Wesen des Menschen eröffnen. Und die Bewohner der Länder des realen Sozialismus meinten, das demokratische, freie Europa werde sie intellektuell mit neuen Werten bereichern.

Nichts davon ist geschehen. Jahre sind vergangen, und es gibt keine Uhren in den Suppentellern von Rostock und Krakau, es gibt keine Anzeichen von Dankbarkeit, Bezauberung oder eines Minderwertigkeitsgefühls bei den Menschen, die sich von der Übermacht der Diktatur befreit haben. Die Jahre vergingen, und die Menschen des früheren Westens können kein neues, geheimes Wissen vom Menschen finden, das angeblich in der Erde des Kommunismus vergraben liegt – irgendwo zwischen Tallin und Sofia –, und die Menschen des früheren Ostens schauen sich ratlos und ergebnislos um unter den Weisheiten der Demokratie und des freien Marktes.

Eines nur ist allen gemeinsam – die Enttäuschung.

Aber es konnte wohl nicht anders sein, weil Europa Naivität und allzu viel Glauben an bestimmte Entwicklungsmechanismen gezeigt hat. Was diese Frage betrifft, war wohl der Westen kurzsichtiger und fantasieloser.

Überall herrscht Verwunderung angesichts des Wiedererstehens der politischen Kraft des Postkommunismus in fast allen europäischen Ländern, die doch erst vor kurzem selbst den Kommunismus gestürzt haben. Dieser Prozeß läßt sich sogar in Deutschland beobachten, wenngleich in geringerem Maß als anderswo. Doch das geringere Maß ist die Folge der kolossalen wirtschaftlichen Anstrengungen seitens der alten Länder der Bundesrepublik und sonst nichts. Ich bin fast sicher, wenn die frühere DDR auf ihre eigene Gewinn- und Verlustrechnung angewiesen gewesen wäre, ähnlich wie die anderen postkommunistischen Länder in Europa, wären die politischen Formationen, die sich auf die jüngste Vergangenheit berufen, dort gewiß ebenso stark wie in Polen oder Ungarn oder noch stärker.

Sehr viele Menschen, auch im Osten, stellen sich die Frage, wie es dazu gekommen ist. Warum geschieht das? Was bedeutet das?

Ich glaube, es gibt zwei Gründe dieser Rückorientierung der Grundlagen bei vielen Millionen Einwohnern von Mittel- und Osteuropa. Den ersten Grund wäre ich geneigt, für ein Ergebnis der wirtschaftlichen, sozialen und politischen Wandlungen zu halten, die in Polen nach dem Jahr 1989 und in den anderen Ländern nach dem Jahr 1990 eingetreten sind. Der zweite Grund dieser Rückorientierung ist ein Resultat der Dressur des eigenen Gedächtnisses.

Es unterliegt keinem Zweifel, daß die Errichtung neuer ökologischer Strukturen kolossale Kosten mit sich bringt. Die Privatisierung der Wirtschaft ist ein langfristiger Prozeß voller juristischer und ethischer Fallen. Gerade hier kann man sehr gut und sehr scharf erkennen, welch schweren Prüfungen die Grundsätze der Rechtsstaaten angesichts der Wandlungen mit revolutionärem Charakter ausgesetzt sind. Vor den Augen schließlich nicht eben begüterter Gesellschaften entstehen große Finanzvermögen am Rande der Legalität, die Grauzone der Wirtschaft bildet einerseits eine schmerzhafte Herausforderung der moralischen Grundsätze und führt im Prinzip – dank den Erfolgen vieler tausend einzelner – im Bewußtsein von Millionen Menschen zu einer Erosion dieser Grundsätze. Auf der anderen Seite jedoch beschleunigen viele unredliche oder sogar deutlich dem Recht widersprechende Unternehmungen eine enorme Akkumulation des Kapitals, ohne das nicht die Rede sein kann von einer schnellen Entwicklung und Festigung des freien Marktes auf den Trümmern der früheren Planwirtschaft. Das sind Probleme, mit denen sich mehr die Philosophen und Denker beschäftigen sollten und nicht so sehr die Wirtschaftspraktiker. Doch auf die Resultate philosophischen Denkens im Leben der Gesellschaft muß man, wie uns die Geschichte lehrt, mehrere Generationen lang warten.

Infolge der ökonomischen Umgestaltungen entstehen völlig neue soziale Situationen. Von Tag zu Tag vertieft sich der Spalt zwischen Reichtum und Armut, was in den Gesellschaften, die vor fünfzig Jahren in egalitärer Illusion erzogen wurden, besonders schwer zu ertragen ist.

Die Demokratie garantiert den Bürgern den Schutz ihrer Rechte – und das ist sehr schön. Dieser Schutz umfaßt auch – was verständlich und richtig ist – diejenigen, die gegen Besitz, Gesundheit und Leben der Bürger verstoßen haben. Seinerzeit waren die Staaten der kommunistischen Diktatur nicht nur gegen politische Widersacher streng und hart, sondern gegen jeden, der das damals gültige Recht brach. Seinerzeit waren die Straßen der großen Städte Mittel- und Osteuropas fast sprichwörtlich ruhig und sicher, weil die sogenannten Ordnungskräfte rücksichtslos und manchmal geradezu brutal eingriffen. Heute kann sich jeder Gangster zynisch auf seine Menschen- und Bürgerrechte berufen, und der Polizeiapparat, auf dem immer noch die alte, schlechte Tradition der Gewalt lastet, handelt sehr verunsichert, sehr vorsichtig und manchmal sogar mit lächerlicher Feinfühligkeit. Im Ergebnis gelangen die Bürger nicht ohne Grund zu dem Schluß, daß das demokratische Recht, statt das Opfer zu schützen, den Gesetzesübertreter hätschelt.

Noch vor wenigen Jahren war die Arbeitslosigkeit ein Übel und eine Schwäche der westlichen Welt. Die Planwirtschaft kannte keine Arbeitslosigkeit, und die Propaganda des realen Sozialismus machte aus dem Prinzip der allgemeinen Beschäftigung ein starkes Argument im ideologischen Kampf. Heute ist die Arbeitslosigkeit eine allgemeine Erscheinung, und sie ist im Osten schmerzhafter und schwerer zu ertragen als im Westen, weil der Osten sich an ein anderes Lebensmodell gewöhnt hat, an eine andere Art der Arbeit, an andere Beziehungen unter den Menschen. Für einen Arbeiter in Paris oder München ist die Suche nach Arbeit, aber auch die Sorge um den Arbeitsplatz ein sehr wichtiges Element seiner Existenz. Die Leute in Warschau und Budapest, aber auch in Magdeburg und Jena haben sich daran gewöhnt, daß die Arbeit etwas Selbstverständliches und den Staatsbürgern Zustehendes ist. Was auf der Hand liegt und einem zusteht, wird nicht besonders geachtet. Daraus resultieren die Klagen des Westens über die Unsolidität des Ostens in den Problemen der Produktion, des Handels, der Dienstleistungen und hundert anderer Tätigkeitsbereiche.

Es braucht Jahre, bis die Arbeitslosigkeit die Mentalität umformt. Heute ist sie ein schweres Unglück und ein Akt krasser Ungerechtigkeit. Damit findet man sich sehr schwer ab.

Die Zeiten des realen Sozialismus waren eine Epoche ständigen Warenmangels auf dem Markt. Im Straßenbild der großen und kleinen Städte sah man Passanten, die in der Regel Taschen und Körbe für Einkäufe trugen, weil jeder, der das Haus verließ, sich auf eine ermüdende, rätselhafte Jagd voller Fallen begab. Die Menschen jagten nach allem. Sie jagten nach Butter und Fleisch, nach Möbeln und Kleidung, aber auch nach einem vorbeifahrenden Taxi oder dem Autobus, der freundlicherweise mit einer Viertelstunde Verspätung zur Haltestelle kam. Jeder trug in seiner Tasche eine erhebliche Summe Bargeld mit sich herum. Diese Banknoten waren wertlos bis zu dem Augenblick, in dem eine Ware in Reichweite auftauchte. Damals wollte man das Geld schnell loswerden und kehrte heim mit einem erbeuteten

Stuhl, einem Schinken, einem Kühlschrank oder einem Ventilator, einem Teppich, einer Couch oder einem Pfund Tee, mit einer Büchse Ananas oder sogar mit Toilettenpapier. Zu jenen Zeiten sah man auf den Straßen der großen Metropolen des Sozialismus distinguierte Gentlemen, die – wie jene berühmten Tänzerinnen aus Tahiti ihre bunten Blumengirlanden – auf eine Schnur gezogene wertvolle Rollen Toilettenpapier trugen. Es ist sehr schade, daß kein hervorragender Fotograf solche Passanten in Krakau oder Prag verewigt hat.

Heute gehört das zur unwiederbringlichen Vergangenheit. Heute sind die Läden voller Waren, weil der Kapitalismus schließlich der Markt der bunten Fülle ist. In Warschau kann jeder, der Lust hat, sich per Telefon einen Mercedes kaufen, ohne sein Haus zu verlassen. Es genügt eine Kleinigkeit – er muß Geld haben.

Und damit steht es nun nicht zum besten. Es herrscht die Überzeugung, daß sich der Mensch in der Zeit des realen Sozialismus alles leisten konnte, heute dagegen nur sehr wenig. Darin steckt eine spöttische, perfide Wahrheit. Damals fühlte sich fast jeder Pole, Ungar oder Bürger der DDR als begüteter Mensch, weil seine Taschen mit Geld vollgestopft waren und er, was zu seiner Freude und Überraschung in seinem Blickfeld lag, ohne weiteres kaufen konnte und natürlich meistens auch kaufte.

Heute fühlen sich viele Menschen durch die Masse der Waren, die sich in Reichweite befinden, aufgrund ihrer Armut gedemütigt. Es herrscht die weitverbreitete Meinung, der Kapitalismus sei reich, schön und farbig, aber nur für die Auserwählten, die es geschafft haben. Weil niemand, auch der Reichste nicht, sich alles leisten kann, klagt die große Mehrheit über die fehlende Gerechtigkeit. Durch dieses Gefühl der Ungerechtigkeit halten sich die einen für Pechvögel, während die anderen, Reicheren, sie wie Diebe und Betrüger behandeln.

Im Grunde weiß ich wirklich nicht, was unter dem Gesichtspunkt der psychischen Gesundheit für den Menschen besser ist: wenn er sich selbst mit Mangel an Glück, Talent und vielen anderen Tugenden belastet oder aber sich mit einer unbeugsamen Redlichkeit der zum Teil realen, zum Teil eingebildeten Welt der Diebe, Betrüger und Heuchler brüstet. Die Strukturen des zeitgenössischen Kapitalismus sind permissiv. Der reale Sozialismus, besonders in der früheren DDR, aber zum Teil auch in der früheren Tschechoslowakei war im Bereich der guten Sitten sehr anspruchsvoll. Ich glaube, das war der perfideste und niederträchtigste Zug jenes Systems, das sich auf Lüge, Fälschung und Unterdrückung stützte, gleichzeitig jedoch erhabene Prinzipien verkündete und sich bemühte, mit psychischer Gewalt die Bürger zu einem diesen Prinzipien entsprechenden Verhalten zu zwingen. Die kommunistische Zensur kümmerte sich nicht nur um ideologische und politische Fragen, sondern schränkte mit viktorianischer Prüderie die Sexproblematik ein, dosierte sorgsam die Nacktheit, empfahl die eheliche Treue und verurteilte den Ehebruch, legte Nachdruck auf die anständige Erziehung der Jugend, verkündete, mit einem Wort gesagt, Prinzipien, die dem Geschmack jeder Betschwester und jedes katholischen Pfarrers, sogar im Süden Polens, entsprochen hätten.

Permissive Strukturen kennen die Institution der moralischen Zensur nicht. In Warschau fordern die Homosexuellen nicht ohne konstitutionellen Grund die De-jure-Anerkennung ihrer ehelichen Verbindungen, Drogen kauft man in den Hauseingängen, Kassetten mit Hard-Porno-Filmen sind allgemein zugänglich, auf der Leinwand der Kinos werden nackte Frauen durch blutbespritzte mehrfache Mörder vergewaltigt, die Zeitungen sind voll von erotischen Anzeigen, mit einem Wort, die politische Freiheit geht den Bund ein mit der sittlichen Freiheit, was in Strukturen, die seit Jahrzehnten an eine gewisse Strenge auf diesem Gebiet gewöhnt sind, einen Schock auslöst oder bestenfalls Widerwillen und Unzufriedenheit. In dieser Hinsicht ist Polen vielleicht historisch am meisten privilegiert; denn die polnischen Sitten aus der Zeit vor zehn oder zwanzig Jahren konnten in der Tschechoslowakei oder DDR von damals als satanisch gelten, natürlich wenn es in der DDR nicht eine so große atheistische Mehrheit gegeben hätte.

Das ist übrigens ein äußerst rätselhaftes Problem. Dieses am meisten atheistische Land im derzeitigen Europa war noch vor wenigen Jahren das viktorianischste, prüdeste, perfideste und moralisch inquisitorischste Land, als ob die Regierenden in Ost-Berlin fanatische, religiöse Fundamentalisten gewesen wären.

Vor mehr als hundert Jahren schrieb Dostojewski: Wenn es keinen Gott gibt, ist alles erlaubt.

Heute scheinen manche polnischen Katholiken, entsetzt von der moralischen Freiheit der neuen Zeit, die ihnen als teuflische Zügellosigkeit erscheint, zu rufen: wenn alles erlaubt sei, bedeute dies, daß es keinen Gott gibt, folglich müsse man um die Wiederherstellung der Anwesenheit

Gottes kämpfen. Man müsse Gott verteidigen gegen die permissive Gesellschaft, die irrt und in Sünde verfällt.

Weil es viele Katholiken gibt und die Einflüsse der katholischen Kirche immer noch erheblich sind, ist der Widerstand in Polen ziemlich stark, sehr viel stärker als zum Beispiel in der ehemaligen DDR.

Auf diesem Gebiet waren paradoxerweise die vergangenen Gewohnheiten des realen Sozialismus und die sittlichen Anforderungen des Katholizismus nie antagonistisch oder weit voneinander entfernt.

So gibt es viele ökonomische, soziale und politische Gründe, dank denen der Osten Europas derzeit Enttäuschungen erlebt angesichts der Herausforderungen der Demokratie und des freien Marktes.

Es gibt auch noch einen anderen, par excellence psychologischen Faktor, dessen Einfluß auf die Haltung der Menschen mir entscheidend erscheint.

Tocqueville hat geschrieben, der Haß gegen die Tyrannei bedeute noch keineswegs Freiheitsliebe. Diesen Gedanken kann man auf vielfältige Weise entwickeln. Man kann zum Beispiel konstatieren, daß die Freiheit Entsagungen fordert, mithin auch eine Last ist, weil sie immer einhergeht mit der Verantwortung und der Achtung der Rechte anderer. Man kann aber auch sagen, daß der Haß gegen die Tyrannei, eben weil er Haß bleibt, der kreativen Kraft entbehrt und immer zu geistiger Verletzung führen muß. Wer sich lange Jahre hindurch vom Gefühl des Hasses oder nur einer hartnäckigen Ablehnung und Bosheit nährte, wozu er durch das historische Los verurteilt war, brachte in die neue Zeit die vergiftete Morgengabe des Nihilismus, der Erbitterung, des

Unglaubens und des Protestes gegen jede Wirklichkeit mit, die ihm gegeben wurde.

Dostojewski schrieb über die Untertanen im alten Rußland die ergreifenden und genialen Worte: »Erlauben wir ihnen zu sündigen, sie sind schwach und wehrlos wie Kinder, sie werden uns lieben, weil wir ihnen zu sündigen erlauben.«

Doch im Grunde beziehen sich diese Worte wie alles, was Dostojewski geschrieben hat, auf die gesamte Menschheit unter der Sonne.

Es ist nicht wahr, daß das kommunistische System sich in den Ländern Mitteleuropas fast ein halbes Jahrhundert lang nur durch Terror, Gewalt und allgegenwärtige Unterdrückung gehalten hat. Durch Terror kann man sich fünfzig Tage lang an der Macht halten, aber nicht fünfzig Jahre. Terror, Gefängnisse, Exekutionen und ständige Angst genügen nicht, es muß noch mehr da sein, um einige Generationen lang Millionen Menschen zu regieren und gleichzeitig mit Hilfe dieser Menschen und ihrer Arbeit Häuser und Wege zu bauen, Kinder zu heilen, Wissenschaft und Kultur zu fördern, in einem gewissen Ausmaß auch das kulturelle und materielle Niveau breiter Volksschichten zu heben, Arbeitsplätze zu schaffen, das System der sozialen Fürsorge zu vervollkommnen, den Gesundheitsdienst zu organisieren, die Wissenschaft, die Unterhaltung, die Erholung, aber auch die Massen zu demoralisieren, Heuchelei zu lehren, Lügen zu üben und zur Anpassung zu verleiten.

Um das unter den Bedingungen der Diktatur zu erreichen, die ja nicht jeden Tag nach dem Terror griff und sogar – ehrlich gesagt – schon Mitte der fünfziger Jahre die

Methoden des Terrors aufgab und langsam vom blutigen Totalitarismus zur autoritären Willkür driftete, muß man die Einwilligung der Gesellschaft haben.

Gewiß, zu verschiedenen Zeiten und in verschiedenen Ländern war das eine sehr unterschiedliche Einwilligung. Man kann sich heute darüber streiten, ob die Polen am ehesten meuterten und die Deutschen sich am meisten fügten, ob der kommunistische Druck in Prag nach dem Jahr 1968 spürbarer war als in Budapest 1956 oder in Warschau nach dem Jahr 1981. Man kann heute darüber diskutieren, wo und wann eine Minderheit die Kommunisten unterstützt hat. Und wo und wann die Zustimmung zu dem System auf der Anerkennung des derzeitigen Zustandes der Dinge durch die schweigende Mehrheit beruhte. Man kann auch überlegen, wann und wo und in welchem Grade ausschließlich Angst die Haltung der Menschen bestimmte, wann, wo und in welchem Grade die Menschen opportunistischer Bequemlichkeit erlagen oder nur an ihre egoistischen Interessen dachten, ohne das kollektive Interesse, die moralischen Grundsätze und das Gefühl für die Würde der Person und der Nation zu berücksichtigen. Das alles sind interessante und wichtige Fragen, auf die man unterschiedliche Antworten finden kann.

Eines aber scheint keinem Zweifel zu unterliegen, nämlich daß die Nationen Mittel- und Osteuropas einen bedeutenden Teil der Verantwortung für all das tragen, was ihnen in der zweiten Hälfte des zwanzigsten Jahrhunderts zugestoßen ist. Nur eine gedankenlose Demagogie kann heute eine umfassende Absolution der Deutschen, Polen, Tschechen, Slowaken, Ungarn diktieren. Das Mitgefühl erlaubt mir nicht, die Litauer, Letten, Esten, Ukrainer, Weißrussen und auch die Russen selbst zu nennen, die immerhin am längsten und am stärksten gelitten haben, aber vielleicht gerade aus diesem Grund am intensivsten der gleichzeitig imperialen und sklavischen Demoralisierung unterlegen sind.

Die ungewöhnlich finstere und böse Geschichte unseres Jahrhunderts war nicht das Werk anonymer Kräfte, sondern das Resultat der Handlungen von Millionen Menschen, die sich mehr oder weniger der Rolle bewußt waren, die sie spielten oder – gegen ihren Willen – spielen mußten.

Es wäre nicht redlich und vernünftig, die deutsche Nation mit der Verantwortung für das Dritte Reich Adolf Hitlers zu belasten und diese Nation gleichzeitig von der Verantwortung für die Existenz der DDR, eines Wilhelm Pieck, Walter Ulbricht und Erich Honecker freizusprechen. Dasselbe betrifft gleichermaßen die Polen und ihre Mitwirkung an der Nachkriegsgeschichte des vom Parteiapparat eines Bierut, Gomulka, Gierek und Jaruzelski regierten Polen, aber auch die Tschechen und alle anderen Bewohner dieses Teils von Europa, der gefesselt und danach in großem Umfang durch den Kommunismus pazifiziert wurde.

»Erlauben wir ihnen zu sündigen, sie sind schwach und wehrlos, sie werden uns deshalb lieben...«

Vielleicht waren nicht alle in gleicher Weise schwach und wehrlos, und vielleicht haben nicht alle immer gleich stark gesündigt. Aber die Geschichte dieses Teils Europas verlief nicht ohne Mitwirkung seiner Bewohner. Ich glaube, daß vielleicht zum ersten Mal in der Geschichte die Beschämung zum wichtigen verursachenden Faktor in bezug auf die

Masse wird. Es ist eine Art von Beschämung, vor der sich die Menschen gern schützen möchten.

Heute gibt es viele Polen, Tschechen, Slowaken, Ungarn, Deutsche, Russen und andere, die sich bestimmter Ereignisse, Situationen, Fakten, Wörter aus ihrer eigenen Biografie schämen. Doch wollen sie auf diese Ereignisse und Tatsachen nicht verzichten, denn der Mensch kann ohne Vergangenheit nicht leben. Diese Vergangenheit darf aber keine Wunde an der Seele, kein Splitter im Herzen sein, sondern bestenfalls – ein häßlicher Pickel im Gesicht.

Wenn man die Schönheit nicht ändern kann, kann man immerhin das verpflichtende Kriterium der Schönheit ändern. Der Mensch befreit sich dann recht schmerzhaft von dem Gefühl der Beschämung.

Das heißt keineswegs, daß er auf diese Weise die zeitgenössische Erfahrung der Demokratie und des Kapitalismus verwerfen will und daß er die neuen ihm von der Geschichte gebotenen Zukunftsperspektiven in Frage stellt.

Das heißt jedoch, daß er nicht bereit ist, seine eigene Vergangenheit zu verdammen.

Dieser Mensch ist heute unsicher und erstaunt. Er sucht, gewiß zum Teil tastend, nach neuen Werten und neuen Sinngehalten seines eigenen Lebens, nach einem Kompaß für die gesamte Gesellschaft. Was er in den letzten Jahren der politischen Revolution, des sozialen Erdbebens, des ökonomischen Gewitters, des geistigen Taifuns erlebt hat, mußte ihn aus dem Gleichgewicht bringen, mißtrauisch machen, mitunter sogar aggressiv. Einerseits schaut er erstaunt, vielleicht auch manchmal bezaubert in die Perspektive der neuen Wirklichkeit, der Demokratie und des freien Marktes, wo sich sein persönliches Schicksal entscheidet, andererseits blickt er hinter sich, wo er die Vergangenheit gelassen hat und in ihr seine Erinnerung und Erfahrung, seine Tugenden und seine Sünden, seine Liebe und seinen Haß, das ganze schwierige und gefährliche Gepäck des schwierigen, gefährlichen und ziemlich grauen Lebens, das ihm aber auch Freude, Befriedigung und Glück geschenkt hat. Darin steckt ein Quentchen Nostalgie, wie immer, wenn der Mensch die durchdringende Traurigkeit des Vergänglichen empfindet.

Diese Traurigkeit ist deutlich auf den Fotografien von Karl de Kayser. Der Künstler zeigt uns vor allem eine traurige Welt. Nicht immer und nicht überall ist sie so. Doch dominiert in ihr ein Gefühl von Unruhe, Ungewißheit und Erschrecken. Er ist also näher an der Traurigkeit als an der Fröhlichkeit.

Dennoch bleibt etwas, was keine Fotografie wiedergeben kann: der Rhythmus der menschlichen Gedanken. Das sind keine pessimistischen Gedanken, auch nicht die Gedanken eines Menschen, der seine Vergangenheit für verloren hält.

Vielleicht war der Müll des Menschen im Osten vor vielen Jahren nicht so bunt und elegant wie heute, aber abscheulich war er nicht. Denn er trank von Zeit zu Zeit Kaffee und kaufte seinen kleinen Kindern exotische Früchte aus fernen Ländern.

Noch ist nicht alles geschafft

Rede zum 9. Januar 1995 in Bonn, anläßlich der Verleihung
des Bundesverdienstkreuzes

Sehr geehrter Herr Bundesminister, sehr geehrte Herrschaften, liebe Freunde!

Dies ist für mich ein besonderer Augenblick. Er veranlaßt mich zu Erinnerungen. In meinem Alter lebt der
Mensch immer häufiger von Erinnerungen.

Genau vor fünfzig Jahren, Anfang Januar 1945, in der
Mittagsstunde eines frostigen Tages unter reinem und wol-
kenlosem Himmel, lag ich im Schnee. Neben mir lag ein
Junge namens Karl-Heinz. Er stammte aus Thüringen. Ich
mochte ihn nicht. Nicht weil er ein Deutscher war, sondern
weil er vorstehende Zähne hatte und unbeschreiblich stank.
Er mochte mich auch nicht. Nicht weil ich ein Pole war,
sondern weil ich wie eine Bohnenstange aussah und unbeschreiblich stank.

Dieser Gestank war damals der Geruch der Geschichte.
Wir lagen an jenem Tag im Schnee und blickten zum blas-
sen Himmel empor, wo wie in einem Aquarium kleine silb-
rige Fische dahinschwammen. Das waren amerikanische
Flugzeuge, die Berlin bombardierten.

Der Vorgang ereignete sich hinter dem Stacheldraht des
KZ Sachsenhausen. Und hätte mir damals Karl-Heinz gesagt, in fünfzig Jahren werde der deutsche Staat mir einen

Verdienstorden verleihen, wäre ich der Ansicht gewesen, der Junge sei verrückt geworden, vor Hunger oder von einem Spatenhieb auf den Kopf. Er hatte besonderes Pech, sie schlugen ihn ständig auf den Kopf. Ich weiß nicht, warum er im KZ saß, vielleicht wegen eines Witzes, vielleicht weil sein Vater desertiert war, vielleicht auch wegen irgendeines Diebstahls, denn auch solche Gefangene gab es in Sachsenhausen.

Ich weiß aber, daß er mein Kamerad im Unglück war, und wenn er den Krieg überlebt hat und später in seinem Thüringen geblieben ist, dann ist er für die folgenden Jahrzehnte weiterhin mein Kamerad im Unglück geblieben, nur im Rahmen einer anderen totalitären Erfahrung.

Die totalitäre Erfahrung hat fast mein ganzes Leben ausgefüllt. In diesem Sinne war es kein glückliches Leben. Aber ich hatte Liebe um mich und menschliche Freundschaft, und deshalb kann ich, allen Widrigkeiten zum Trotz, von Glück im Leben sprechen.

Die totalitäre Erfahrung hat mich eines gelehrt: Nicht die einzelnen Menschen sind schlecht, und nicht die Völker sind schlecht. Schlecht ist die Geschichte, die wir nicht beherrschen. Wir vermögen sie nicht zu beherrschen, weil uns oft der Mut fehlt. Wir lassen uns von unseren Ängsten und Schwächen motivieren, unsere Begierden sind nicht maßvoll, unsere Ansprüche sind ausschweifend und unsere Möglichkeiten sehr begrenzt. Ich habe einmal geschrieben, der Mensch sei von Natur aus schwach, deshalb gefalle ihm die Gewalt.

Ich sage: das habe ich geschrieben. Denn das Schreiben ist meine einzige Waffe im Kampf gegen die Widrigkeiten des

Lebens. Ich wollte nur eines: daß die Menschen es etwas leichter hätten. Das ist der ganze Sinn der Kultur. Die Kultur macht den Menschen weniger unglücklich.

Ich wollte mit den Vorurteilen meines Volkes gegen Deutschland und die Deutschen kämpfen. Ich hatte nur ein Ziel: daß den Polen das Leben ein wenig leichter falle, daß sie sich nicht mehr so unglücklich fühlten wie einst. Und ich war in diesem Kampf nicht allein.

Wir erleben Zeiten, da dank der Anstrengungen vieler Polen und Deutschen die alten Vorurteile in die Vergangenheit abtreten. Seit einiger Zeit leben wir in einem Klima der Versöhnung, Verständigung und Zusammenarbeit. Noch ist nicht alles geschafft. Aber viel Arbeit liegt hinter uns.

Ich danke für diesen Orden. Ich nehme ihn entgegen als Zeichen der Anerkennung für sehr viele Menschen in meinem Lande. Ich möchte Ihnen, Herr Minister, und Ihnen, sehr geehrte Herrschaften, sagen, daß Sie in Polen viele Freunde haben, daß die Mehrzahl der Polen heute ganz anders denkt als noch vor einigen Jahrzehnten – und das ist im großen Maße Ihr Verdienst.

Ich kann keine Orden verleihen. Aber ich kann Ihnen ein Wort sagen, in meinem eigenen Namen und im Namen einer ganzen Armee polnischer Leser, die denken wie ich, sonst würden sie ja meine Bücher nicht lesen.

Ich sage nur ein Wort: Danke!

Wo leben eigentlich die Deutschen?

Über einige Merkwürdigkeiten
in einem wiedervereinigten Land

In meinen Jugendjahren las ich *Die Buddenbrooks* zum ersten Mal. Ich erinnere mich noch genau an jene Tage. Ich saß auf einer Bank im Botanischen Garten von Warschau, Stille trennte mich von der furchtbaren Wirklichkeit des Krieges, und ich las den Roman über das Schicksal der Familie von Konsul Buddenbrook. Die Kraft der Literatur, mit der ich damals in Berührung kam, war kolossal. Ich lebte mehr in Lübeck als im besetzten Warschau. Ich hörte nicht das Dröhnen der Stiefel deutscher Gendarmen auf den Warschauer Gehsteigen, sondern den angenehmen Klang einer Kutsche, die am Ufer der Trave entlangfuhr. Ich sah weder die feldgrauen Uniformen noch meine jüdischen Nachbarn mit den Davidsternen an den Ärmeln, sondern nur die weißen Gardinen in den offenen Fenstern des Arbeitszimmers von Johann Buddenbrook, die sich im Winde bauschten. Als dann Thomas Buddenbrook an den Folgen einer Zahnentzündung starb, war ich wirklich verzweifelt. Es ist heute schwer zu verstehen, aber damals geschah etwas Unheimliches mit mir: Während ich den Roman las, hatte ich für lange Zeit die Hoffnung, Herr Buddenbrook würde in Warschau erscheinen und endlich mit der ganzen deutschen Schweinerei um mich herum aufräumen.

Ich denke, daß in jenen Jahren fast jeder Pole und fast jeder Jude so etwas wie ›seinen‹ Buddenbrook hatte, auf den er fest rechnete – doch letztlich haben sie sich alle verrechnet.

Es fiel mir während des Krieges ungeheuer schwer, die Buddenbrook-Deutschen vom Hitler-Deutschland zu trennen, doch ich tat es intuitiv, und es gelang mir dank einer aus Hoffnung und Haß gespeisten inneren Kraft. Ich fand, es könne unmöglich ein und dasselbe Land, ein und dasselbe Volk, ein und dieselbe Sprache sein.

Ich las damals sehr viel, denn ich hatte den Glauben an Gott verloren, und in den Büchern suchte ich neue Hoffnung. Der Zufall wollte es, daß es fast ausschließlich Bücher der großen deutschen Literatur waren, und damals las ich eben Mann.

Ich trennte die deutsche Kultur von der deutschen Wirklichkeit, und im Grunde tat ich damit nichts Besonderes, denn die Deutschen machten es damals genauso. Die Deutschen im Dritten Reich warfen alles, was Achtung, Anerkennung und Liebe verdiente, auf den Müll oder ins Feuer der Scheiterhaufen, also beileibe nicht nur Thomas Mann, sondern ihre gesamte, viele hundert Jahre alte Kultur. Sie sagten sich von der deutschen Tradition los, um unbeschwert ein tausendjähriges germanisches Reich aufzubauen.

Heute, aus der Distanz von über einem halben Jahrhundert, klingt das reichlich seltsam, aber als Junge versuchte ich, eine Ordnung in meine Vorstellungen über die Deutschen und Deutschland zu bringen, und ich erinnere mich, daß ich auf einer Landkarte in meinem Atlas die Grenzen zweier völlig unzusammengehörender und einander feindlich gesinnter deutscher Länder einzeichnete. Und ich erinnere mich, daß zu dem guten, dem anständigen, dem ehrlichen Deutschland Hamburg, Bremen, Kiel und natürlich auch Danzig gehörten, denn ich hatte ja keine Ahnung, was ein paar Jahre später in Europa passieren würde. Die Hauptstadt dieses anständigen Deutschlands aber war Lübeck – im Hinblick auf Thomas Mann und Konsul Buddenbrook ist das leicht zu verstehen. Und das böse Deutschland, das verbrecherische, das feindliche, das war natürlich Berlin und Umgebung, denn Berlin war die Hauptstadt des Reiches, und von dort aus führte Adolf Hitler den Krieg. Ich hatte damals keine Ahnung, daß Hitler aus Österreich stammte und Berlin während der Weimarer Republik eine Hochburg der Linken gewesen war.

In der Welt meiner jugendlichen Fantasien mußte es eine Ordnung geben und zu dieser Ordnung gehörte, daß Bremen gut und Berlin schlecht war.

Jahre später sollte sich allerdings zeigen, daß nicht nur ich unsinnigen Fantastereien erlag.

1964 kam ich zum ersten Mal in die Bundesrepublik. Seit dem Ende des Krieges waren zwanzig Jahre vergangen, die überwiegende Mehrheit der Menschen erinnerte sich – anders als heute – noch gut an den Krieg, und die eigenen Kriegserfahrungen steckten den Menschen noch tief in den Knochen, so daß sich ein Pole in Deutschland unsicher fühlte und die Deutschen, die mit ihm sprachen, ebenfalls unsicher waren.

Damals ist mir folgendes passiert.

In Baden-Baden lernte ich einen sehr netten älteren Herrn

kennen. Er lud mich zu einem Glas Wein nach Neuweiller ein. Wir saßen direkt am Rheinufer und unterhielten uns. »Wissen Sie, was...«, sagte er auf einmal. »Wir hier in Baden sind eigentlich keine richtigen Deutschen. Wir haben andere Sitten und Gebräuche. Wir ähneln mehr den Franzosen, und das ist auch leicht einzusehen, denn schauen Sie nur, dort auf der anderen Seite des Rheins ist schon Frankreich. Geistig gehören wir mehr dorthin als zu Deutschland.«

Ich hörte mir das an und war weiter nicht erstaunt. Ich dachte, das könnte tatsächlich sein, und mir wurde sogar leichter ums Herz, denn dieser Herr war überaus sympathisch, also war es mir nur recht, nicht einen Deutschen in ihm zu sehen, sondern jemand anderen...

Und alles wäre in Ordnung gewesen, wenn ich tags darauf nicht nach Hamburg geflogen wäre. Dort begrüßte mich ein netter Herr mit einer Pfeife im Mund, einer dunkelblauen Mütze auf dem Kopf, einem Tweedjacket mit Silberknöpfen, und der sagte während des Mittagessens in einem Hamburger Restaurant zu mir: »Wissen Sie, was... Wir hier in Hamburg, in Bremen oder Lübeck, wir sind eigentlich keine richtigen Deutschen. Wir haben andere Sitten und Gebräuche. Wir sind von alters her aufs engste mit England und Skandinavien verbunden, das ist die alte Hanse, eine andere Tradition als in Deutschland, eine andere Art des Denkens...«

Ich hörte das mit sehr gemischten Gefühlen, denn der Mann war wirklich sehr nett, sah sehr britisch aus, lebte in dem Deutschland, das ich während des Krieges für gut, wahrhaftig und liebenswert gehalten hatte. Andererseits aber fand ich es doch ein wenig irritierend und sonderbar, denn tags zuvor hatte mein Gastgeber in Baden-Baden genau denselben Unsinn erzählt. Deshalb sagte ich zu dem sympathischen Herrn aus Hamburg: »Ihr seid hier also keine Deutschen, die Badenser sind keine Deutschen, dann sagen Sie mir doch bitte schön, wo eigentlich die Deutschen leben...«

Und ohne einen Augenblick zu zögern, rief er: »Fahren Sie in die DDR, dort leben Deutsche...« Heute weiß ich, daß das Absurditäten waren, die zustande kommen, wenn man unterschiedliche Faktoren miteinander mischt, doch solche Absurditäten konnten sich nur in Deutschland ereignen, denn es ist ein Land mit einer erstaunlich rätselhaften Vergangenheit.

An erster Stelle war da das deutsche Schuldgefühl wegen Hitler und dem Dritten Reich. Das Schuldgefühl galt vielleicht nicht für die ganze Gesellschaft, doch war es einer der wichtigsten Grundsätze der bundesdeutschen Geschichtsphilosophie – ganz im Gegensatz zur DDR. Es lag darin ein ungewöhnliches Paradox, das auch heute noch die geistige Landschaft im westlichen und östlichen Teil des vereinten Deutschlands beeinflußt. Die Bundesrepublik hatte es nämlich im Augenblick ihrer Entstehung auf sich genommen, die Geschichte Deutschlands fortzusetzen. Die gesellschaftliche Pädagogik Adenauers war einfach und in dieser Einfachheit ungemein ehrlich, aber auch ungemein belastend. Adenauer vertrat den Standpunkt, daß es Deutschland früher gab, daß es Deutschland gibt und daß es Deutschland geben wird. In der Praxis bedeutete das, daß die Bundesrepublik die moralische Verantwortung für die gesamte deutsche Vergangenheit trägt, also sowohl für den Konsul Buddenbrook als auch für Auschwitz. Die Bundesrepublik, das war die Tradition der alten Hanse in Bremen und Lübeck, das waren die Passionsspiele in Oberammergau und die Verrücktheiten Ludwig II. von Bayern, das war Bismarck, und das war der 20. Juli 1944. Die ganze Geschichte Deutschlands, die ganze Kultur Deutschlands, alle deutschen Tugenden und alle deutschen Sünden. Für den Durchschnittsmenschen ein riesiges, ein unbequemes Gepäck.

Und was bedeutete das in der Praxis?

Einerseits gab es dem Westdeutschen das Recht, auf die hanseatische Tradition Bremens stolz zu sein, was dem Polen gefiel und was er gutheißen konnte. Aber es gab ihm auch das Recht, auf die hanseatische Geschichte Danzigs zu verweisen, was dem Polen natürlich nicht gefiel und negative Assoziationen wachrief. Einerseits hatte er damit das Privileg, die Grundsätze der deutschen Demokratie (und zwar nicht nur die der Weimarer Periode, sondern auch die aus der Zeit der Frankfurter Nationalversammlung) zu verkünden, andererseits aber war da die Mitverantwortung für den Holocaust, für die Ermordung der unzähligen Polen, die Unterwerfung Europas, für die ganzen Schandtaten der Nazis.

Im Grunde genommen war die deutsche Vergangenheit damals viel eher eine Last denn ein Anlaß zu Stolz und Freude. Schließlich war der Krieg noch nicht so lange her, fast alle erinnerten sich an ihn, fast alle hatten daran teilgenommen – und der Krieg und das, was damals passierte, war fürchterlich, schändlich und mußte jedem halbwegs rechtschaffenen Menschen die Schamröte ins Gesicht treiben.

77

Als ich vor dreißig Jahren zum ersten Mal in der Bundesrepublik war, mochten die Deutschen keine Deutschen sein. Nach 1968 wurde das zur verbreiteten Grundhaltung der jungen Generation. Deutsch-Sein bedeutete eine moralische Belastung, eine große moralische Unbequemlichkeit, denn wenn die jungen Menschen auf die Geschichte ihres Volkes zurückblickten, sahen sie furchtbare Dinge.

Zu jener Zeit, also vor dreißig Jahren, bestand die Schicksalsgemeinschaft im Westen, der sich durch den sowjetischen Imperialismus und die Ausbreitung des Weltkommunismus bedroht fühlte, aus ersten noch tastenden Versuchen einer europäischen Integration unter Führung der Vereinigten Staaten. Die Vereinigten Staaten wurden für die Westdeutschen zum Vorbild eines demokratischen Systems und einer demokratischen Form gesellschaftlicher Konfliktlösungen, und der amerikanische Lebensstil war verlockend und erschien als der einzig moderne. Und als die Menschen zu dem Schluß kamen, daß doch nicht alles an den amerikanischen Vorbildern gar so großartig sei, da beriefen sich die Franzosen, Italiener oder Holländer auf ihre eigene französische, italienische oder holländische Tradition, die für sie immer einen Wert darstellte, und konnten so die Vereinheitlichung nach dem amerikanischen Vorbild korrigieren, bremsen oder für sich modifizieren. Die Deutschen fühlten sich angesichts dieser Herausforderung viel hilfloser und wehrloser. Sie konnten sich nicht auf die eigene Vergangenheit berufen, denn ihre Vergangenheit war verflucht und beschämend. Vielleicht sind unter den westlichen Nationen deshalb die Deutschen am stärksten und am schnellsten der Amerikanisierung erlegen. Später sollte das positive

Früchte tragen und dazu führen, daß die bundesdeutsche Gesellschaft die stabilste Demokratie hatte, die pragmatischste Wirtschaftsphilosophie, die problemloseste Anpassung an den Prozeß der europäischen Integration.

Jedes universelle Phänomen, und in diesem Falle handelt es sich gar um ein Massenphänomen, besitzt seine Sonnen- und seine Schattenseiten. Die nationale Entwurzelung der Bundesrepublik in den siebziger und achtziger Jahren hat den Prozeß der westeuropäischen Integration kolossal erleichtert und vorangetrieben; andererseits erwies sich diese Entwurzelung als die große intellektuelle Schwäche der Deutschen während der Vereinigung.

Ganz anders war die geistige Situation im Osten, in der DDR.

Die DDR entstand in Ablehnung der deutschen Vergangenheit, und zwar mehr als eine Negation der Vergangenheit denn aus einer Polemik mit ihr. Die gesamte deutsche Vergangenheit war entweder schlecht oder existierte überhaupt nicht. Mehrere Jahrzehnte lang gab es in der DDR kein Drittes Reich, keinen Friedrich den Großen und keinen Bismarck. Es gab nur die Arbeiterbewegung, Marx, Engels und den Spartakusbund sowie natürlich die immer kämpfende, immer in der Rolle des Märtyrers auftretende und immer unfehlbare Kommunistische Partei Deutschlands, die tugendhafte Schwester der KPDSU. Erst zu Honeckers Zeiten tauchte urplötzlich Friedrich der Große auf und mit ihm der preußische Staat, der zu Piecks und Ulbrichts Zeiten nicht existiert hatte. Ich erinnere mich noch genau an den Schwachsinn der SED über ›das Volk der DDR‹ und einen großen ›DDR-Dichter‹ namens Goethe. Die polnischen Kommunisten verboten damals die Veröffentlichung mancher Äußerungen Ulbrichts und Texte aus dem *Neuen Deutschland*, denn in Warschau war man der Meinung, das sei so dumm, daß es in den Augen der Polen den verbündeten deutschen Arbeiter- und Bauernstaat kompromittiert und lächerlich gemacht hätte.

In der DDR funktionierte das Deutschtum also ausschließlich in einem Klassenkontext, ausschließlich als soziologische und nicht als geschichtliche Variante eines Menschenschicksals. Das wurde in der Propaganda und der Erziehung breiter Bevölkerungsschichten so präzise exekutiert, daß man damals glauben mochte, die Deutschen seien in allem, was sie machten, die unschlagbaren Perfektionisten. Deshalb wurden aus der Bundesrepublik die perfektesten Vereinigten Staaten, und aus der DDR die perfektesten Sowjets unter der Sonne.

Ich glaube jedoch nicht, daß dies die Folge eines deutschen Hangs war, immer die Rolle des Klassenbesten zu spielen, obschon man diesen Faktor schwerlich ganz ausklammern kann. Eher glaube ich, daß die historischen Umstände – die von den Deutschen selbst und in der Folge durch den Krieg und die Nazis verschuldet waren – die Deutschen in den letzten fünfzig Jahren zu so einer Haltung gezwungen haben.

Bei der breiten Masse mußte das jedoch in der neuen historischen Situation – also während des Einigungsprozesses – nationalistische Tendenzen wachrufen. Als die Menschen in der DDR 1989 auf den Straßen riefen: »Wir sind ein Volk«, bedeutete das mehr als nur die Feststellung einer offensichtlichen Tatsache. Denn wäre es nur eine offensicht-

liche Tatsache gewesen, hätten die Menschen auf den Straßen Bremens dasselbe gerufen. Aber sie haben nicht gerufen. Bekanntlich verhielten sie sich ganz still, und manch
einen schienen die aus Leipzig, Dresden oder Magdeburg
herüberschallenden Rufe sogar verlegen zu machen.

Kein Wunder, daß damals auch in Warschau, Paris und
Kopenhagen so mancher verlegen wurde. Denn es entstand
eine recht beunruhigende Situation. Ein Großteil des deutschen Volkes in Hamburg, München und Köln verspürte
zwar Unbehagen über das eigene Deutsch-Sein. Doch selbst
wenn dieses Deutsch-Sein sie mit Zufriedenheit und Genugtuung erfüllt hätte, wollten sie doch eher ihre Zugehörigkeit in Europa betonen als ihre Zugehörigkeit zum
Deutschtum. Gleichzeitig jedoch, und wohl zu Recht, liebten sie ihre hanseatische, rheinländische, badensische oder
bayerische Eigenart, ihre Andersartigkeit und Einzigartigkeit, denn sie hatten schon lange gelernt, ihre unmittelbare
Heimat zu lieben, die Städte und Städtchen, Landschaften,
Gebräuche und Dialekte, die des Menschen stärkste Wurzeln sind.

Und ziemlich plötzlich und unerwartet erhob in dieser
Situation der kleinere Teil des Volkes, vom Schicksal schwer
geprüft, drei Generationen lang (von 1933 bis zum Jahre
1990 nämlich) durch die Mühlen des Totalitarismus ge-
dreht und seiner Identität beraubt, ein großes Geschrei zum
Thema ›Volk‹, was in den Ohren der Westdeutschen anachronistisch klang und in den Ohren der anderen Europäer
irritierend und beunruhigend.

So war also ein Vierteljahrhundert nach meinen amü-
sant-ärgerlichen Erlebnissen in Baden-Baden und Hamburg

etwas Merkwürdiges geschehen. Was man damals für einen Scherz hatte halten mögen – oder für den Versuch, sich, angesichts der moralischen Beschwernis, mit einem Polen sprechen zu müssen, für nicht zuständig zu erklären, oder für Selbstironie, oder vielleicht gar für ein intelligentes, geistreiches Paradox –, war plötzlich, nach Jahren, zu einer düsteren Prophezeiung geworden. Vor den Augen des verwunderten und beunruhigten Europas zeigte sich auf einmal, daß die wahren Deutschen in Leipzig, Jena und Ost-Berlin wohnten, während die Einwohner Bremens vor allem Bremer waren, die Einwohner Münchens Bayern, die Einwohner Kölns Rheinländer. Auf dem Kurfürstendamm spazierten Berliner, am Alexanderplatz aber wohnten ausschließlich Deutsche. Schon nach einem Jahr erwiesen sich diese anfangs ziemlich abstrakten Unterschiede als sehr wesentlich, denn die Menschen auf dem Alexanderplatz fanden, daß die Türken kein Recht hätten, auf den Gehwegen herumzuspazieren, während ein paar Haltestellen weiter nach Westen sich dieselben Türken zu Hause fühlten.

Doch ganz so eindeutig war es dann auch wieder nicht, denn schon bald erklärten die Menschen in Sachsen voller Stolz, daß sie Bürger des Freistaats Sachsen seien, und stellten an den Ausfallstraßen entsprechende Schilder auf, während ein Teil der Menschen in Stuttgart, Düsseldorf, Bremen und Nürnberg zu dem Schluß kam, der deutsche Nationalismus sei doch gar kein so schlechter Gedanke.

Türken, Jugoslawen und manchmal auch Polen wurden plötzlich nicht mehr nur in der ehemaligen DDR verprügelt, sondern auch in der alten Bundesrepublik. Natürlich war das kein Massenphänomen, und man darf derartige Vorfälle nicht überbewerten, aber es lohnt sich doch, einmal über ein bestimmtes Phänomen der deutschen Seele nachzudenken. Dort nämlich, wo die Einheit der deutschen Sprache und der deutschen Kultur sich langsam zu einer Einheit der deutschen politischen Strukturen wandelt, kommt es zu einer Abschwächung jener ersten Einheit. Statt ein ordentliches Deutsch zu sprechen, fangen die Menschen an, nationalistischen Schwachsinn von sich zu geben und die große Tradition der deutschen Kultur zum Teufel zu schicken. Manchen Deutschen scheint es, daß sie auf diese Weise die politische Einheit Deutschlands verwirklichen.

Persönlich bin ich ein Feind jeder Verallgemeinerung und stehe Ganzheitstheorien sehr skeptisch gegenüber, wenn sie sich auf das Leben von Völkern beziehen und nicht, sagen wir, auf die klassische Mechanik.

Kürzlich hörte ich jemanden die Ansicht vertreten, die Deutschen seien das kulturell am weitesten entwickelte Volk Europas, gleichzeitig aber politisch das unterentwikkeltste Volk Europas. Natürlich stammt diese Ansicht aus Deutschland und ist deshalb intellektuell vielleicht etwas undurchsichtig. Denn wenn mich an bestimmten deutschen Posen etwas wirklich ärgert, dann genau diese Versuche, alles zu systematisieren, selbst das, was sich nie systematisieren läßt, wie zum Beispiel das, wie Menschen über die Welt und den Menschen denken.

Die Theorie von der kulturellen Entwicklung und der politischen Unterentwicklung der Deutschen entspringt – wie ich vermute – der völlig falschen Überzeugung, vor sechzig Jahren seien die Deutschen wahnsinnig kultiviert gewesen. Das ist aber schlicht und einfach nicht wahr. In der

Weimarer Zeit war Deutschland ein ziemlich finsteres Land, das Bildungsniveau war niedrig, das Wissen über die Welt gering. Die Wiege der Nazibewegung stand bei den Süddeutschen, die zivilisatorisch viel rückständiger waren als die Norddeutschen. Die deutschen Städte der früheren Hanse waren gegenüber der Nazipest noch am wenigsten anfällig, weil sie am aufgeklärtesten waren. Die Schicht, welche sich Hitler am stärksten widersetzte, war keineswegs die Arbeiterklasse, wie die Kommunisten behaupteten, sondern die preußischen Junker. Denn die Junker waren aufgeklärter als die Arbeiter.

Ich behaupte nicht, dies sei der einzige Schlüssel zur deutschen Geschichte des zwanzigsten Jahrhunderts. Aber ich bin überzeugt, daß die Kriterien dafür, wie politisch aufgeklärt jemand ist, eher am Schlüsselbrett der Psychologie oder gar Psychoanalyse zu suchen sind.

Heute ist es ähnlich. Es läßt sich nicht leugnen, daß die Gesellschaft in den alten Ländern der Bundesrepublik besser ausgebildet und weltläufiger ist als die in den neuen Ländern, denn die Demokratie bereitete die Menschen vielseitiger auf das Leben in einer Gemeinschaft vor, als ein totalitäres System dies tun kann. Deshalb gibt es im vereinten Deutschland heute mehr politische Dummheit im Osten als im Westen, auch wenn diese Feststellung ehemalige DDR-Bürger empören mag. Kürzlich sprach ich in Dresden über Servilismus, Lakaientum und Nichtswürdigkeit in der DDR-Kunst. Ich behaupte nicht, daß die gesamte Kunst in der DDR servil und nichtswürdig war, aber ich behaupte, daß es von derartiger Kunst sehr viel gab. Für diese Ansicht wurde ich dann von ein paar Künstlern aus der ehemaligen DDR äußerst heftig attackiert. Sie fanden nämlich – und das ist besonders lächerlich und gibt der Sache einen besonderen Geschmack –, ich würde Herrn Biedenkopf und seinen rechtslastigen Machtstrukturen dienen.

Nie würde ich es wagen, mich als Ausländer in die inneren Angelegenheiten der Bundesrepublik einzumischen, obgleich ich Herrn Biedenkopf persönlich sehr schätze und ihn für einen reizenden Menschen und einen hervorragenden deutschen Politiker halte. Doch habe ich nie beabsichtigt und beabsichtige nicht, mich auch nur mit einem Wort zu den Regierungsmethoden in Deutschland zu äußern. Trotzdem sind einige Künstler, die im totalitären Geist erzogen wurden (nicht nur in der ehemaligen DDR, sondern auch in Polen, Tschechien oder Rußland), nicht imstande, Kunst und Politik auseinanderzuhalten. Sie behandeln Kultur ausschließlich als ein Problem des Staates, der Obrigkeit, der Ideologie, und wenn sie im Bereich der Kultur kontroverse Meinungen diskutieren, dann müssen sie diesen Disput immer einer bestimmten politischen Ansicht unterordnen. Wenn ich also keine höfische Kunst im Stile der Gedichte zu Ehren der Stasi mag oder Romane über die kluge Führung der kommunistischen Partei, dann heißt das, ich sei notwendig ein glühender Anhänger der Christdemokraten, oder Le Pens, oder der Apartheid, oder der amerikanischen Aggression in Vietnam. Bei manchen Leuten setzt da wohl eine Art Pawlowscher Reflex ein: wenn sie einen Baum sehen, heben sie gleich ein Bein.

Nun, das ist ein banales Beispiel politischer Dummheit, wie es sich überall findet, viel öfter aber eben im Osten als im Westen, weil der Westen aufgeklärter ist. Der Westen macht seine Übungen in Demokratie seit Jahrzehnten, der Osten macht gerade seine ersten Hausaufgaben zu diesem Thema.

Doch all das bedeutet nicht, der Westen habe in allem recht, der Osten aber, wenn er etwas macht, stelle sich töricht an und mache es schlecht. Das ist im übrigen ein Dilemma, das nicht nur den Osten und Westen des vereinten Deutschlands betrifft, sondern auch den Osten und Westen des ganzen sich vereinenden Europas. Es gilt ohne Ausnahme für alle.

Seit geraumer Zeit gibt es die deutliche Tendenz zu einer Rekommunisierung des europäischen Vorstellungsvermögens. Der Kommunismus ist zwar untergegangen, doch kaum daß ein paar Jahre vergangen sind, wählen die Menschen die Parteien, die sich mehr oder weniger direkt aus den alten Regimen herleiten. So ist es in den neuen Ländern der Bundesrepublik, so ist es in Polen, in Rußland, in Ungarn, in Bulgarien. Manche meinen, das sei eine nostalgische Dummheit, ein Beweis der Unreife, eine Art Epidemie, die morgen oder übermorgen wieder vergeht, denn der Westen habe doch recht und es gebe keinen anderen Weg als den, den der Westen gegangen ist.

Natürlich stimmt das. Es gibt keinen anderen Weg. Aber das heißt nicht, daß es sich um eine Nostalgie handelt, um eine Epidemie, politische Unreife oder Dummheit. Es heißt etwas ganz anderes. Ich glaube, der Westen sollte die geistige Erfahrung des Ostens nicht unterschätzen, und danach ist es so, daß die Menschen einfach etwas anderes wollen, mehr wollen, daß sie es anders wollen und nicht so, wie all das ist, was ihnen aus dem Westen gegeben wird. Wenn die Deutschen in den neuen Bundesländern unzufrieden sind, dann nicht deshalb, weil sie immer noch weniger haben als die Menschen in den alten Bundesländern, sondern weil sie zusammen mit dem Untergang der DDR etwas verloren haben, was sie brauchten. Das gleiche verspüren die Menschen in den anderen postkommunistischen Ländern. Das ist nicht einfach eine Ablehnung des Kapitalismus und der Demokratie in ihrer heutigen Form, sondern man sieht im Osten – schärfer vielleicht als im Westen – die Unzulänglichkeiten des Kapitalismus und der Demokratie. Die Menschen in Bremen haben sich an bestimmte Dinge und Zustände gewöhnt, die für sie selbstverständlich sind, während die Menschen in Rostock diese Dinge und Zustände unerträglich finden und sie nicht akzeptieren wollen – weder heute noch morgen. Vielleicht stehen wir also alle vor der Alternative, daß wir sagen, wir müssen den dummen und unreifen Osten einfach zwingen, bestimmte Regeln und Selbstverständlichkeiten anzuerkennen, oder daß wir sagen, der Osten ist gar nicht so dumm, wie wir dachten, dagegen sind die westlichen Regeln und Selbstverständlichkeiten anachronistisch und deshalb muß in einer großen Anstrengung versucht werden, diese zu verändern und besser an die heutigen Bedürfnisse der Menschen anzupassen – im Osten wie im Westen. Die zweite Lösung ist wohl die sinnvollere, denn wir können kaum so tun, als wären im Westen alle zufrieden und als garantiere das, was im Westen passiert, eine harmonische Vervollkommnung der Menschen in der Gemeinschaft.

Es steht außer Frage, daß wir eine Krise des politischen und philosophischen Denkens durchleben. Diese Krise hat vor langer Zeit begonnen, aber sie hat in dem Augenblick, als das Weltsystem des Kommunismus einstürzte, eine besondere Intensität erreicht. Das kommunistische Weltsystem bestand in der Unfreiheit von Millionen, doch zugleich war es eine Bedrohung für die freie Welt und zwang diese, sich ständig weiterzuentwickeln, sich ständig zu verändern, ständig nach Lösungen zu suchen. In dem Moment, wo diese Herausforderung keine Bedrohung mehr darstellte, hat sich eine intellektuelle Leere aufgetan.

Diese Leere spüre ich gerade in Deutschland besonders empfindlich, wo die Vereinigung keine große Diskussion über eine neue Rolle und Bedeutung Deutschlands in Europa und in der Welt ausgelöst hat.

Das ist für Europa am beunruhigendsten.

Die Berliner Mauer trennte uns von Europa

Rede zum ersten Jahrestag der Wiedervereinigung
Deutschlands am 3. Oktober 1994 in Bremen

Sehr verehrter Herr Präsident, Exzellenzen, meine Damen
und Herren!

Eines Abends im November 1989 hatte ich ein eigen-
artiges Gespräch mit einem Warschauer Taxichauffeur. Wir
fuhren zunächst schweigend, plötzlich sagte er: »Was für
eine Erleichterung, mein Herr, was für eine Erleichterung!«
Ich dachte, er hat wohl eine kranke Frau und hat plötzlich
die Nachricht erhalten, daß es ihr bessergeht. Oder sein ver-
lorener Sohn, deren es ja heutzutage viele gibt, ist endlich
heimgekehrt. Er berichtigte aber sogleich das Mißverständnis und sagte: »Was für eine Erleichterung, mein Herr, daß
die verdammte Mauer in Berlin gefallen ist. Endlich haben
wir die Chance auf ein eigenes Polen.«

Es war ein alter Mann, der sich sehr gut an den Krieg
erinnerte, und das von den Deutschen verursachte Übel
steckte ihm noch in den Knochen. Er hatte keinen Grund,
die Deutschen zu lieben. Dennoch wußte er, was er sagte.

Wohl nirgendwo in Europa gab es während der letzten
Jahrzehnte ein so weit verbreitetes und augenfälliges Wissen darüber, daß zwischen Jalta und der deutschen Teilung
ein Junctim bestand, wie gerade in Polen.

Nie waren wir demütig vor den Totalitarismen des

20. Jahrhunderts. Während des Krieges stellten die Polen die stärkste Widerstandsbewegung gegen Hitlers Reich. In den Nachkriegsjahrzehnten meuterten sie hartnäckig und bemühten sich ständig, die Allmacht der kommunistischen Diktatur einzuschränken, fast ein halbes Jahrhundert hindurch waren sie die trotzigsten Bewohner der kommunistischen Utopie des Absurden. Unsere Widerstandsfähigkeit gegen die Unfreiheit irritierte sogar das westliche Europa, das vor allem Ruhe und Stabilität wünschte; als ob Ruhe und Stabilität überhaupt möglich gewesen wären in einer Welt der Hirngespinste, Lügen und frommen Wünsche.

Zu jenen Zeiten wußte fast jeder Pole, daß wir umzingelt waren. Die sowjetische Bastion in der DDR trennte uns von allem, was polnische Tradition bedeutete, polnische Kultur, polnische Erfahrung, polnische Sehnsucht und polnische Staatsräson, sie trennte uns von Europa.

Wir waren uns dessen bewußt: Solange sich die kommunistische Macht hielt, so lange würde Deutschland geteilt bleiben. Und wir wußten gleichfalls, je tiefer das sowjetische Machtmodell in der DDR Wurzeln faßte, desto schwächer sind unsere Hoffnungen auf den Sturz des Kommunismus. Viele Jahre hindurch betrachteten wir mit offener Abneigung die unterschiedlichen Praktiken der westlichen Welt, die, womöglich von guten Absichten diktiert, objektiv jedoch das ostdeutsche Regime stärkten.

Denn das war eine Politik, die im Gegensatz zum polnischen Nationalinteresse stand. Gleichzeitig machten wir uns klar, daß jeder Protest von uns, in Warschau, in Radom, in Danzig, dieses System schwächte und den Zeitpunkt der deutschen Wiedervereinigung näher brachte.

Die Polen sind ein besonderes Volk. Kein Volk in Europa außer unseren jüdischen Brüdern hat soviel Böses von seiten der Deutschen erlitten, und gleichzeitig hat kein Volk in Europa den Deutschen so heftig und ehrlich die Vereinigung in einem Staat gewünscht. Das war keine Frage der Liebe. Es war einfach das Bewußtsein, daß es eine Gemeinsamkeit unseres Schicksals gibt, eine Gemeinsamkeit der historischen Bestimmung. Denn die Polen begreifen das kollektive Schicksal recht gut. Vielleicht ist dies das Resultat der Leiden, Entbehrungen, schrecklichen Herausforderungen, denen wir in der Vergangenheit standhalten mußten. Im Licht der historischen polnisch-deutschen Erfahrungen scheint es paradox, daß der Fall der Berliner Mauer und die Wiedervereinigung Deutschlands die Garantie der staatlichen polnischen Souveränität bildeten, die wir uns seit Jahren erkämpft haben, indem wir den Kommunismus stürzten. Doch ist es auch ganz offenkundig, daß die Erosion der kommunistischen Macht und dann ihr endgültiges Ende in Polen den Weg für die Vereinigung des deutschen Volkes freigemacht hat.

Der Warschauer Taxifahrer, kein Staatsmann, sondern ein einfacher Mensch, der keinen Grund hatte, die Deutschen zu lieben, wohl aber Grund, Polen zu lieben und mit Sorge an seine Zukunft zu denken – empfand Erleichterung bei der Nachricht, daß die Mauer in Berlin gefallen war. Ganz Polen empfand damals Erleichterung. Heute, kaum ein paar Jahre nach jenen Ereignissen, leben wir in einem ganz anderen Europa. Es gibt keinen Kommunismus mehr, und die Menschen glauben, alles würde sich in Zukunft prächtig entwickeln. Die Bürger der Überflußgesellschaft neigen – wie das immer im Überfluß zu sein pflegt – zu einem recht trägen, bequemen Denken und meinen, jetzt sei die Zeit des großen Umbruchs dorthin gelangt, wo jahrelang der Kommunismus geherrscht hatte. Sie meinen gleichzeitig, es sei keineswegs nötig, im Westen Umgestaltungen vorzunehmen, weil das, was Europa zur Zeit erlebe, die Rückkehr zur Normalität sei, wie sie seit langem im westlichen Teil des Kontinents geherrscht habe. Nach dieser Ansicht müßten die Menschen in Warschau, Prag, Leipzig, Budapest und Preßburg jetzt eine neue Existenz beginnen, den bewährten, guten Mustern von Paris, London, Bremen und Amsterdam entsprechend.

Ich bin kein Politiker, sondern ein Schriftsteller und habe deshalb das Recht zu denken, daß es eine derartige Rückkehr nicht gibt und in der Geschichte nie gegeben hat. Jene vor einigen Jahren noch bestehende Welt gibt es ganz einfach nicht mehr. Sie existiert nicht in Warschau, nicht in Rostock, und sie existiert nicht in Köln. Vor unseren Augen und durch unsere vielleicht nicht immer bewußte Mitwirkung entsteht eine völlig neue Qualität Europas.

Meiner Ansicht nach beginnt Europa erst jetzt wirklich zu existieren. Seine Existenz vor wenigen Jahren war krüppelhaft, war eine Fälschung und eine Täuschung. Denn es gibt doch kein Europa ohne die Gotik Krakaus und Prags, den Zwinger in Dresden, die Brücken in Budapest und ohne Leipzig, das einst die Hauptstadt des europäischen Buches war. Die Westeuropäer erlagen dem süßen und recht bequemen Trugbild, der Big Ben, die Gassen von Siena, der Montmartre-Hügel, der Dom in Worms genügten, um die Geschichte, Kultur und Tradition Europas zu bewahren.

Wir waren nicht taub und blind im politischen Osten Europas. Wir hörten die Glocke in London schlagen, wir sahen aus großer Entfernung sowohl Berninis Kolonnade als auch den Eiffelturm und die alten Häuser in Lübeck. Wir wurden oft vergessen, aber wir vergaßen nie, daß der Mensch Europas ein denkendes Schilfrohr ist, daß er die Relativitätstheorie formulierte, Steine behaute, um den Kölner Dom zu errichten, die Bastille zerstörte, den »Hamlet« und den »Faust« schrieb, die Neunte Symphonie und die Revolutionsetüde komponierte, die Mona Lisa und das Porträt der Infantin malte. Mehr noch, gerade wir, die vergessenen Europäer aus Magdeburg und Lublin, wußten wohl besser, daß die Freiheit nicht an und für sich ein Wert des menschlichen Geistes ist, sondern daß erst das Begehren der Freiheit und die Sehnsucht nach Freiheit dem Menschen volle Menschlichkeit verleiht.

Wir sind alle hier, wo wir waren und sind. Und hier, in unserer alten Behausung, werden wir bleiben. Und dort, wo wir sind, war, ist und wird sein – Europa.

So verstehe ich in der Perspektive einer nahen Zukunft den tiefen und schönen Sinn der Wiedervereinigung Deutschlands. Als Etappe einer Vereinigung ganz Europas.

Deutschland ist heute groß. Diese Größe und Stärke ist Quelle der Unruhe für viele Europäer. Die Polen fürchten im Grunde Deutschland nicht, doch das ist eine Banalität – denn die Polen fürchten sich überhaupt nicht. Unter den zahlreichen Dämonen unserer Natur gibt es den Dämon der Furcht nicht. Jeder hat seine eigenen Gespenster und muß mit ihnen leben.

Aber es gibt im Europa von heute eine Unruhe, eine Ungewißheit angesichts der großen Anzahl der Deutschen, ihrer Kraft, ihrer Organisation und ihres Perfektionismus, der seit langem der mächtigste Dämon des Deutschtums ist.

Deshalb sind die Prozesse der europäischen Integration das beste Heilmittel gegen alle früheren Ängste. Die deutschen politischen Eliten und meinungsbildenden Kreise tun in dieser Sache sehr viel, und die Polen sind den Deutschen dafür dankbar. Wir wünschen euch alles Gute, weil wir uns selbst alles Gute wünschen, und es gibt für niemanden in Europa eine andere Zukunft als die Einheit und Gemeinsamkeit in ganz neuem Rahmen, neuen Strukturen und einem neuen geistigen Klima.

Manchmal fragen mich Deutsche – sicher ohne bösen Willen, eher aus Sorge und Neugier –, was wohl die Polen zum gemeinsamen Europa beitragen könnten, was man von den Polen im Rahmen der Integration erwarten dürfe. Ich antworte, so gut ich kann. Die Polen könnten zum gemeinsamen Europa einen paradoxen, scheinbar schwer zu definierenden Wert beitragen, der bewirkt, daß die Fragen nach unserem Beitrag zu Europa niemandem mehr einfallen, weil die Leute etwas anders denken werden. Die Polen – und übrigens nicht nur sie, sondern alle, die am eigenen Leibe den Kommunismus erfahren haben – werden zu Europa die alte europäische, heute im Westen etwas vergessene Überzeugung beitragen, daß der Mensch schwach ist, unvollkommen und sterblich, daß es Grenzen der kollektiven und individuellen Möglichkeiten gibt, daß nicht die Welt uns gehört, sondern wir der Welt.

Man muß dem modernen Europa eine Prise Demut zurückgeben, die es infolge der seltsamen Meinung verloren hat; der Fortschritt, der materielle Überfluß und die demokratischen Grundsätze könnten alle Dilemmata der menschlichen Person lösen und das allgemeine Glück sicherstellen.

Um ein wirklich integriertes Europa zu schaffen, bedarf es etwas mehr als nur dessen, was heute im Westen allgemein verbreitet ist. Es bedarf etwas mehr Reflexion über das Schicksal des Menschen, etwas weniger Jagd nach dem materiellen Wohlstand, etwas mehr Traurigkeit angesichts der menschlichen Unreife, etwas weniger Gewißheit, man könne alles erreichen. Denn viel – das bedeutet nicht alles.

Das neue und vereinigte Europa, wo sich der deutsche Perfektionismus, die britische Voraussicht, die französische Erfindungsgabe, die italienische Fantasie, die polnische Geistesfreiheit und die tschechische Genauigkeit verbinden, muß ein Europa von Menschen sein, die gemeinsam eine Antwort gefunden haben auf die Frage, was wesentlicher ist: Sein oder Haben.

Wir aus dem früheren Osten verstehen vielleicht besser als die Menschen des früheren Westens, wie schwierig das Sein ist, wenn man zu wenig hat. Doch selbst wenn man sehr, sehr viel hat, heißt das noch nicht, daß man so *ist*, wie es einem freien Menschen ansteht, der seine Würde bewahrt hat.

Herr Präsident, Exzellenzen, meine Damen und Herren! Ich danke dem deutschen Volk, daß es sich vereinigt hat, um für das vereinigte Europa der Zukunft zu arbeiten und dieses Europa zu gestalten.

Diese Worte sagte ein Deutscher

Zum Besuch Roman Herzogs in Warschau

I

Der polnische Außenminister Andrzej Olechowski* hat richtig bemerkt, daß wir kein Gleichheitszeichen setzen zwischen Deutschen und Russen. Es geht hier nicht um das Ausmaß unserer Verluste, sondern um die Andersartigkeit der Konzeptionen, denen entsprechend das Dritte Reich und die Sowjets Polen behandelt haben. Sogar unter stalinistischen Bedingungen zielte Moskau zwar auf die Unterwerfung Polens, aber nicht auf die komplette Vernichtung der Polen. Hitler hatte den festen Plan, die aufgeklärte Schicht auszurotten, die Gesellschaft zu dezimieren und auf den Stand von ungebildeten, stumpfsinnigen, willenlosen Untermenschen zu bringen, die er dann als Sklaven seines Reiches ausnützen wollte.

Zu Zeiten, da das Sowjetsystem langsam seine imperiale Dynamik verlor und eine immer stärker sichtbare Erosion des Kommunismus folgte, das heißt nach dem Jahr 1956, war Polen unter Moskaus Kuratel gestellt, konnte sich aber auf verschiedenen Gebieten des Gemeinschaftslebens doch entwickeln, konnte immer stärkeren Widerstand im Namen

---

* Olechowski, Andrzej – polnischer Außenminister 1993–1995

der Unabhängigkeit und Souveränität leisten, woran selbstverständlich unter den Bedingungen der Nazityrannei nicht zu denken war ohne das Risiko einer nationalen Hekatombe.

Es ist ein Zeugnis schwer verständlicher Ignoranz, politischer Blindheit und *moral insanity*, zu meinen, die Geschichte Volkspolens sei eine Geschichte beispielloser Errungenschaften, unerhörter Erfolge und Glückseligkeiten, worüber uns kürzlich eine Funktionärin des SLD[*] informierte, als sie dem Jahrestag des PKWN[**] huldigte.

Wer das historische Drama des letzten halben Jahrhunderts nicht sieht oder nicht sehen will, der unterschlägt die gesamte nationale Tradition.

Es ist aber auch unzulässig, daß verschiedene Leute Unsinn reden und behaupten, die Nachkriegsjahre der sowjetischen Diktatur und unserer Abhängigkeit von Moskau hätten in Polen mehr vernichtet als der Krieg und die Naziokkupation.

Olechowski hat recht mit der Aussage, daß in polnischen Augen die Schuld der Deutschen anders aussieht als die der Russen.

2

Das hängt mit der Vergangenheit unseres Volkes zusammen. Man darf das geistige Klima nicht auf die leichte Schul-

[*] SLD – Bündnis der Demokratischen Linken
[**] PKWN – Polnisches Komitee der Nationalen Befreiung, 1944

ter nehmen, weil man ohne die historischen Bedingungen die Geschichte nicht verstehen kann.

Ich habe im Leben oft darüber nachgedacht, ob ein Pole, ein einfacher Pole, ein Landwirt, Arbeiter, Arzt, Beamter, Ingenieur, ob dieser Pole eine persönliche Demütigung empfindet, wenn er einem Russen von Angesicht zu Angesicht gegenübersteht, sich mit ihm vergleicht, mit ihm redet und einen Wodka trinkt. Was denkt der Pole in diesem Augenblick, was empfindet er, wie beurteilt er sich selbst?

Ich habe einige Jahre auf dem Buckel, und niemand wird mich davon überzeugen, daß der Pole sich dann gedemütigt fühlt. Ich weiß nicht, ob es begründet ist oder nicht, ich weiß aber, daß wir die Russen sehr oft geringschätzen, manchmal Mitleid mit ihnen haben, im Grunde sie aber für weniger gebildet halten, eher rückständig, von der Moderne weit entfernt, daß wir lange Jahre hindurch unsere nationale Unterlegenheit durch Spott und Überlegenheitsgefühle kompensiert haben.

Das Klischee des Deutschen in unserem Denken reduzierte sich lange auf die deutsche Grausamkeit, den Hochmut und die Selbstsicherheit. Bei jeder Begegnung mit einem Deutschen empfanden wir begründete Angst. Der Deutsche weckte in uns den Widerstand, aber auch die Ungewißheit, ob wir imstande wären zu widerstehen, denn er repräsentierte eine schreckliche Macht, etwas Böses, aber auch – das soll man nicht verschweigen – eine zivilisatorische Überlegenheit, die uns weh tat und auf diese Weise Abneigung, Mißtrauen und den Wunsch nach Manifestierung unserer Unabhängigkeit verstärkte. Der Pole hat den Deutschen nie unterschätzt, mehr noch, der Deutsche hat ihm manchmal imponiert, hat in ihm tief verborgene Komplexe hervorgerufen.

Ein gesatteltes Pferd demjenigen, der mir polnische Komplexe östlich des Bug aufzeigt.

3

Wir schätzen unsere Symbole, und das ist wichtig im polnischen Leben. Wir haben davon nicht allzu viele. In der Geschichte haben wir kein Glück gehabt wie die Schweizer oder die Schweden, und die pfeifen auf Symbole, was keineswegs heißt, daß sie dadurch reifer sind. Ich beurteile die Reife einer Gesellschaft ungern nach Automarken, nach Volvo oder Polonez, obgleich auch das etwas aussagt.

Wir schätzen unsere Symbole. Die Bundesrepublik Deutschland hat in den letzten Jahren für Polen mehr getan als das traditionsgemäß mit uns befreundete Frankreich oder die von vielen so geliebten Vereinigten Staaten. Mit Hartnäckigkeit und Konsequenz zieht die Bundesrepublik Deutschland Polen in die europäische Integration. Die Deutschen haben daran ein Interesse, doch ist es keineswegs eindeutig politisch oder wirtschaftlich, denn glänzende Geschäfte werden sie bei uns nicht machen. Es bildet vielmehr im moralischen und psychologischen Sinn die Fortsetzung der ganzen deutschen Nachkriegsgeschichte, die sich im Schatten des Schuldkomplexes Europa und der Welt gegenüber entwickelt hat. Die Deutschen wollen einen Teil ihrer Besonderheit an Europa zedieren, das ist Adenauers alte Konzeption, aber auch die der amerikanischen Demokratie-Schule, welche die Amerikaner nach 1945 im westlichen Teil Deutschlands mit Erfolg aufgebaut haben.

Alles auf dieser Welt ändert sich und formt sich um. Die Polen sind heute anders als vor einem halben Jahrhundert, die Deutschen sind anders, die Russen sind anders.

Doch die Tatsache, daß die Bundesregierung in den letzten Jahren für die polnische Staatsräson viel getan hat, überzeugt uns nicht sehr und weckt weder Freundschaft noch Vertrauen. Das war eine begründete historische Erfahrung, verlieh aber auch in einem gewissen Maße unseren Komplexen Ausdruck.

Am Abend des 1. September stand vor dem Denkmal auf dem Krasiński-Platz der Bundespräsident Deutschlands. Roman Herzog ist groß, gut gebaut, physisch kräftig. Dieser joviale Bayer ist in gewissem Sinne das Gegenteil seines Vorgängers, des schmächtigen, schlanken, vornehmen von Weizsäcker.

Der frühere Bundespräsident Deutschlands demonstrierte fast bei jedem Schritt sein freundschaftliches Verhältnis zu Polen. Ich kenne ihn seit Jahren. Ich hatte geglaubt, er werde es sein, der die wichtigsten Worte in der Nachkriegsgeschichte der Polen und der Deutschen sprechen würde. Sicher hätte er das getan, wenn er bei den Feiern am 1. August Deutschland repräsentiert hätte.

Roman Herzog ist ein neuer Mann auf der internationalen Bühne. Er tut dort seine ersten Schritte. Kleingläubig habe ich gemeint, er werde recht sparsam sein mit Worten, weil er einem neuen Element begegnet und eine neue Rolle spielt.

Aber dieser Deutsche war tief bewegt. Er bat die Polen

um Verzeihung. Die auf dem Platz versammelte Menge lauschte Herzogs Worten mit großer Konzentration und innerer Unruhe. Die Menschen warteten auf etwas Großes, sehr viele brachten auf den Platz nicht nur ihre alten Wunden, sondern auch ihre Skepsis von heute mit.

Die diplomatischen Schritte der Regierung in Bonn während der letzten Jahre hatten die Polen nicht gerührt. Viele hielten sie für einen Versuch, den wichtigsten Worten und Gesten auszuweichen.

Herzog sagte, ewige Schande sei das Ergebnis der deutschen Verbrechen gegen Polen. Er sagte, die Vernichtung Polens habe die Selbstvernichtung Deutschlands zur Folge gehabt. Im Namen seines, nun in einem Staat vereinigten Volkes bat er uns um Vergebung.

Der Beifall einer großen Erleichterung und Befriedigung antwortete ihm. Es ist sicher eine schmerzliche Befriedigung, doch haben wir nun nach langen Jahren die richtigen Worte gehört.

Diese Worte sagte ein Deutscher.

Herzog schlug ein neues Kapitel auf. Im psychologischen Sinn zerschlug er das Klischee, das wir Polen von den Deutschen haben.

Ich denke, es fällt schwer, in unseren gegenseitigen Beziehungen eine wichtigere politische Tatsache zu finden.

Illusion und Wirklichkeit

Bemerkungen über die polnisch-deutsche Nachbarschaft

Eine Versöhnung und Verständigung zwischen Polen und Deutschen war vor zwanzig Jahren noch unrealistisch. Die Kriegsgenerationen gestalteten das geistige Klima in beiden Staaten. Schon damals sprach man in Europa viel über die freundschaftliche Zusammenarbeit von Deutschen und Franzosen, was eine leichte Übertreibung war, obgleich heute die deutsch-französische Verständigung Tatsache ist und bei der deutschen politischen Elite als eine Art Vorbild für die künftige fruchtbringende Zusammenarbeit mit den Polen gilt.

Doch so einfach war die Sache keineswegs, und so einfach ist sie nicht. Erstens: Während des Krieges verhielten sich die Deutschen in Frankreich völlig anders als in Polen, wo Hitler das in der Geschichte größte Labor des Terrors und Verbrechens einrichtete. Zweitens: Frankreich und der westliche Teil Deutschlands entwickelten sich in den Nachkriegsjahren im ähnlichen Rhythmus einer freien Marktwirtschaft und politischen Demokratie, während Polen der kommunistischen Utopie ausgeliefert war. Drittens: Die französisch-deutsche Versöhnung wurde im Verlauf fast dreier Jahrzehnte mühsam realisiert, um erst heute zur politischen Tatsache von großer Bedeutung für Europa und die Welt zu werden.

Aber vielleicht erweist sich diese Verzögerung um fast zwei Generationen in Zukunft als sehr nützlich.

Immerhin geben jetzt im politischen Leben Deutschlands wie Polens die Generationen den Ton an, die nach dem Kriege geboren sind, für die jene Erfahrung nur noch Geschichte ist; in Polen sogar mehr Legende als Geschichte.

Doch die Klischees, Voreingenommenheiten, Illusionen und Mythen sind immer noch lebendig. Zum Teil haben sie ihre historischen Gründe, in erheblichem Umfang jedoch sind sie Folge einer bewußten politischen Manipulation, geistiger Trägheit sowie banaler Dummheit.

Die politische Manipulation im kommunistischen Polen war evident. Man versuchte, die Bevölkerung in Abneigung, Mißtrauen und offener Feindseligkeit Deutschland gegenüber zu erziehen, was natürlich auf fruchtbaren Boden fiel wegen der Erfahrung mit der Naziokkupation. Vierzig Jahre lang heizten die Kommunisten die öffentliche Meinung unaufhörlich an mit den angeblichen Bedrohungen durch den deutschen Revisionismus, um die Polen davon zu überzeugen, daß der einzige Garant ihrer Souveränität Moskau sei. Diese lang andauernden und hartnäckigen Bemühungen blieben nicht ergebnislos. Bis heute gibt es bei uns Menschen, die etwas über die deutsche Bedrohung in ihren Bart murmeln.

Aus dem Gesichtswinkel der politischen Interessen der Kommunisten war das antideutsche Schreckgespenst die wirksamste, vielleicht sogar die einzig wirksame Waffe zur Erziehung der Bürger in der Volksrepublik Polen. Das paßte im übrigen gut zu den alten und dummen Einbildungen des polnischen Nationalismus, nach denen die Welt bewohnt ist von verbrecherischen Schwaben*, Frösche fressenden Franzosen, Mandoline spielenden Italienern, ungebildeten Russen, tschechischen Pepis und wunderbaren, aus lauter Tugenden zusammengefügten Polen.

Für einen großen Teil der Deutschen in der früheren Bundesrepublik war Polen lange Nachkriegsjahre hindurch ein unsympathisches exotisches Land, wo Chaoten, Schmutzfinken und verbissene Chauvinisten wohnten, die dem deutschen Volk ein großes Stück Land weggenommen und aus diesem Land einige Millionen seit Urzeiten ansässiger Bewohner vertrieben hatten. Es unterliegt keinem Zweifel, daß neben dem Schmerz und der Sorge wegen der verlorenen Gebiete im Osten Deutschlands auch ein seltsames, paradox entstelltes Syndrom von Schuld und Sünde der Nazizeit zu Worte kam. Die Deutschen in der früheren Bundesrepublik waren sich der Verbrechen bewußt, an denen immerhin viele auch persönlich teilgenommen hatten.

Die einen, sensibler und geistig reifer, machten eine dramatische Gewissensprüfung durch. Sie wurden schon vor Jahren zu Fürsprechern der Versöhnung und bemühten sich um Vergebung des Bösen, das sie angerichtet hatten. Doch die Polen erfuhren von ihnen nur wenig, denn solche Deutschen paßten nicht in die Landschaft, welche die kommunistische Diktatur zum Nutzen ihrer damals totalitären Macht in Polen geschaffen hatte. Es gab in den Nachkriegsjahren auch zahlreiche Deutsche, die bewußt und lügnerisch die Naziverbrechen herunterspielten, jeder Diskussion über ihre Vergangenheit im Kriege auswichen und sich

---

* Schwaben – polnisches Schimpfwort für die Deutschen

bemühten, die eigenen Sünden zu rechtfertigen. Als Beweis beriefen sie sich auf die deutschen Niederlagen und Leiden, was selbstverständlich ein Leckerbissen für die kommunistische Propaganda in Polen war, die solche Tendenzen in Deutschland maßlos verstärkte und nachwies, daß der Geist des Deutschtums immer noch aggressiv sei und durchdrungen von Hochmut, Rachsucht und beinahe atavistischer Grausamkeit.

Außerdem – die Deutschen in der früheren Bundesrepublik errangen einen großen wirtschaftlichen und sozialen Erfolg. Sie wurden einige Zeit nach dem Krieg zu geachteten und beneideten Bürgern der westlichen Überflußgesellschaft und fingen an, sich den Polen überlegen zu fühlen, was teils mit Mitleid, teils mit Geringschätzung versetzt war. Zu einer bestimmten Zeit, vor zwanzig Jahren, bekam das Verhältnis der westdeutschen Gesellschaft zu den Polen noch andere Bedeutungen. Die Polen waren Rebellen, die ihre Abhängigkeit von Rußland nicht länger akzeptieren wollten. Das war eine Bedrohung des europäischen Gleichgewichts, gesehen aus der Perspektive der Ordnung von damals und der kurzsichtigen Politik des gesamten Westens. Die Polen trugen ein Ferment in die geordnete Welt, in der man recht sicher und sorglos lebte. Auf der anderen Seite begannen dieselben Polen, durch ihren Widerstand und ihr Freiheitsbegehren ein Vorwurf sui generis für die satten, ruhigen und ein bißchen träge gewordenen Deutschen aus Hamburg, Bonn und München zu werden. Plötzlich zeigte sich, daß die trotzige, polnische Natur, die sich aufbäumte und Moskau herausforderte, sich als etwas Entscheidendes für die Zukunft herausstellen konnte. Die Deutschen im Westen verfielen in einen seltsamen Geisteszustand, den man den polnischen Komplex nennen kann. Sie kamen plötzlich zu der Überzeugung, ihre Brüder in der DDR seien beladen mit den fatalen Gewichten der deutschen Loyalität, Disziplin usw., was sie weit hinter die bisher in der öffentlichen Meinung benachteiligten Polen stellte.

Für die Bürger der ehemaligen DDR wiederum, die tief im Inneren lange Jahre hindurch unter einem Minderwertigkeitskomplex gelitten hatten, sowohl gegenüber den siegreichen Russen als auch gegenüber ihren wohlhabenden Landsleuten in der Bundesrepublik, bildeten die Polen jenseits des Feldrains eine Art Gegengift, das die historische Erniedrigung des deutschen Geistes besänftigte. Den Menschen in Leipzig und Magdeburg ging es viele Jahre lang wirtschaftlich besser als denen in Warschau und Krakau, die Menschen dort wohnten besser, arbeiteten besser, verdienten besser, was den Dummköpfen die Überlegenheit der DDR, also der Deutschen, tröstlich bewies. Dann kam die neueste Zeit. Die Menschen in der früheren DDR fingen an zu begreifen, daß die sprichwörtliche ›polnische Wirtschaft‹ ungebrochen auch in der DDR herrschte und dort sogar traurigere Folgen hatte als in Polen. Nach der Vereinigung Deutschlands zeigte es sich plötzlich: das war nicht nur eine ›polnische‹, sondern einfach eine ›sozialistische Wirtschaft‹, die nota bene infolge der deutschen Neigung zum Perfektionismus in Dresden fester verwurzelt war als in Lublin. Die Menschen in der DDR begannen zu begreifen, daß sie relativ wenig getan hatten, um das kommunistische System zu begraben, die Polen aber ungleich mehr; die weit überwiegende Mehrheit der gebildeten Schicht in Ostdeutschland spürt bis heute eine Art von moralischer Schuld gegenüber Polen und den Polen. Doch betrifft das die besser gebildeten Schichten, während der sogenannte einfache Mann das eigene Zögern und die eigene Bequemlichkeit vor wenigen Jahren nicht zugeben will. Er bemüht sich, die Bedeutung des polnischen Beispiels zu verkleinern, er glorifiziert den eigenen Beitrag zum Werk der Vernichtung des Honecker-Regimes, was zwar sehr menschlich ist, aber auch ein bißchen komisch für jeden, der sich an die jüngste Vergangenheit erinnert.

Was die Polen angeht, so verstehen sie, seit einigen Jahren von den Schemata der früheren kommunistischen Erziehung befreit, die Wirklichkeit von heute, dabei auch die simple Tatsache aus dem Bereich der Geopolitik, daß der einzige Weg von Polen nach Westen über Deutschland führt, daß also die wirtschaftliche und politische Integration mit dem Westen in der Praxis eine Integration mit Deutschland bedeuten muß.

Selbstverständlich gibt es zu beiden Seiten der Oder und Neiße Klischees, und auf beiden Seiten kommt noch die Dummheit zu Wort. Aber die Dummheit ist unsterblich, und darum wird es wohl immer, selbst nach hundert Jahren, in Deutschland Menschen geben, die polnische Geistesfreiheit Unordnung oder Zügellosigkeit nennen werden und polnische Sorglosigkeit Unbildung und Rückständigkeit, so wie sich Polen finden werden, die die deutsche Neigung zur Perfektion im Handeln für preußischen Kasernendrill halten werden und die deutsche Ordnungsliebe für blinden Gehorsam, Opportunismus und Feigheit vor jeder Macht.

Im übrigen können auch diese Vorurteile sich demnächst als anachronistisch herausstellen, weil heute auf alle Europäer der Prozeß der Integration des Kontinents einwirkt und alle Völker sich ändern und einander ähnlich werden. Ich kenne sehr viele deutsche Vertreter der Unordnung, deren Denken vielleicht als Muster romantischer Begeisterung gelten könnte, und ich kenne viele Polen, unter deren Schädeldecke sich ein kalter, präziser Computer angesiedelt hat.

Mehr noch, das Leben selbst hat die früheren Klischees in den Mühlen täglicher Praxis zermahlen. Die Polen, die einst die Deutschen durch ihre Vorliebe für irreale Träumereien und inkonsequentes Handeln geärgert hatten, ärgern sie heute durch kaufmännische Berechnung, Durchtriebenheit beim Umgehen des Rechts und Hartnäckigkeit im Kampf um ihr egoistisches Geschäft. Die Deutschen, die noch vor kurzem die Polen durch Hochmut und Überlegenheitsgefühle irritiert haben, irritieren sie heute durch Umtriebigkeit beim Handel in den grenznahen Orten auf polnischer Seite, wohin Zehntausende deutscher Hausfrauen ziehen, um dort Butter, Fleisch oder Schuhe billiger einzukaufen, ganz zu schweigen von den Zigaretten.

Wo die praktischen Interessen der Menschen aufeinanderstoßen, kann überhaupt keine Rede mehr sein von Vorurteilen, Klischees oder irgendwelchen Abneigungen. Es steckt etwas Rührendes und zugleich Komisches, ein chaplinesker Zug in diesen neuen grenznahen Kontakten. Der Pole geht spazieren nach Frankfurt an der Oder und kehrt mit gestärktem Selbstvertrauen heim, denn auf der deutschen Seite herrscht derselbe Wirrwarr wie auf der polnischen. Der

Deutsche geht zum Einkaufen nach Słubice* oder fährt mit dem Auto nach Gorzów** oder Poznan*** und kehrt erfreut heim, weil es ihm gelungen ist, die schlauen polnischen Kaufleute zu überlisten, irgend etwas billiger zu kaufen, etwas anderes teurer zu verkaufen.

Das ist ein neuer Zug in den polnisch-deutschen Beziehungen. Dem Anschein nach enthüllt er die weniger schöne Seite der menschlichen Seele, zeugt dennoch in der wichtigsten Frage, der Versöhnung und Zusammenarbeit, von sehr guten Anfängen. Es geht nicht darum, daß Polen und Deutsche einander leidenschaftlich lieben und sich gegenseitig für herrlich und wunderschön halten. Es geht darum, daß sie harmonisch miteinander leben, das Bild des integrierten Europa mit eigenen Zügen ergänzen, die keine der beiden Seiten zu eliminieren beabsichtigt, weil die Menschen einander achten, sich gegenseitig brauchen und weil sie miteinander bequemer und nützlicher leben können.

Die Sache der Versöhnung und Zusammenarbeit bezeichnet weder heute noch morgen ein Vergessen und Ausstreichen der Vergangenheit. Doch die Zeit für die Revision bestimmter Klischees ist gekommen. So wie man jetzt endlich mit lauter Stimme von den sowjetischen Grausamkeiten gegenüber Polen und den Polen reden darf, was noch vor wenigen Jahren als völlig irreal erschien, so muß man mit lauter Stimme von den verschiedenen Tatsachen in den polnisch-deutschen Beziehungen reden. Denn es ist nicht wahr, daß diese Beziehungen in der Geschichte immer

---

* Słubice – Stadtteil von Frankfurt, jetzt polnisch, rechts der Oder gelegen
** Gorzów – früher Landsberg/Warthe
*** Poznan – früher Posen

schlecht waren, angefüllt mit blutigen Konflikten. Viele Jahrhunderte hindurch hatten wir mit den Deutschen eine Grenze des Friedens und der Zusammenarbeit. Wir hatten im 18. Jahrhundert gemeinsame Monarchen, die nicht deshalb in Warschau klägliche Könige waren, weil sie aus Dresden stammten, sondern weil ihnen der Herrgott einen mäßigen Verstand gegeben hatte und dem polnischen Adel kein größeres Verantwortungsgefühl für das Land. Wir hatten schließlich im 19. Jahrhundert die leidenschaftliche Sympathie der Deutschen für die polnische Unabhängigkeitsansprüche. Polen und das Polentum verführten jahrhundertelang die deutschen Ankömmlinge, die sich häufiger und schneller polonisierten als andere. Schließlich hieß der Verfasser des ersten Wörterbuchs der polnischen Sprache Linde, unser größter Kulturhistoriker Brueckner, der erste große Theoretiker des polnischen Theaters Estreicher, der größte polnische Ethnograph Kolberg und der Gründer des polnischen Literaturmuseums Mauersberger. Und diese Liste kann man lange fortführen.

Es lohnt auch, noch anzufügen, daß zwar die Deutschen sich in der Zeit des Dritten Reiches den Polen gegenüber schrecklicher Verbrechen schuldig gemacht haben, aber auch die Polen waren in den Jahren 1945–48 mitnichten fehlerlos, als man die Aussiedlung der Deutschen aus den sogenannten wiedergewonnenen Gebieten durchführte, die weniger wiedergewonnen waren als vielmehr den Deutschen ganz einfach brutal weggenommen wurden, so wie Moskau den Polen ihr Land in den östlichen Grenzgebieten brutal weggenommen hat.

Es ist gut, die Dinge beim Namen zu nennen, denn letzten Endes dienen die Wörter der Verständigung unter den Menschen. Wenn wir uns also ehrlich verständigen wollen, darf man bestimmte Wörter nicht aussparen, nur weil sie für polnische Ohren unangenehm sind.

Dasselbe betrifft deutsche Ohren in Rostock oder Weimar. Denn die Deutschen im Westen sind infolge der demokratischen Strukturen ihres Staates schon ein Stück weiter und vertrauter mit den schmerzlichen Fakten der Geschichte.

Doch heißt das keineswegs, daß in der früheren Bundesrepublik alles in Ordnung ist. Das heißt nur so viel, daß die Revision der Einstellung in Polen und in der früheren DDR den Nachbarn gegenüber noch nötiger ist als in der Bundesrepublik.

Mein Irrtum

Weshalb die Opposition in der DDR
nicht mit der polnischen gleichgesetzt werden darf

Vor wenigen Monaten ging durch die polnische Presse die Meldung, eine der opferbereitesten, konsequentesten und verdientesten Frauen der demokratischen Opposition, die seit 1975 unaufhörlich den Verfolgungen seitens der politischen Polizei in Polen ausgesetzt gewesen war, erscheine in den Akten der Gauck-Behörde als Stasi-Informantin.

Das polnische oppositionelle Milieu zeichnete sich durch eine sehr spezifische Eigenschaft aus, die sich gewiß schon in den vielen Jahrzehnten der konspirativen Bewegung, noch im 19. Jahrhundert herausgebildet hatte. Es war das Gefühl unermeßlicher Freundschafts- und Vertrauensbande der Menschen im sogenannten Untergrund. Die unterschiedlichen Oppositionsgruppen arbeiteten lange und nahe zusammen, die Menschen kannten sich seit Jahren persönlich, unternahmen zahlreiche riskante Aktivitäten gemeinsam, wußten im Grunde voneinander beinahe alles. Es handelte sich also nicht nur um Kontakte, die sich aus den gemeinsamen politischen Anschauungen ergaben, sondern auch um Bindungen persönlicher Freundschaft.

Dieser Stand der Dinge bewirkte, daß die Sensation, welche die angeblichen Kontakte jener verdienten Oppositionellen mit der politischen Polizei der DDR betraf, als Provokation, als Irrtum und Dummheit, vor allem als üble Nachrede aufgenommen wurde. Fast niemand schenkte den Informationen der Gauck-Behörde Glauben. Selbst sehr mißtrauische Menschen zuckten die Achseln.

Und sie hatten recht. Sehr bald zeigte sich: die Information war falsch. Ein Funktionär der Stasi hatte, gewiß entsprechend der bei diesem Amt herrschenden Praxis, eine Akte über die polnische Oppositionelle angelegt, da er mit irgendeinem Kontakt rechnete, woraus nichts wurde, weil nichts werden konnte. Man muß hier mit Bedauern hinzufügen, daß die Gauck-Behörde die Aufklärung der ganzen Angelegenheit ziemlich lange hinausschob; denn deutsche Beamte hängen, gewiß infolge jahrzehntelanger Tradition, sehr stark an Dokumenten und beziehen sich gewöhnlich in grenzenlosem Vertrauen auf diese. Schließlich jedoch endete die Angelegenheit mit der entsprechenden Aufklärung. Und trotzdem ist die Sache nicht so einfach, klar und eindeutig.

Bedingt durch die polnische Erfahrung, in Kenntnis der polnischen Tradition und des geistigen Klimas in Polen während der letzten Jahrzehnte, begegnete ich den Aktivitäten in Deutschland nach der Wiedervereinigung von DDR und BRD mit großer Skepsis und offenem Mißtrauen. Auf Grund der polnischen Beobachtungen und der polnischen Praxis schien es mir so, als ob die Formen der Abschaffung des Kommunismus, wie man sie in Deutschland praktizierte, politisch falsch seien und den Deutschen mehr Schaden als Nutzen einbrächten.

Heute weiß ich ganz genau, daß diese Ansicht falsch war, sie resultierte aus einer oberflächlichen Kenntnis der Situation in der ehemaligen DDR; ich hatte einfach versucht, ziemlich mechanisch polnische Erfahrungen, Reaktionen und politische Optionen auf einen ganz anderen historischen und psychologischen Boden zu übertragen.

Die Deutschen sind keine Polen, sie denken anders, sie empfinden und reagieren anders. Sie haben eine andere historische Tradition, ein anderes Verhältnis zum Staat und seinen Institutionen. Das Wesentlichste aber ist, daß man den Alltag in der DDR während der letzten vierzig Jahre nicht mit dem Alltag in der Volksrepublik Polen dieses Zeitraums vergleichen kann. Das waren andere Staaten, andere Gesellschaften, die politische Polizei spielte eine unterschiedliche Rolle, ebenso die Partei, die ihre diktatorische Macht praktizierte. Die Vorgeschichte der Entstehung Nachkriegspolens und die der DDR nach 1945 sind verschieden.

Kurz gesagt – zwei sehr unterschiedliche Welten, und die Menschen hatten unterschiedliche geistige Erfahrungen. Alle Analogien sind hier verfehlt oder sehr oberflächlich.

Ich bin nicht kompetent genug, um eine Analyse dieser Unterschiede vorzunehmen, die bei vermeintlichen Ähnlichkeiten im System zu einer unterschiedlichen täglichen Praxis führten.

Als Beispiel kann ich nur meine frühere falsche Meinung anführen, ich kann es nicht billigen, daß die Täter aus der politischen Polizei nach Jahren zu unbeanstandeten Richtern über die Moral von Millionen Staatsbürgern wurden. Ich argumentierte folgendermaßen:

Entweder – oder. Entweder waren die Leute in den Sicherheitsdiensten Schufte, die aus opportunistischen Gründen, um niedriger, schmutziger Vorteile willen lange Jahre hindurch Manipulationen vornahmen – in diesem Falle können sie heute nicht glaubwürdig sein, man darf ihnen nicht die Rolle von Richtern zuweisen, die mittelbar über die Haltung anderer Menschen urteilen –, oder aber sie waren Wächter der staatsbürgerlichen und moralischen Reinheit, dann darf man sie heute nicht verurteilen, im Gegenteil, man sollte ihnen sogar für ihre Verdienste Orden verleihen.

Dem Anschein nach waren solche Überlegungen normal, auf jeden Fall ließen die polnischen Erfahrungen solche Gedankengänge zu. Es unterliegt keinem Zweifel: das polnische Sicherheitsamt funktionierte anders als die Stasi der DDR. Erstens waren seine Einflüsse schon ab Anfang der fünfziger Jahre begrenzt, und der in den Jahren 1967–69 unternommene Versuch, sich des Staatsapparats zu bemächtigen, endete mit einer Niederlage der ambitiösen Polizeifunktionäre. Etwas Ähnliches geschah während des Kriegs und unmittelbar danach, als der von übertriebenen Ansprüchen gelenkte Polizeiapparat sich der straffen Hegemonie der Armee unterordnen mußte.

In Polen hat während der gesamten kommunistischen Diktatur, mit Ausnahme des stalinistischen Abschnitts bis 1955, die politische Polizei nie eine maßgebliche Rolle gespielt, ja mehr noch: weder der Parteiapparat noch das Militär bedachten sie mit Sympathie. Unter den Staatsbürgern rief das Sicherheitsamt zwar Angst hervor, doch lag darin mehr Verachtung als Respekt. Die kommunistische Diktatur erodierte im Laufe der Jahre, die Behörden unternahmen in der Politik unfertige und wenig erfolgreiche Schritte, und während des letzten Jahrzehnts vor dem Sturz des Systems, etwa ab Mitte der siebziger Jahre, machten die Kommunisten den Eindruck von Menschen, die nicht mehr an die Beständigkeit der eigenen Vorhaben glauben und nur eines wünschen: noch ein, zwei oder drei Jahre den Anschein der Mächtigen im Lande zu wahren. Der Kriegszustand im Dezember 1981 war ein verbrecherischer, aber dennoch erfolgloser Versuch, den Zerfall des Kommunismus in Polen zu hemmen. Ich denke, selbst General Jaruzelski glaubte nicht mehr daran, daß der Kommunismus in Polen noch eine Überlebenschance habe.

Das war wohl der prinzipielle Unterschied zwischen der Volksrepublik Polen und der DDR. Die Machthaber in Warschau damals dachten völlig anders als die Machthaber in Berlin. Honecker schien noch im Oktober '89 an die Dauerhaftigkeit der Berliner Mauer für das nächste halbe Jahrhundert zu glauben. Jaruzelski rechnete bereits zehn Jahre früher mit der totalen Niederlage des Systems und unternahm größte Anstrengungen, um den Moment des Zusammenbruchs hinauszuschieben.

Ich vermute, die Anführer der DDR waren echte Altkommunisten, erzogen im Geiste Lenins. Sie handelten mit voller Überzeugung nach den unterschiedlichen revolutionären Dogmen, sie glaubten an den Sinn der Revolution des Proletariats, übernahmen feierlich und ernst das Geschwafel vom ersten Arbeiter- und Bauernstaat auf deutschem Boden, ja sie meinten sogar in einem bestimmten Zeitabschnitt, sie seien die Demiurgen der Geschichte und bildeten eine völlig neue Nation, die DDR-Nation.

Sogar ein dermaßen dogmatischer polnischer Kommunist wie Gomulka hielt die politischen Verkündigungen der

DDR für Beweise der Verirrung und wiederholte in seinen diskreten Direktiven für die Presse oft, man dürfe »die Propaganda-Idiotismen der DDR nicht wiederholen, weil das die deutschen Genossen lächerlich macht«.

Die polnischen Kommunisten hatten überhaupt wenig Verständnis für die Regierungsmethoden in der DDR, nicht nur weil sie sie für zu »ideologisch« hielten – was für die Mehrheit der Parteigenossen in Polen unangenehm klang, da sie die Ideologie als Anachronismus behandelten und sich zu der von ihnen selbst praktizierten Macht sehr pragmatisch, um nicht zu sagen: zynisch verhielten –, sondern auch, weil sie in den Praktiken der DDR preußische Traditionen entdeckten. Das empfanden die Polen, unabhängig von ihren ideologischen Überzeugungen, als unsympathisch und bedrohlich.

Die Unterschiede reichten tief in die Vergangenheit, sie basierten auf völlig unterschiedlichen historischen Erfahrungen. Die Deutsche Demokratische Republik war, was immer man Schlechtes über sie sagen mochte, doch auf einem antifaschistischen Fundament entstanden. Sie sollte die Negation dessen sein, was Adolf Hitlers Drittes Reich verkörperte, eine Antwort auf die Niederlage, die Nationalismus, Imperialismus und Kapitalismus über das deutsche Volk gebracht hatten. Die Wurzeln der DDR reichten tief in die Geschichte Deutschlands, denn Marx und Engels sind Deutsche gewesen, die Erste Internationale ist in Deutschland entstanden, Deutschland hatte schon zu Bismarcks Zeiten eine starke Sozialdemokratie und später Jahrzehnte hindurch eine starke Arbeiterbewegung mit einer mächtigen, vorzüglich organisierten, einflußreichen Kommunistischen Partei, aus deren Reihen nach dem Kriege die wichtigsten Anführer und Architekten der DDR, sowohl in der Partei als auch bei der Polizei, hervorgingen.

In Polen war das ganz anders. Vor dem Krieg bildeten die Kommunisten eine Handvoll von Schreihälsen und Demagogen ohne jeden politischen Einfluß. Ihre Verbindung mit Moskau kompromittierte sie in den Augen einer überwältigenden Mehrheit von Polen aus historischen Gründen. Polen war ein Bauernland, die Arbeiterklasse zahlenmäßig gering, getragen vom Unabhängigkeitsgeist und vom Mißtrauen allem gegenüber, was aus Rußland kam, der polnische Nationalismus jung, laut, römisch-katholisch, antisemitisch und zugleich sehr deutlich antideutsch. Die Versuche nach dem Kriege, den Kommunismus auf antifaschistischem Fundament anzusiedeln, die in der stalinistischen Ära unternommen, später aber schnell verworfen wurden, trugen keine Früchte, weil man die Polen keinesfalls der Zusammenarbeit mit Hitler beschuldigen konnte. Eine kommunistische Tradition gab es in Polen nicht, das System wurde von Anfang an als von den Sowjets mit Gewalt aufgezwungen angesehen, es gab darin keine authentischen polnischen Elemente, und alle Versuche, es zu polonisieren oder polnische Traditionen für das System zu suchen, hatten ganz andere Folgen als die geplanten, denn die polnische Tradition war national, katholisch, antirussisch und auch antistaatlich und anarchisch im sozialen Sinn, adlig oder bäuerlich, aber nicht proletarisch, und eben deshalb mußte die Berufung auf einen dieser Faktoren zur Erosion der kommunistischen Pädagogik führen.

Der sehr wesentliche Unterschied zwischen der Volksrepublik Polen und der DDR beruhte wohl auch darauf, daß nach dem Ablauf der letzten zwanzig Jahre dieses Regimes in Polen fast niemand mehr an seinen Sinn und seinen Wert für die Menschen glaubte, während in der DDR zahlreiche Leute im Machtapparat und viele Mitglieder der Gesellschaft eine ehrliche Bindung an die kommunistische Ideologie und die kommunistische Praxis bewiesen. In diesem Sinn könnte man sagen, das Regime der DDR sei paradoxerweise ehrlicher gewesen, weil es in ihm weniger Selbstbetrug, Heuchelei und Zynismus gab, dafür mehr Redlichkeit und uneigennützige Hingabe an die Sache. Doch das müssen die Deutschen, die an der Praxis der DDR mitgewirkt haben, selbst beurteilen. Wenn es jedoch wirklich so gewesen ist, wie es mir scheint, dann bedeutet das: Der gedankliche Boden war in der DDR noch stärker verunkrautet als bei uns in Polen, die kommunistischen Illusionen waren noch tiefer und allgemeiner, und – was daraus folgt – die Abschaffung des Kommunismus sowohl in der politischen Praxis als auch im Stil des Denkens über den Menschen und die Welt ist in Deutschland ein ernsteres und komplizierteres Problem als in Polen.

Es gibt noch einen anderen Faktor von großer Bedeutung, der Einfluß hatte auf die geistige Landschaft in der DDR und in der Volksrepublik Polen.

Die Deutschen sind von ihrem Charakter her Perfektionisten, die Polen das Gegenteil. Wenn die Deutschen Pflichten und Aufgaben übernehmen, bemühen sie sich, diese musterhaft zu erfüllen, es ist eine Frage der persönlichen Würde, daß man alles, was man tut, so gut wie möglich, so geschickt und so genau wie möglich tut, ohne Rücksicht darauf, was man tut und wozu das dient. Das Gefühl der Pflicht läßt in der deutschen Seele nicht allzuviel Platz für allgemeinere moralische Gedanken. Die Erfüllung der Pflicht als solche ist ein Akt von höchster ethischer Qualität. Für die Polen beruht ihre persönliche Würde auf etwas anderem, es ist eher eine ständige Manifestation der eigenen Besonderheit und des Mißtrauens gegen alles, was von draußen kommt. Die Pflicht ist nicht das höchste Gebot, sondern eher ein unangenehmer, dem Menschen auferlegter Zwang, um den man sich drücken möchte, folglich sucht der Pole gewöhnlich nach Rechtfertigungen, manchmal zutiefst moralischen und manchmal völlig zynischen, um die Pflicht auf die leichte Schulter nehmen oder gar vernachlässigen und dabei noch beweisen zu können, das sei so richtig gewesen. Bei dem Deutschen haben wir es oft mit dem Hochmut des Primus zu tun, bei dem Polen mit dem Hochmut des anarchischen Individualisten.

Selbstverständlich ist das eine wie das andere dumm und schlecht.

Niemand in den kommunistischen Ländern hat sich so seinen kommunistischen Pflichten gewidmet wie die Deutschen in der DDR. Und niemand in den kommunistischen Ländern hat seine kommunistischen Pflichten leichter genommen als die Polen in der Volksrepublik Polen.

Das betraf alle Gebiete ihres kollektiven Lebens.

Die Deutschen der DDR bauten die besten Häuser und zerstörten am nachhaltigsten die natürliche Umwelt, sie hatten die beste Sozialfürsorge und die wachsamste, allgegenwärtige politische Polizei, die solidesten industriellen Erzeugnisse und die solidesten Stasi-Akten, die großartigsten Musikensembles, lakaienhafteste, höfischste staatsbildende Literatur, sie hatten das beste Verkehrswesen, die am besten funktionierenden Fernmeldeanlagen, die ordentlichsten Läden, die höchste Arbeitsproduktivität, die billigsten Wohnungsmieten, Autobusse, Erholungsreisen und gleichzeitig das bestfunktionierende Netz von Polizeispitzeln, die kriecherischste Zensur und Selbstzensur, die stärkste Loyalität der Bürger gegenüber dem nichtswürdigen despotischen Staat und die schwächste Opposition gegen die Diktatur.

Die Polen hatten eine wacklige Industrie, einen kümmerlichen Handel, eine verworrene Staatsverwaltung, schlechte Qualität der Waren und Dienstleistungen, schlecht organisierte Erholungsmöglichkeiten und noch schlechter organisierte Arbeit, dazu hatten sie eine völlig demoralisierte Partei, die keine Lust mehr zeigte, das Risiko des Regierens zu tragen, sie hatten eine faule, ideenlose, korrumpierte, verlogene politische Polizei, die ihre eigenen Akten, Berichte und Planungen fälschte, nur um mit möglichst geringer Anstrengung ein bißchen mehr Geld und Vorrechte zu bekommen, und gleichzeitig hatten die Polen hundertmal mehr persönliche Freiheit als die Leute in der DDR, schimpften aber trotzdem über die Kommunisten, die eine schurkische Diktatur betrieben, sie schimpften laut, oft und sogar in den Salons der Staatsmacht, und die Staatsmacht stimmte zu, weil sie sich irgendwie bei der Gesellschaft einschmeicheln wollte, um der an Stärke zunehmenden politischen Opposition zu gefallen; diese war zum Schluß so zahlreich, daß man nicht mehr recht wußte, wer in Polen nicht zur Opposition gehörte, außer zehn Personen ganz an der Spitze der

Macht. Schließlich kamen diese zehn Personen zu der Erkenntnis, morgen oder übermorgen müßten die Sowjets unwiderruflich Pleite machen, warum also auf den großen Krach warten, man sollte die Macht abgeben und auf diese Weise die eigene Haut retten.

Alles, woraus sich ein Nationalcharakter zusammensetzt, kam in den letzten Monaten der Existenz der Volksrepublik Polen und der DDR zu Wort. Die Polen, wie immer aerodynamisch, unvollkommen, überzeugt, daß der beste Entschluß der ist, keinen Entschluß zu treffen, weil nur das Leben selbst eine gute Wahl trifft. In diesem Sinn pragmatisch wie keine andere Nation Europas, stürzten sie das System durch hartnäckige Weigerung mitzuwirken, durch träge Arbeit, durch Geschwätzigkeit, durch Feilschen mit der Macht, die von sich aus zu feilschen versuchte, um nicht von einem Tag auf den anderen alles zu verlieren, die vielmehr gelähmt war durch die Angst angesichts des Zorns der Millionenmassen; folglich machte der Staat immer größere Konzessionen, bis die Opposition anfing, nicht mehr zu wissen, was sie mit dem Staat anfangen sollte, der ihr so unerwartet in die Hände gefallen war.

Die Anführer der Opposition hielten die Anführer der Partei für Halunken und Schufte, die Anführer der Partei hielten die Anführer der Opposition für üble Schurken, worauf sie zu dem Schluß gelangten, man könne trotzdem über die Angelegenheiten Polens miteinander reden, ja sogar ein Abkommen treffen, weil die Menschen von Natur aus anständig sind und auch der Herrgott mit einer gewissen Ungeduld hinter seiner Wolke hervor auf Polen sieht, also dürfe man den Bogen nicht überspannen, sonst vergehe dem Herrgott am Ende noch Geduld und gute Laune. Anfangs schrie das Volk laut, man müsse die Kommunisten an den Laternen aufhängen, doch stellte sich bald heraus, daß es in Polen an ordentlichen Stricken mangelte und die Laternen besser der Straßenbeleuchtung dienen sollten – darum gingen alle nach Hause, wo die Parteimitglieder sich über unfreundliche Behandlung seitens ihrer Nachbarn beklagten und die Nachbarn den Parteimitgliedern Vaterlandsverrat vorwarfen. Die einen wie die anderen erzählten sich gegen die Regierung gerichtete Witze. All das fand in einer recht familiären Atmosphäre statt, der wirtschaftliche Niedergang vereinte die Gesellschaft im Murren über die neue Ordnung, und nach wenigen Jahren sprachen dieselben Leute, die eben noch Jaruzelski für einen Verbrecher und Wałęsa für den Retter Polens gehalten hatten, über Jaruzelski mit kritischem Respekt und über Wałęsa kritisch, aber ohne Respekt.

Die Polen machten eine große Revolution und trugen in hohem Maße zum Sturz des kommunistischen Weltsystems bei, hielten sich aber, wieder unzufrieden und enttäuscht, für unterschätzt und von der Geschichte verspottet.

Die Deutschen in der DDR – so ist die traurige Wahrheit – rührten keinen Finger, um das System zu stürzen, sie erhielten die Demokratie und die Wiedervereinigung von den Polen, den Russen und von ihren Landsleuten aus der Bundesrepublik geschenkt, glaubten aber später an ihre eigenen riesengroßen Verdienste, um anschließend der ganzen Welt Vorwürfe zu machen, weil man sie ihres eigenen Staats beraubt habe, der doch so großartig funktioniert habe.

Die politische Opposition in der DDR war sehr schwach, sehr unentschlossen, sehr vereinsamt. Die politische Opposition in der DDR hatte moralisch recht, als sie die Abschaffung des Kommunismus und die Abrechnung über alle Übeltaten des Regimes forderte. Ohne einen tiefen gesellschaftlichen Schock konnte man keine Demokratie aufbauen. Den anständigen und aufgeklärten Menschen sowohl der Bundesrepublik als auch der DDR ging es darum, nicht die Fehler einer Entnazifizierung zu wiederholen, welche die Amerikaner und die Briten nach dem Kriege verpfuscht hatten, bei fast kompletter Passivität der deutschen Bevölkerung. Die unklugen Ansichten mancher Beobachter von außen, die – ähnlich wie ich – die Abschaffung des Kommunismus in der ehemaligen DDR als Erscheinung des deutschen Perfektionismus und des Mangels an Gefühl für das richtige Maß kritisiert haben, mußten der Gesellschaft, die ganz einfach politisch kränker war als alle anderen postkommunistischen Gesellschaften, großen geistigen Schaden eintragen.

Polnische Maßstäbe an die Situation in der DDR anzulegen war töricht.

Es wäre höchst übertrieben zu behaupten, die Mehrheit der Polen hätte sich beim Widerstand gegen die Kommunisten engagiert. Nie und nirgendwo ist eine Mehrheit mutig und entschlossen, denn die Mehrheit hat es an sich, zu schweigen und dem Gesetz der Trägheit zu folgen. Doch liegt es auf der Hand, daß sich die meinungsbildende polnische Schicht in den letzten dreißig Jahren der kommunistischen Herrschaft fast ganz gegen das Regime stellte. Gerade dieses Milieu hat sehr große Verdienste bei der Erosion des Systems und beim endgültigen Sieg der Demokratie erworben.

Es fiele schwer, dasselbe von den geistigen Eliten der DDR zu sagen. Sie wahrten eine große Anhänglichkeit an das kommunistische System und demonstrierten eine geradezu erstaunliche Loyalität. Man kann das als Treuebeweis gelten lassen. Ich glaube aber nicht, daß Treue eine so löbliche Tugend ist, besonders in Deutschland, wo man sich eher Sorgen um die Unabhängigkeit im Bereich staatsbürgerlichen Denkens machen müßte. Mehr noch, ich bin nicht ohne Grund der Meinung, diese Treue, diese Loyalität, diese Bindung der Eliten an das Regime Honecker und, was daraus folgt, auch an die Direktiven der Stasi, hätten ihre Quelle in einem banalen und unsympathischen Opportunismus gehabt, in der Weigerung, irgendein persönliches Risiko einzugehen, was doch die Pflicht der Eliten ist, wenn sie überhaupt Eliten bleiben wollen.

Der europäische Adel erfreute sich einst verschiedener Privilegien, doch zum Adel gehörten auch – vielleicht sogar vor allem – bestimmte Pflichten, größere Lasten der Verantwortung für das Los des Staates, darunter auch für Leid und Freud der benachteiligten Schichten. ›Noblesse oblige‹, wie die Franzosen so klug sagen. Wer den adligen Pflichten untreu wurde, verlor seine Ehre und seine persönliche Würde. Er konnte die alten Privilegien behalten, doch kein ehrlicher Mensch gab ihm mehr die Hand.

In unserer Zeit ruhten und ruhen ähnliche Pflichten auf den geistigen Eliten Europas. Die Eliten genießen mit Recht öffentliche Anerkennung, und die Gesellschaft lauscht aufmerksam ihrer Stimme – das ist das große und besondere

Privileg der Eliten. Doch muß man für dieses Privileg mit einem größeren persönlichen Risiko zahlen, man muß Mut beweisen und Wachsamkeit in den Fragen, die das kollektive Interesse der Nation betreffen.

Ich bezweifle sehr, daß die geistigen Eliten die notwendige Wachsamkeit im Angesicht der bösen, gemeinen und den Interessen der deutschen Nation widersprechenden kommunistischen Praktiken bewiesen haben. Sie sorgten sich erheblich mehr um die eigenen Privilegien, statt um die elementaren Staatsbürgerrechte auf Freiheit und persönliche Würde zu kämpfen.

Ich denke, man muß die Aufmerksamkeit noch auf einen weiteren Faktor richten, der die unterschiedlichen Haltungen der deutschen und der polnischen Eliten zum real existierenden Sozialismus sehr stark beeinflußte.

In Polen hat die Illusion aus der Aufklärung, man könne den Menschen durch Erziehung, soziale und ökonomische Beziehungen, durch das Einwirken des Staates auf die menschliche Person, die ›unbeschreiblich plastisch‹ ist, beliebig formen, nie die allgemeine Verbreitung und Tiefe erreicht, die typisch ist für das deutsche intellektuelle Milieu. Die philosophischen Fundamente des Sozialismus waren in Deutschland sehr viel stärker und besser fundiert. Die Deutschen hatten nicht nur Marx, sie hatten auch Hegel, dessen Präsenz mehrere Universitätsgenerationen begleitete. Man kann mit einem gewissen Spott sagen, daß die polnischen Bildungsschichten besser vorbereitet waren auf die Ablehnung der marxistischen Illusionen, auch aus dem Grunde, daß sie schlechter vorbereitet waren auf dialektische geistige Usurpationen.

Ich habe kein Recht zu einer so weitgehenden Kritik, weil ich kein Deutscher bin und ganz andere Erfahrungen mit mir herumtrage. Doch für die deutsche Kultur hege ich Bewunderung und Hochachtung. Ich verdanke ihr viel. Ich verdanke ihr auch in erheblichem Maße meine Einstellung gegenüber der Welt, dem Leben und – was besonders für einen Polen wichtig ist – gegenüber der Geschichte der polnisch-deutschen Beziehungen. Dank der deutschen Literatur habe ich mich von meinen Vorurteilen und Ressentiments gegen die Deutschen befreit. Die Deutschen – das ist für mich Thomas Mann und nicht Adolf Hitler. Wenn ich an das deutsche Volk denke, dann denke ich vor allem daran, wer Heine, und nicht, wer Ulbricht war. Obgleich ich weiß: auch Ulbricht war Deutscher.

Genau aus diesem Grunde packt mich die Unruhe, wenn ich Einstellung und Verhalten der geistigen Eliten in der ehemaligen DDR beobachte.

Die Polen passen sich mit großer Mühe der Demokratie und dem freien Markt an. Die Demokratie trägt unsympathische Züge, sie erlaubt zum Beispiel bestimmten Leuten, ihre lärmende Dummheit straflos zu demonstrieren. Der freie Markt ist voller Fallen, Rätsel und Geheimnisse, er verlangt Willenskraft, Widerstand und Ausdauer, begünstigt nicht die Schwachen und Benachteiligten, besonders nicht in einem armen und immer noch kläglich organisierten Land. Deshalb bekunden die Polen in letzter Zeit viel Unzufriedenheit, man hört sogar nostalgische Töne, und es gibt Leute, die allerlei Unsinn reden über die angeblich so schöne kommunistische Vergangenheit.

Eines unterliegt in Polen keinem Zweifel. Man findet

unter den geistigen Eliten meines Landes niemanden, der kritiklos die kommunistische Vergangenheit rechtfertigen würde, niemanden, der in den Erfahrungen der letzten fünfzig Jahre Werte sähe, die fortzusetzen sich lohnen würde. Verteidiger des Kommunismus mag es unter den polnischen Bauern geben, aber auch – wenngleich seltener – unter den Arbeitern, doch man findet solche Verteidiger nicht im intellektuellen Milieu, das ja die Pflicht hat, die Welt tiefer zu analysieren und in Fragen des öffentlichen Lebens einen schärferen kritischen Sinn an den Tag zu legen.

Vom Standpunkt der Entwicklung nationaler Kultur aus gesehen, ist das sehr wichtig. Denn in der Kultur hat ein ideeller Fehler, solange er anhält und nicht berichtigt wird, für das geistige Leben der Menschen eine größere Bedeutung als eine banale Gesetzesübertretung, die aus diesen oder jenen Akten der Geheimpolizei hervorgeht.

Es ist sicher gut, daß die Gauck-Behörde existiert hat und weiter existiert. Besser aber wäre, wenn die geistigen Eliten Deutschlands eine allseitige, tiefe, oft leider sehr schmerzhafte Abrechnung mit der DDR-Vergangenheit vornähmen.

Nicht nur auf dem Boden der Politik. Auch in der Kultur des deutschen Volkes.

Sünden und Fehler

Über das große Abrechnen nach dem Sturz
des kommunistischen Systems in Polen

Meiner Meinung nach sind die Intellektuellen in Polen nicht in die schmutzige Prozedur der polizeilichen Zusammenarbeit mit dem Sicherheitsapparat verstrickt. Wenn jedoch einige oder mehrere von ihnen derartige Kontakte hatten – möge Gott ihnen das vergeben, und die Menschen mögen es vergessen. Solche Sünden der Schriftsteller, Wissenschaftler und Künstler scheinen mir kein wichtiges Thema der öffentlichen Diskussion zu sein. Denn was bedeutete schon eine dumme Denunziation gegen einen oppositionellen Kollegen im Vergleich zu einem servilen Roman, einem untertänigen Gedicht oder einem lügnerischen Hochschullehrbuch!

Ich habe den Eindruck, daß der Intelligenzia in Polen und vielleicht sogar in ganz Europa ein viel größeres moralisches Problem bevorsteht: nämlich die Abrechnung mit der kommunistischen Illusion, der so viele Schriftsteller, Künstler und Wissenschaftler im Laufe der letzten fünfzig Jahre erlegen sind. Ohne Klärung dieses Phänomens ist es ganz unmöglich, die Entwicklung unserer Kultur zu bewerten.

In letzter Zeit sagt man in Polen, hauptsächlich in christlich-nationalen Kreisen, der Kommunismus sei eine Ansammlung verbrecherischer Anschauungen, was ziemlich idiotisch klingt, dann landet man nämlich wieder da, von wo wir die Kommunisten gerade verjagt haben; denn sie behaupteten ja all die Jahre, wer nicht so denke wie sie, der denke falsch, ja mitunter sogar verbrecherisch.

Übrigens teile ich die ziemlich verbreitete Meinung, es gebe auf der Welt keine verbrecherischen Anschauungen, sondern nur verbrecherische Taten, die von sehr edlen Überzeugungen und idealen Motiven diktiert sein können. Immerhin wissen wir, daß man in der Geschichte Menschen angeblich zu ihrem eigenen Wohl und dazu noch in Christi Namen totgeschlagen hat. Alles ist mithin eine Frage der Interpretation, hauptsächlich des gesunden Menschenverstandes und der Kritik an der Dummheit.

Der Kommunismus als Theorie war natürlich dumm, aber er war auch edel, weil er die Gleichheit verkündete und die engen nationalen Begrenzungen im Namen der übernationalen Einheit aller Arbeitenden, ja sogar seiner Klassenfeinde verwarf; wenn sie sich nur von ihrem ekelhaften kapitalistischen Besitzstand lossagten und bereit waren, in die Wonnen der kollektiven Arbeit einzutauchen – dann nahm der Kommunismus sie auf seinen Schoß als zwar verlorene, aber doch wiedergefundene Söhne. Es stimmt, in seiner leninistischen Jugend, aber auch in seinen reifen Jahren unter Stalin praktizierte der Kommunismus Verbrechen in großem Stil, später dagegen, als er alterte, fielen ihm die Zähne aus, seine Krallen wurden stumpf, und zur Zeit seiner Vergreisung, Perestroika genannt, zeigte er der Welt ein fast menschliches Antlitz, wodurch er Sympathie, ja sogar Enthusiasmus weckte unter den naiven Dummköpfen in den großen Demokratien des Westens; denn die großen Demokratien des Westens waren groß und demokratisch nur für sich selbst, anderen aber, zum Beispiel den Polen, empfahlen sie ein geduldiges und demütiges Dahinvegetieren unter der Sonne der kommunistischen Diktatur.

Es geht folglich nicht um die kommunistische Theorie, sondern um die kommunistische Praxis, die sich in Polen recht erheblich von der Praxis in der DDR unterschied, was man dem Nationalcharakter der Polen zuschreiben muß, die alles eher halbherzig und ohne Bemühung um Vollkommenheit tun. In diesem Sinn war der polnische Kommunismus eine große Pfuscherei – Gott sei Dank!

Was aber die intellektuellen Kreise angeht, gab es hier wenig Pfuscherei, man nahm die ideologischen Fragen ernst, ja mit einer gewissen Feierlichkeit auf, worüber noch etwas mehr zu sagen ist.

Die Jahre, die dem Kriegsausbruch 1939 vorangingen, führten zu einer Kompromittierung der demokratischen und liberalen Systeme auf der ganzen Welt und besonders in Europa. Das Symbol dieser Kompromittierung ist München als Beweis für Dummheit und Krämergeist, aber auch für allergewöhnlichste Schuftigkeit. Die demokratischen Länder machten sich dessen schuldig, indem sie zynisch ihre eigenen Versprechungen brachen und nicht nur die verratene Tschechoslowakei Hitler als Beute überließen, sondern auch ihre eigene Würde und Glaubwürdigkeit. Für die in der Achtung vor den demokratischen europäischen Idealen erzogenen Menschen bedeutete die Praxis von London und Paris in jener Zeit die Niederlage einer bestimmten Utopie. Plötzlich stellte sich heraus, daß das individualistische, demokratische, universitäre Europa des 19. Jahrhunderts, das an den Fortschritt, aber auch an moralische Grundsätze geglaubt hatte, einfach Humbug war, eine Farce, ein Schwindel. Doch später folgte eine noch tragischere und geistig ruinöse Enttäuschung. Das Europa, das sich nach dem Jahr 1918 formiert hatte, war in den Augen des polnischen Intellektuellen jener Zeit die Verkörperung eines politischen Ideals. Das ist verständlich, denn Polen hatte ja erst 1918 nach über hundert Jahren der Unfreiheit seine Unabhängigkeit wiedergewonnen, demzufolge bedeutete die Nachkriegswelt für die gebildeten polnischen Schichten eine große Chance und eine große Hoffnung. Und nun stellte sich heraus, daß es eine schwache, schändliche, niederträchtige, feige und würdelose Welt war. Das Jahr 1939 brachte den totalen Zusammenbruch der polnischen Träumereien. Das Dritte Reich zerschmetterte das schwache Polen, und unsere Verbündeten im Westen rührten keinen Finger zur Verteidigung der untergehenden Nation. Dann kamen die schrecklichen Jahre der Hitler-Tyrannei. Die Nation wurde in den fünf Jahren der Okkupation dezimiert, fast auf jeder Straße wurden wehrlose Polen umgebracht.

Auf polnischem Boden vollzog sich der Holocaust.

Die Juden haben ein Recht, uns anzuklagen, weil wir zu wenig für ihre Verteidigung getan haben, aber wir haben dennoch hundertmal mehr getan als Franzosen, Briten und Amerikaner zusammen, weil sie ganz einfach gar nichts getan haben, obgleich sie hätten sehr viel unternehmen können, denn sie verfügten über eine militärische Macht, die mit dem Dritten Reich einen Krieg auf Leben und Tod geführt hat.

Die Kriegserfahrung vernichtete fast restlos die alten europäischen Illusionen im intellektuellen Milieu. Mit verzweifelter Hoffnung blickten die Polen nach Osten, wo sich der entscheidende Kampf um das physische Überleben Polens und vielleicht sogar ganz Europas abspielte.

Zweifellos trug die Sowjetunion damals die Hauptlast des Krieges gegen Hitler, und die militärischen Entscheidungen an der Ostfront waren bestimmend für die weitere Existenz der polnischen Nation. Das wußten die Polen sehr gut. Und das erfüllte sie mit immer größerer Verzweiflung, weil sie Rußland mit samt seinen imperialen Ansprüchen, seinen Komplexen und Verletzungen gut kannten, weil sie die Sowjets aus den Jahren 1939–41 nur zu gut kannten, als die stalinistische Macht über den Ostteil des polnischen Staates herrschte, der Moskau auf Grund der Geheimklauseln des Ribbentrop-Molotow-Vertrages zugefallen war.

Die geistige Elite wünschte den Rest ihres Glaubens an die europäischen Werte zu bewahren, doch war das eine sehr schwierige und bittere Aufgabe. Schließlich wurden ganze Völker in den Öfen verbrannt, und Europa erwies sich als zu schwach, um dem entgegenzuwirken. Diese Schwäche war im Grund die Folge von Egoismus, Angst und Gemeinheit. Das sind keine Werte, die würdig sind, anerkannt, geachtet und fortgeführt zu werden.

So lagen bestimmte europäische Mythen in Trümmern. Von Osten kam eine neue Welt und zusammen mit ihr eine neue Utopie. Sie konnte einen entscheidenden Erfolg vorweisen. Sie nämlich war es, die, verkörpert im Sowjetsystem, den Nationalsozialismus gestürzt und die Völker Europas vor der Vernichtung in den Gaskammern und

Krematorien gerettet hatte. Mehr noch, Westeuropa, das während des Krieges weniger Grausamkeiten der Nazi-Deutschen erlebt hatte, behandelte die Sowjets als seinen wichtigsten Partner und ordnete die Gesamtvision Nachkriegs-Europas Stalin unter. Jalta und Potsdam bildeten ähnlich wie München vor dem Kriege den sichtbaren Beweis dafür, daß Krämergeist, Egoismus und gewöhnliche politische Gemeinheit trotz aller Kriegserfahrung für die Haltung und Anschauungen des Westens prägend waren. Keine allzu erfreuliche Aussicht für diejenigen, die sich plötzlich in den Ruinen eines Polen wiederfanden, das – von der Hitler-Okkupation befreit – unter die Stalin-Okkupation geriet.

Andrzej Braun, ein bedeutender polnischer Schriftsteller, schrieb kürzlich in Erinnerung an das politische und moralische Klima von damals folgende Worte nieder: »Wir hatten die Überzeugung, daß das eine Ewigkeit dauern würde«.

Angesichts der Ewigkeit eine heroische Haltung zu bewahren, ist ziemlich schwierig. Man darf das auf keinen Fall fordern. Doch ich meine nicht, daß über vierzig Jahre lang die polnischen Intellektuellen, die auf Zusammenarbeit mit dem System eingingen, nur durch Feigheit, Bequemlichkeit, Opportunismus und Erschöpfung geleitet wurden. Ich glaube, sie hatten auch edle Grundsätze und gute Absichten, aus denen gewöhnlich utopische Illusionen erwachsen. Schließlich war das Land zerstört und ausgeblutet aus dem Krieg hervorgegangen. Man mußte das Land von Grund auf neu aufbauen. Man mußte Kinder unterrichten, Kranke heilen, Häuser und Straßen bauen, die Wissenschaft vorantreiben, ja sogar Gedichte schreiben. Auf den Straßen wurden keine Menschen mehr getötet, die Krematorien rauchten nicht mehr. Polen war zwar in Gefangenschaft geraten, aber im 19. Jahrhundert war es ebenfalls in Gefangenschaft geraten – trotzdem mußte es irgendwie leben, existieren, sich entwickeln, auch im Hinblick auf die Zukunft. Im Jahr 1945 war der Stand der Dinge sogar recht günstig, weil man die Strukturen des Staates neu schaffen konnte.

Es sieht deshalb so aus: Damals, vor fast einem halben Jahrhundert, ließen sich die intellektuellen Kreise Polens, die sich mehrheitlich entschlossen hatten, die kommunistische Staatsmacht zu unterstützen und mit ihr eine umfassende Zusammenarbeit zu beginnen, von gewissen Illusionen leiten, sie ermöglichten aber Polen und den Polen gleichzeitig, zum ersten Mal nach dem Auftauchen aus den Tiefen des Krieges und dem Erreichen des Ufers wieder Atem zu schöpfen.

Später jedoch gerieten die Intellektuellen in die banale Falle jeder politischen Utopie, die in der Praxis immer trügt. Wer A gesagt hatte, mußte auch B sagen. Die Illusion, man müsse etwas verteidigen, etwas retten, wer auf das aktive Mitwirken verzichte, überlasse Staat und Nation der Ignoranz, der Lüge, dem Terror und der Fremdherrschaft, bewirkte, daß die Menschen unglaubliche moralische Verrenkungen vollführten, um ihr weiteres Verbleiben im Rahmen des Systems zu rechtfertigen. Auf diese Weise wirkten sie jedoch, gewissermaßen gegen sich selbst und gegen ihre eigenen Intentionen, an der Lüge mit, sie vertieften die Ignoranz, sie bestärkten Terror und Unterjochung.

Oft wohnte ihnen die eifrige, beinahe religiöse Überzeugung inne, sie opferten ihre Würde und ihre moralischen Grundsätze auf dem Altar des nationalen Interesses, weil ihr Abtreten eine noch schlimmere Unfreiheit und einen noch stärker antipolnischen Kurs der kommunistischen Staatsmacht bedeutet hätte. Der bekannte Schriftsteller Kazimierz Brandys hat diese Haltung als ›heroischen Opportunismus‹ bezeichnet. Das klingt sehr spöttisch, doch es gibt sehr treffend den Geisteszustand von damals wieder, als die Köpfe von der Überzeugung vergiftet waren, die Geschichte habe den Intellektuellen das Geschick der polnischen Nation in der Stunde schwerster Prüfungen anvertraut. Das war ein Zeugnis menschlicher Eitelkeit, aber auch ein Beweis für die tiefe Krise der europäischen Kulturwerte in den ersten Nachkriegsjahren. Letzten Endes erlagen nicht nur polnische Schriftsteller und Wissenschaftler der Magie der stalinistischen Dialektik. Sie hatten die französischen, italienischen und amerikanischen Intellektuellen auf ihrer Seite, die, wenngleich genauso dumm wie ihre polnischen Kollegen, nicht von deren Tragik gezeichnet waren. Denn in Warschau wurde das Spiel in der Grauzone zwischen Leben und Tod geführt. In Paris reduzierte sich das Ganze auf das Hersagen leerer Phrasen in den Cafés auf dem Boulevard St. Germain.

Dieser Geisteszustand dauerte in Polen nicht allzu lange. Schon Mitte der fünfziger Jahre erfolgte die dramatische Trennung der Intellektuellen vom System. Zunächst war das nur der moralische Widerspruch gegen die Heuchelei, später aber, Mitte der sechziger Jahre, eine immer deutlichere politische Auflehnung im Namen der demokratischen, europäischen, westlichen Werte. Das kostete viele

Entsagungen und Opfer, besonders weil lange Jahre hindurch der polnische Intellektuelle in der freien Welt als Verrückter behandelt wurde; um seiner egoistischen, engen nationalen Interessen willen gefährdete er das großartige europäische Gleichgewicht, dank dessen die Menschen in Paris, Rom und Bonn sich der Freiheit und des Wohlstands erfreuen können. Der polnische Intellektuelle, der da pausenlos vom Sowjetimperium der Lüge und der Unfreiheit redete, verdarb den Leuten die gute Laune. Er wurde oft um der eigenen Psychohygiene willen als Nationalist und katholischer Halbgebildeter angesehen, da er sich ständig auf die Kirche und seine persönlichen Kontakte mit Jesus Christus berief, und manchmal gleichzeitig erklärte, er sei ungläubig.

Dieser Geisteszustand im Westen voller opportunistischen Hochmuts, voller Servilität gegenüber Moskau, aber auch voller Selbstzufriedenheit und Verachtung für die Besucher aus dem armen, unfreien Osten, begünstigte selbstverständlich nicht die Wiederherstellung des Vertrauens in die europäischen Werte und der Sympathien für die europäischen Institutionen. Die gebildeten Schichten in Polen mußten darum im Kampf um ihre geistige Souveränität nicht nur den Widerstand des kommunistischen Systems überwinden, sondern auch die intellektuelle Trägheit, ja sogar die verächtliche Gleichgültigkeit der westlichen Welt und letztlich das Gefühl der Vereinsamung angesichts all dieser Entsagungen, Verfolgungen und des Mangels an Verständnis.

Ich habe nicht vor, über jemanden zu urteilen, weil mir dazu das Recht fehlt. Ich weiß aber, daß auch in Polen trotz der heroischen Neigung zur Opposition in den Kreisen der Künstler und Wissenschaftler niederträchtige, von menschlicher Schwäche zeugende Dinge passiert sind. Auch in Polen entstanden auf Bestellung der Partei geschriebene dumme Romane, Gedichte über Geheimdienstoffiziere, Lehrbücher verschiedener Wissensgebiete voller Fälschung, Lüge und Verschweigen der Wahrheit, dazu ganze Tonnen von Papier, bedruckt mit propagandistischem Gestammel. Das alles diente zur Verdummung der Nation, es sollte sie zur Nachgiebigkeit gegenüber der kommunistischen Macht verleiten, zum Vertrauen zu Moskau, zu Mißtrauen und Ablehnung gegenüber dem Westen, zur Zufriedenheit mit der Wirklichkeit des realen Sozialismus.

Verschiedene polnische Filme entstanden aus der Auflehnung gegen das System heraus, konnten trotz der Zensur viel Wahres aussagen über die kommunistische Welt der Verlogenheit. Aber es gab auch Filme, die der Parteiführung sehr gefielen und für ihre Gesinnungstreue hohe Preise erhielten. Und es gab eben solche Bücher, wissenschaftliche Werke, Gedichte, Artikel, Reden, Worte und Taten. Nicht alles in Polen war oppositionell, obwohl es heute heißt, die Opposition hätte Millionen von Menschen gezählt. Ich habe ein relativ gutes Gedächtnis und weiß, daß in unseren oppositionellen Reihen vor fünfzehn Jahren keinerlei Gedränge herrschte. Wir hatten alle unsere festen Sitzplätze.

Ich weiß auch: die polnische Opposition war die zahlreichste, am besten organisierte, lautstärkste und wirkungsvollste – was man übrigens auch in bestimmtem Maße der Bereitschaft der kommunistischen Elite zur Kapitulation zuschreiben muß, deren politische Reife in Warschau größer war als in Prag oder Pankow.

Ich weiß, die polnische Opposition hat ungeheure Verdienste um Polen und Europa, denn sie hat dank ihrer Entschlossenheit, ihrer Hartnäckigkeit und Vernunft in erheblichem Maße über den Sturz des Weltkommunismus entschieden. Aber ich weiß auch, daß die intellektuellen polnischen Kreise, die gemeinsam die Opposition bildeten und die oppositionelle Bewegung leiteten, sich sehr viele Sünden gegen Polen und die Welt zuschulden kommen ließen. Erstens zweifelten sie in der frühen Nachkriegszeit an Stärke und Wert der Demokratie und wirkten mit an der Festigung der kommunistischen Macht. Zweitens erlagen sie zu einem durchaus nicht geringen Teil den Versuchungen der kommunistischen Utopie und fielen dem ›Hegelschen Biß‹, wie Miłosz das nannte, zum Opfer. Und drittens beharrten sie jahrelang, auch nachdem sie aus dem ideologischen Rausch erwacht waren, auf bestimmten politischen Illusionen, sie verkündeten – sogar um den Preis häßlicher Kompromisse mit ihrem Gewissen – die Notwendigkeit, die institutionellen Strukturen zu verteidigen.

Ich denke, mit diesen Tatsachen abzurechnen, ist für die Nation und ihre Kultur hundertmal wichtiger als die Kontakte der Intellektuellen mit der Geheimpolizei des Systems aufzuspüren. Die Verluste der nationalen Kultur infolge von Nachgiebigkeit gegenüber der Utopie oder als Ergebnis der in Wissenschaft und Kunst begangenen dialektischen Dummheiten sind ein viel größeres der Nation zugefügtes Unrecht – und dieses Unrecht muß in einer ernsten öffentlichen Diskussion besprochen werden. Natürlich ist es böse und schmutzig, wenn jemand einem konkreten Menschen Unrecht tut, wenn er gegen einen Kollegen, Nachbarn oder beruflichen Konkurrenten eine widerwärtige Denunziation schreibt. Bestimmt ist das ein wichtiges moralisches Problem, doch seine Beurteilung erfordert weder tiefergehende Überlegungen noch eine intellektuelle Argumentation, weil wir es hier mit einer ganz gewöhnlichen Gemeinheit zu tun haben, und eine Gemeinheit nicht Gegenstand ernsthafter politischer Diskussionen sein kann. Sie ist nur das, was sie ist – und mehr nicht. Denn eine kleine Denunziation, die im Moment physischer Schwäche entstand, ist nur eine Sünde. Ein großer Roman dagegen, der als Akt geistiger Unterwerfung gegenüber dem System entstand, ist ein intellektueller Fehler.

Und Talleyrand hatte recht, als er sagte, der Fehler sei etwas Schlimmeres als das Verbrechen. Über die Sünden der einzelnen, auch über die Verbrechen des Systems sollte man sprechen, schreiben und nachdenken. Man sollte sie auch bestrafen oder aber vergeben und vergessen.

Zu einem Fehler gehört es, daß er so lange fortdauert, bis er berichtigt, widerrufen und in Ordnung gebracht ist.

Darum ist nur der Fehler ein großes Problem der Kultur.

Das Kartoffelkäfertheorem

Polen in der Stunde des Umbruchs

Besonders in Westeuropa ist die Meinung weit verbreitet, das kommunistische System sei beim ersten Windhauch der Geschichte wie ein Kartenhaus zusammengebrochen. Das klingt recht pathetisch und zugleich ermutigend, zeugt aber von völlig falschen Vorstellungen von der menschlichen Natur. Man sollte nämlich nicht vergessen, daß das kommunistische System uneingeschränkt geherrscht hat, in Rußland über siebzig Jahre, in Polen aber über vierzig Jahre, allerdings in einer hundertmal sanfteren Form, was wir dem Nationalcharakter der Polen verdanken.

Es wäre naiv zu glauben, die historische Zeit, zu der sich die Biografien mehrerer Generationen verbanden, sei spurlos vorübergegangen und habe im menschlichen Bewußtsein keine Veränderungen erzeugt. Die soziologische Variante des menschlichen Schicksals schöpft bestimmt nicht das ganze Wissen vom menschlichen Wesen aus, wie es diejenigen glaubten, die von Czesław Miłosz Opfer des hegelschen Bisses genannt wurden – doch sie existiert.

Vor wenigen Wochen erzählte mir ein Bekannter eine lehrreiche Geschichte. Um sie jedoch für die jüngeren Generationen und auch für Ausländer verständlich zu machen, muß man vierzig Jahre zurückgreifen. Damals, zur Zeit des finstersten Stalinismus in Polen, entfachten Presse und

Rundfunk eine große Propagandaaktion im Zusammenhang mit dem Kartoffelkäfer. Man schrieb nämlich, die amerikanischen Imperialisten hätten, besinnungslos vor Haß gegen den Sozialismus und die polnische Nation, auf unsere Ackerfelder den widerlichen Koloradokäfer abgeworfen, der die Kartoffelblätter frißt, was selbstverständlich eine Mißernte verursacht, von daher kämen die Schwierigkeiten bei der Versorgung. Die Imperialisten wollten auf diese Weise den Aufbau der Diktatur des Proletariats verhindern, doch werde ihnen das nicht gelingen.

Einige Zeit später vergaß die kommunistische Propaganda den Kartoffelkäfer und erfand statt dessen eine andere Idiotie, mit der sie versuchte, unsere Gesellschaft zu füttern.

Vierzig Jahre vergingen, da spazierte mein Bekannter in der Umgebung Warschaus mit einer schönen, jungen Dame und raspelte Süßholz. Plötzlich erblickte er auf dem Weg einen würdevoll vorbeikriechenden, äußerst häßlichen Koloradokäfer. Er sagte also: »Sehen Sie, das ist der einst so berühmte Kartoffelkäfer.«

Die schöne Dame erstarrte und sagte eisig: »Ich dachte, sie sind ein intelligenter, denkender Mensch. Ich habe mich geirrt. Wie können Sie an den Unsinn der kommunistischen Propaganda glauben?«

Das ist eine lehrreiche Geschichte über den Sturz des realen Sozialismus. Den Kartoffelkäfer gibt es, obwohl es ihn eigentlich nicht geben dürfte, denn die Kommunisten haben ihn erfunden.

Auch die Arbeitslosigkeit gibt es. Es gibt Riesenmengen von Waren auf dem Markt, doch die Leute können sie nicht kaufen, weil sie zu wenig Geld haben.

Der Kartoffelkäfer ist heutzutage fast überall. War Polen vor dem Kriege reich, prächtig organisiert und tolerant? Gab es damals eine fortgeschrittene Industrie und Landwirtschaft? Waren die Menschen gebildet, kultiviert, gut erzogen, gut ernährt? Waren die Städte schön, die Dörfer reich, die Technik hervorragend, die Kultur blühend, die Gesellschaft zufrieden?

Selbstverständlich, genau so war es früher in Polen. Dann aber kamen die ekelhaften Kommunisten und vernichteten mit Hilfe der Sowjets alles. Deshalb ist es in Polen heute so, wie es ist. Wer aber behauptet, vor fünfzig Jahren habe Polen nicht zu den führenden Ländern der Welt gehört, es habe bei uns viele Analphabeten gegeben, das Dorf sei sehr arm gewesen, die Industrie rückständig, das technische Niveau der Städte kümmerlich, die sozialen Spannungen beträchtlich – der wiederholt angeblich die Beschwörungen der kommunistischen Propaganda.

Die naive Ansicht, mit dem Sturz der kommunistischen Staatsstrukturen sei der Kommunismus ins Nichtsein abgetreten, steckt in den Köpfen von Millionen Menschen, die trotz allem immer noch in kommunistischen Kategorien denken; sie meinen, jene schreckliche Erfahrung ein für allemal begraben zu haben, während sie in Wirklichkeit bis über beide Ohren darin stecken, weil sie ganz einfach nicht anders denken können, weil es Zeit braucht, bis sie die Welt und auch sich selbst anders beurteilen.

Ein vielsagendes Beispiel für diesen Stand der Dinge ist die in ganz Polen gegenwärtig anzutreffende Politisierung des Denkens.

Das kommunistische System hat der Politik eine umfassende Bedeutung verliehen. Sie entschied über alle Probleme des Lebens. Der Mensch war eingespannt in ein Netz der Abhängigkeiten vom Staat, und der Staat ist, besonders unter den Bedingungen des realen Sozialismus, bekanntlich Politik schlechthin. Im Lauf der vergangenen vierzig Jahre wohnte der Pole in einer staatlichen Wohnung, kaufte in einem staatlichen Laden, arbeitete in einer staatlichen Fabrik oder Behörde, fuhr in einen staatlichen Urlaub, schickte seine Kinder in eine staatliche Schule, gehörte den staatlichen Gewerkschaften an, und man kann wohl ohne Übertreibung sagen: er schlief in einem staatlichen Bett, aß staatliches Brot und atmete staatliche Luft.

Es liegt auf der Hand, daß unter derartigen Bedingungen das Verhältnis des Menschen zum Staat sein Zentralproblem wird, daß die Politik sein ganzes bewußtes Leben ausfüllt. Sie nimmt dem Menschen die Lebensfreude und ruiniert seine Selbständigkeit auf dem Gebiet der Gestaltung seines persönlichen Schicksals. Die Politik ist folglich eine besondere Art von Unfreiheit, sie birgt eine vernichtende, aber stets präsente Erfahrung. In dieser Auffassung wird der Staat zum verhaßten Feind, weil er es ist, der dem Menschen seine Souveränität stiehlt und die Desintegration seiner Persönlichkeit herbeiführt. So ist die Politik menschenfeindlich, und die Politiker beschäftigen sich im Grunde damit, eine Verschwörung gegen die lebenswichtigen Interessen des schlichten Staatsbürgers anzuzetteln. Der Staat ist ein Fremdelement, er wurde ins Leben gerufen, um den Menschen zu umgarnen, zu unterwerfen und zu seinem Diener zu machen. Jetzt aber hat sich die Situation geändert, der Kommunismus ist gestürzt worden, der Staat wirkt schwächer, ja sogar gänzlich wehrlos, man kann ihm also an die Kehle springen und mit ihm abrechnen über das in der Vergangenheit von ihm angerichtete Unrecht, über die Beraubung und Ausbeutung des unterjochten Staatsbürgers.

Wie tief diese Auffassung verwurzelt ist, zeigt die Geschichte eines der Anführer der ›Solidarność‹, der sich während des Kriegszustandes höchste Verdienste erworben hat. Wegen seiner Untergrundtätigkeit wurde dieser Mann von den Kommunisten zu zwei Jahren Gefängnis verurteilt. Jetzt, im demokratischen Staat beantragte er vor Gericht nicht nur seine Rehabilitierung, sondern auch materielle Wiedergutmachung. Das Gericht erkannte ihm natürlich eine hohe Entschädigung zu. Dieser Mann aber, der ja ein tüchtiger Verschwörer gewesen war und für ein demokratisches und souveränes Polen gekämpft hatte, kann nicht begreifen, daß er mit seiner Forderung nach materieller Entschädigung nicht gegen den Staat antritt, der ihn vor Jahren verfolgt hat, sondern einen Rechtsstreit mit einem völlig anderen rechtlichen und politischen Organismus beginnt, daß er vom demokratischen Polen die Verantwortung für das fordert, was die Kommunisten in diesem Land angerichtet haben und was er selbst noch vor wenigen Jahren als illegal ansah. Im Kopf dieses Mannes bleibt der Staat ganz einfach Staat, das heißt ein feindseliger Apparat, der nicht nur keinerlei Unterstützung verdient, sondern auch kein Verständnis von Seiten derer, die ihn vor zwei Jahren mit eigenen Händen geschaffen haben.

Vierzig Jahre lang redete die kommunistische Propaganda den Arbeitern der großen staatlichen Fabriken ein, sie, gerade sie seien die Herrscher der Volksrepublik, die

Arbeiterklasse sei in Übereinstimmung mit der wissen-schaftlichen Weltanschauung für Ziele von besonderer Be-deutung bestimmt, denn sie würde zum Demiurgen der Geschichte.

Diese Erziehung wurde von den Arbeitern weder ver-spottet noch gar verworfen. Im Gegenteil, sie verlangten viele Jahre hindurch, daß die offiziell propagierten Grund-sätze im täglichen Leben verwirklicht würden. Wenn also die polnischen Arbeiter der Großindustrie mit der kom-munistischen Partei ein Hühnchen zu rupfen hatten – und so war es ohne Zweifel –, dann nicht aus dem Grunde, daß die Partei Leninsche Dummheiten über die besondere Rolle der Arbeiterklasse daherschwatzte, sondern weil sie das eine verkündete und das andere im Alltag praktizierte.

Heute scheint es ziemlich selbstverständlich, daß die Ar-beiter, die gegen die Kommunisten kämpften, angefangen mit der blutig unterdrückten Empörung in Posen 1956, bis zum Sturz des Systems 1989, vor allem die Verwirklichung der jahrelang heuchlerisch und unredlich verkündeten kommunistischen Parolen und Programme forderten. Ich glaube, die Ursachen zahlreicher Spannungen im Polen von heute sind gar nicht so schwer zu erklären, wie es manchen Idealisten und unbeteiligten Beobachtern scheinen mag. Es gibt nämlich in diesem Lande viele Millionen Menschen, die überhaupt keine Lust haben zum Kapitalismus und zur Marktwirtschaft, weil Kapitalismus und Marktwirtschaft an den Menschen ganz andere Forderungen richten, eine ganz andere Lebensweise von ihm verlangen, ein anderes Verhalten, eine andere Mentalität; und das alles wirkt auf viele Menschen fremd, schwierig, ja sogar abstoßend.

Churchill hat einmal gesagt, die Demokratie sei etwas Entsetzliches, man müsse sie jedoch akzeptieren, weil sich die Menschheit bisher nichts Besseres ausgedacht habe. Selbstverständlich hatte Churchill recht. Doch ist es immer einfacher, die vorgefundene Welt zu akzeptieren, als tätig Anteil an der Schaffung einer Wirklichkeit zu nehmen, die so viele sichtbare Fehler, Schwächen und Mängel hat. Die neue Wirklichkeit ist zweifellos besser als die vorangehende, zweifellos aber ebenso unbefriedigend – und kann auch die Ansprüche und Wünsche der Menschen nicht befriedigen, die jahrzehntelang von einer idealen Wirklichkeit geträumt haben und jetzt bitter enttäuscht werden.

Die geistigen Landschaften Polens sind kompliziert, sie können sogar recht undurchsichtig erscheinen, weil es in ihnen viele unklare, ja verschattete Stellen gibt, wo man nur mit größter Mühe die Konturen von Ansichten, Meinungen und Urteilen erkennen kann. Es gibt zum Beispiel viele Mißverständnisse hinsichtlich der Freiheit. Daran ist nichts Neues, denn die Menschen verstehen ja die eigene Freiheit nie, sie ist für sie stets Herausforderung oder Bürde oder ganz einfach das Fehlen dessen, was sie begehren. Unter den polnischen post-totalitären Bedingungen werden diese Mißverständnisse hinsichtlich der Freiheit indessen zum gesellschaftlichen Dilemma.

Jahrzehntelang war ich als Schriftsteller und Staatsbürger zutiefst davon überzeugt – und habe meine Meinung zu dieser Sache auch bis heute nicht geändert –, daß die Freiheit des Worts und die Freiheit des Reisens zu den fundamentalen Fragen aller menschlichen Freiheit gehören. In meinem Fall kann es nicht anders sein, weil ich jahrelang das Opfer der staatlichen Zensur war; ich hatte keine Chance, meine Ansichten frei auszusprechen, und war, abgeschnitten von der Welt, zur Provinzialität verurteilt, ich konnte mein literarisches Instrumentarium nicht weiterentwickeln, war also im Grunde nicht imstande, meinen schriftstellerischen Beruf, wie es sich gehört, auszuüben. Nicht ohne Grund folgerte ich deshalb, die Aufhebung der Zensur sowie das Recht jedes Staatsbürgers auf einen Paß in der eigenen Tasche – das seien die wichtigsten Früchte der Freiheit. Wie sich jedoch herausstellte, waren das für Millionen anderer Bürger meines Landes nicht so wesentliche Fragen. Die Zensur gibt es nicht mehr, und jeder hat seinen Paß in der Tasche, aber das hat den Bereich der Freiheit nach dem Verständnis des polnischen Bauern, des Arbeiters, ja sogar des Chirurgen keineswegs erweitert.

Der Arbeiter fühlt sich nicht als freier Mensch, weil ihn die Arbeitslosigkeit immer stärker bedroht, die er nur als legendäres und eher exotisches Problem kannte, und seine scharfen Proteststreiks, die noch vor wenigen Jahren unter den Bedingungen des kommunistischen Systems Erste Parteisekretäre stürzten, haben heute keinen größeren Einfluß auf den Verlauf der Geschehnisse. Dieser Arbeiter wählt sich für den Urlaub nicht Frankreich, und von der Tatsache, daß er alles sagen darf, was ihm gefällt, wird sein heimischer Suppentopf nicht voller.

Der Bauer fühlt sich im Stich gelassen von der staatlichen Verwaltung, die im alten System bei vielen wirtschaftlichen Tätigkeiten für ihn einsprang, etwa bei Ankauf der Agrarprodukte, bei der Verteilung von Saatgetreide und Kunstdünger, und die über die festen Vorzugspreise im gesamten landwirtschaftlichen Sektor wachte. Der Bauer konnte die Kommunisten zwar nicht leiden, hat sie aber nie der Verschwörung gegen die Landwirtschaft beschuldigt, was heute fast in jedem Dorf an der Tagesordnung ist. Natürlich zeugt das von Kleinlichkeit und Gruppenegoismus, aber die Tatsache bleibt bestehen, daß das Dorf ein unfreundliches Verhältnis zu den Marktveränderungen demonstriert, denn der Bauer sagt, der Markt sei zwar frei, er selbst jedoch habe seine Freiheit als Produzent verloren. Das ist stark übertrieben, denn es gibt zahlreiche Landwirte, die sich erst jetzt, eben dank der Marktwirtschaft, auf eigene Füße gestellt haben und menschenwürdig leben können, doch die Stimmen der Enttäuschung und des Zorns sind stets lauter als die Stimmen der Zufriedenheit.

Der Arzt in Polen kämpft tagtäglich mit tausend Mängeln, nicht nur organisatorischen und technischen, sondern mit den elementaren Mängeln im Bereich der medizinischen Arbeit – er kann sich nicht für einen freien Menschen halten. Manchmal muß er furchtbare, fast shakespearehafte Entscheidungen treffen, wen er retten kann und wem er seine Hilfe versagen muß – aus Mangel an medizinischen Geräten, z. B. für die Nierendialyse, oder an ganz banalem Verbandsmaterial, an chirurgischen Fäden, Einwegspritzen, Herzmedikamenten usw. So ein Arzt hat seinen Paß längst ganz tief in der Schublade vergraben und die Freiheit des Worts zum Teufel gejagt. Denn durch die Freiheit des Worts gewinnt er kein Krankenbett und keine gut ausgebildete Krankenschwester. Vor fast hundert Jahren schrieb der russische Politiker Stolypin an Tolstoi: »Herr Graf, ich bin zu dem Schluß gekommen, daß die Armut die schlimmste

Form der Unfreiheit ist«. Man müßte eigentlich seiner Verwunderung darüber Ausdruck geben, daß Stolypin solche Worte an Tolstoi schrieb, nicht aber Tolstoi an Stolypin. Möglicherweise steckt darin jedoch ein tieferer Sinn. Immerhin war Tolstoi ein idealistischer Denker, der auch bei der Beurteilung des russischen Volkes gewissen Illusionen erlag, Stolypin dagegen ein kühler Politiker, der sehr gut wußte, was los war, weil er jeden Morgen sorgfältig die Berichte der Geheimdienste über die Stimmungen auf der Straße las. Die Armut ist zweifellos ein schlechter Ratgeber und ungerechter Richter, doch solange es sie gibt, sollte man nicht erwarten, daß sich die Menschen wirklich der Freiheit erfreuen und ihre Wohltaten nutzen können. Mehr noch, ich persönlich meine, daß die Freiheit mehr geschätzt wird, wenn es sie nicht gibt, als zu Zeiten, da man sie im Übermaß besitzt. Das bedeutet nicht, daß ich für die totalitäre Erfahrung des Kommunismus optiere. Es bedeutet nur soviel, daß in der Situation der Unterdrückung und des Kampfes um die Freiheit die politischen Optionen einfach, die moralischen Entscheidungen sauber sind und die Sehnsucht der Menschen auf der Hand liegt. Später wird fast alles viel komplizierter.

Doch die Situation in Polen ist nicht so verworren, daß man sie intellektuell nicht analysieren könnte. Allem Anschein zum Trotz verläuft die Trennungslinie nicht zwischen denen, die in letzter Zeit mehr der populistischen Rhetorik des Präsidenten Wałęsa zuneigten, und denen, die lieber auf die gemäßigten Anschauungen Mazowieckis und seiner politischen Bundesgenossen hörten, sondern zwischen den Anhängern Wałęsas und Mazowieckis einerseits und andererseits denen, die genug haben von den mit der Schaffung des freien Markts verbundenen Verzichtshandlungen.

Denn das sind schmerzliche, kostspielige und langwierige Verzichtshandlungen. Viele Menschen verlieren die Privilegien, die sie im früheren System besaßen, und bekommen, von Sorgen abgesehen, nichts. Ich meine hier nicht die früheren Funktionäre des Parteiapparats, sondern etwa die Bauern; sie nutzten die Erleichterungen, die sich aus der Tatsache ergaben, daß die Landwirtschaft im System des realen Sozialismus subventioniert war, heute aber auf Gnade oder Ungnade dem Markt ausgeliefert ist. Ich meine auch die Arbeiter, die mit jedem Tag als soziale Gruppe an Bedeutung verlieren, weil sich, als die ökonomische Rechnung begann, der polnischen Volkswirtschaft den Rhythmus zu diktieren und den Sinn zu verleihen, herausgestellt hat, daß der Stolz des alten Systems, die Schwerindustrie, ganz einfach ein Klotz am Bein der Gesellschaft ist; je schneller sie Bankrott macht, desto besser für Polen.

Es gibt jedoch Politiker in Polen, die hartnäckig wiederholen, die größte Bedrohung für die demokratischen Reformen und die Festigung des freien Markts sei die alte, postkommunistische Nomenklatura. Solche Politiker nehme ich nicht ernst, weil sie an Geister glauben. Die postkommunistische Nomenklatura gibt es zwar noch, übrigens ausschließlich in der Welt des kleinen und mittleren Business, aber erstens ist ihr Einfluß gering, weil sie die politische Macht verloren hat und über zu beschränkte Mittel verfügt, um nach wirtschaftlicher Macht greifen zu können, und zweitens gehören die Leute, die früher Funktionäre des

Systems waren, heute aber an Geld gekommen sind, zu den eifrigsten Verfechtern der gegenwärtigen Situation, was psychologisch auf der Hand liegt, denn nur sie erlaubt ihnen, sich der Privilegien zu erfreuen, die aus ihrer gegenwärtigen Wohlhabenheit fließen.

Aber gerade deshalb finden die Parolen der politischen Geisterbeschwörer hier und da im Publikum Gehör. Es geht nämlich um ein weiteres, aus der kommunistischen Vergangenheit mitgebrachtes Hirngespinst, das falsch verstandene Prinzip des sozialen Egalitarismus. Der egalitäre Betrug ist besonders ruinös in einem Land des Neubeginns, wo ein Markt erst entsteht, wo sich die neuen sozialen Beziehungen erst bilden, wo in Zukunft, gewissermaßen aus dem Nichts auftauchend, eine Mittelklasse entstehen soll.

Der Egalitarismus ist ein schönes und kluges Prinzip, wenn er sich auf die gleichen Chancen bezieht, wird aber zerstörerisch, wenn er entscheiden soll über eine für alle gleiche Existenz. Chancen muß man jedem garantieren, was er jedoch aus seinem Leben macht, ist eine andere Sache. Der soziale Schirm muß ausgespannt sein über den Köpfen der Schwächsten, der Kranken oder der am schlechtesten für die Selbständigkeit Vorbereiteten, ganz gleich aus welchem Grund sie behindert sind, wenn sie ihn nur nicht selbst verschuldet haben.

Dann scheint das Funktionieren der Gesellschaft nicht bedroht. Anders ist es jedoch, wenn verschiedene soziale Gruppen vom Prinzip der gleichen Mägen geleitet werden. Es stimmt, wir haben im allgemeinen gleiche Mägen, aber die Menschen scheinen oft zu vergessen, daß die Köpfe unterschiedlich sind, das aber ist bereits ein Vorwurf gegen den Herrgott selbst, der die Verstandeskräfte ungleich verteilt hat.

Auf dem egalitären Betrug basierte fast das gesamte System der relativ gleichmäßigen Verteilung des Elends, wie es der reale Sozialismus betrieb. Und wahrscheinlich deshalb konnte er sich auf der Erde so lange halten. Es ist doch nicht wahr, daß der Kommunismus sich ausschließlich auf den Terror der Geheimpolizei und die Angstpsychose stützte. Das ist eine weitere Illusion oder vielmehr ein bewußter Betrug. Selbstverständlich ist es heute sehr viel leichter, die Existenz jenes Systems mit der Behauptung zu rechtfertigen, daß im realen Sozialismus alles das Werk der Partei und ihrer elenden Hintermänner war, die Nationen hingegen daran nicht teilhatten, ja eigentlich überhaupt nicht anwesend waren. Natürlich ist das eine Fälschung, weil man die Hälfte der Welt nicht jahrzehntelang ohne gesellschaftliche Einwilligung regieren kann. Und diese Einwilligung hatten die kommunistischen Diktaturen. In Polen war sie relativ schwach, weniger dauerhaft, sehr launisch, sehr wechselhaft wie alles in diesem herrlichen Land der Individualisten, doch geht es nicht an zu behaupten, man habe die Polen vierzig Jahre lang unbarmherzig bei der Kehle gepackt, man habe sie terrorisiert, deshalb hätten sie eine zwar trotzige, aber nachgiebige Haltung eingenommen. Das wäre eine Verneinung der ganzen polnischen Tradition und Geschichte. Die Polen verstehen es, sich zu empören, und haben nie irgendeine noch so unwichtige Gelegenheit versäumt, ihren Herrschern zu zeigen, daß sie sie geringschätzen und verachten.

Und trotzdem hat das System des realen Sozialismus beunruhigend lange gedauert.

Jeder kann natürlich so tun, als wisse er nichts über die Geschichte des 19. und 20. Jahrhunderts. Aber wenn ein Politiker dieses Spiel versucht, ist er entweder ein Dummkopf oder ein Betrüger. Der Kommunismus als Weltanschauung war zweifellos ein großer Irrtum, als Praxis des kollektiven Lebens wurde er zum großen Verbrechen, aber als Traum von einer besseren Welt, als Sehnsucht der Behinderten, Gedemütigten und Erniedrigten bildete er in über hundert Jahren der Geschichte Europas und der Welt einen mächtigen Prüfstein. Der Kartoffelkäfer existiert. Es existierte die kapitalistische Ausbeutung im 19. Jahrhundert, und Engels schrieb keine Phantasien und Lügen über die Lage der Arbeiterklasse in England, und Gorki, wenngleich zweifellos ein feiger und lügnerischer Halunke, sog sich das schreckliche Schicksal seiner Helden nicht aus den Fingern. Das taten auch weder Balzac noch Zola, weder Hauptmann noch Dostojewski, weder Prus noch sogar Brecht, noch Anna Seghers, obwohl beide Parteimitglieder waren.

Mit einem Wort: der Kommunismus als großer Versuch, die Welt gerechter einzurichten, kam nicht von ungefähr. Heute eine solche Meinung kundzutun ist wenig populär und riecht sogar nach Provokation. Ich bin jedoch alt und sage gern, was ich denke. Nie war ich Kommunist, nie hatte ich für den Kommunismus andere Gefühle übrig als nur Verachtung und tiefen Abscheu. Aber ich weiß, daß es auf der Welt, auch in meinem Land, ganze Scharen von Menschen gab, die mit diesem System irgendwelche Hoffnungen, Illusionen, Träume und Erwartungen verbanden. Und diese Menschen dachten nicht ausschließlich an ihre eigene Karriere oder ihre Bequemlichkeit, sie bewegte vielmehr eine altruistische Idee, sie wünschten nämlich, ihre Nächsten aus der Armut zu befreien, aber auch aus der Demütigung und der Kraftlosigkeit, die der europäische Kapitalismus einst nach links und rechts ausgestreut hatte.

Mehr noch: der Kommunismus trug eine Art von pädagogischer Mission in sich, und die Menschen schätzen nichts mehr, als andere zu belehren. Doch das dauerhafteste Fundament, auf dem die kommunistische Utopie errichtet wurde, war die ewige Antinomie zwischen Freiheit und Gleichheit.

Ich glaube und habe schon vor Jahren darüber geschrieben, daß den Menschen die Gleichheit mehr gefällt als die Freiheit, und um die Gleichheit zu erreichen, sind sie bereit, unter gewissen Umständen auf die Freiheit zu verzichten. Sie sind aber nicht im selben Maße bereit, auf die Gleichheit zu verzichten, um sich statt dessen der Freiheit zu erfreuen. Das ist der Grundstein, auf dem das zunächst mächtige, später immer mehr verfallende Gebäude des Weltkommunismus errichtet wurde.

Der egalitäre Wunschtraum durchdringt heute die polnische Gesellschaft. Das ist um so beunruhigender und bedroht um so mehr die demokratischen Reformen, als es gewisse Bewegungen und Gruppierungen gibt, die auf diesem Hirngespinst ihr politisches Süppchen zu kochen wünschen. Gleichzeitig aber ist der polnische Kapitalismus zu jung, zu schwach und deshalb auch zu aggressiv in seinen unreifen und manchmal geradezu komischen Formen, um eine breite gesellschaftliche Zustimmung zu erlangen. Diese Unterstützung ergibt sich nicht aus der Akzeptanz der neuen Ordnungen, sondern aus der Ablehnung, ja sogar der dramatischen Negierung der vorangehenden Ordnungen.

Das ist kein dauerhaftes System, und daher meine Unruhe beim Gedanken an die Zukunft und den Erfolg der großen Reform, die doch ohne Beispiel ist in der Geschichte. Und trotzdem, wenn man den polnischen Alltag betrachtet, muß man entschieden mit Galilei sagen: »Eppur si muove!«

Auf die Frage, ob ich ein Optimist bin, antworte ich immer, man könne nicht in Polen leben, ohne Optimismus zu beweisen, weil hier alles dem Menschen zu widersprechen scheint; und der Mensch überwindet doch immer das, was in ihm nicht zutiefst menschlich ist.

Mein Warschau von vor über fünfzig Jahren

Warschau und die polnisch-jüdischen Intellektuellen
vor 1939

Als ich ein Junge war, lebte ich in einer Welt erstaunlicher
Landschaften, die ich bis heute unter meinen Lidern herumtrage. Meine schriftstellerische Arbeit ist der Versuch,
diese vergangene Welt, diese Welt von vor fünfzig Jahren
heraufzubeschwören, deshalb empfinde ich Zärtlichkeit für
die eigene Erinnerung, deshalb erschüttern mich auch die
– leider seltenen – Spuren, die sich hier und da als Zeugnisse
der nicht mehr existierenden Wirklichkeit jener Zeit bis
heute erhalten haben.

Ich wohnte in Warschau fast auf der Grenzlinie zweier
sehr verschiedener Welten. Auf der einen Seite begleitete
mich die großstädtische, elegante und wohlduftende Welt.
Dort gab es alte Palais oder Mietshäuser im Jugendstil, wo
die damals wohlsituierten Kreise lebten, Ärzte und Anwälte
also, Wissenschaftler und Fabrikanten, unter ihnen sehr
viele assimilierte polnische Juden. Auf der anderen Seite erstreckte sich der Stadtteil der Armut und Verwahrlosung,
schmale Gassen, bebaut mit niedrigen Häusern, oft aus
Holz, ohne Wasserleitung, manchmal ohne Elektrizität, wo
abends in den Wohnungen Kerzen, Gas- oder Karbidlam-
pen brannten. Dort wohnten die armen Warschauer Juden,
Hausierer und Schuster, Schneider und Bäcker, Lastträger

aus den unweit gelegenen Markthallen, Fuhrleute von den großen Speditionsfirmen, aber auch kleine Händler und Handwerker, Menschen, die gewöhnlich dunkle Kaftane und Käppis trugen, die herumschrien und trotzdem von einer geheimnisvollen Konzentration geprägt waren, ganz anders als die Polen und Juden aus meinem begüterten Stadtviertel, wo die Herren elegante Mäntel und Melonen trugen und Spazierstöcke schwangen, und die Damen in Pelzen und schönen, teuren Hüten daherkamen, ihre gepflegten Hände in warme Muffs gesteckt.

In meinem Stadtviertel duftete es gewöhnlich nach Kaffee, Obst und Autoabgasen, doch ganz in der Nähe, kaum zwei oder drei Querstraßen weiter, roch die Luft nach Sauerkraut, Seifenlauge, Pferdemist und nach der gewöhnlichen menschlichen Armut, die überall gleich riecht.

Ich erinnere mich an jene Straßen, die bucklig waren und verwinkelt und dennoch in der Erinnerung schön und aufregend. Ich erinnere mich an Dutzende von kleinen und unwichtigen Dingen, die man gewöhnlich von einem Tag zum anderen vergißt; doch gerade weil sie eine nicht mehr existierende Welt betreffen, deren Asche der Wind verweht hat, leben sie in mir fort wie ein Heiligtum im Reliquiar. Zum Beispiel die Schilder der Läden damals oder der Konditoreien oder der Handwerksbetriebe, armselig und lächerlich und doch heutzutage voller Ernst und Schönheit wie jene kleine Konditorei an der Nowolipie-Straße, deren Schild stolz Vor- und Zunamen der Eigentümerin verkündete: Frajda Natychmiast, was übersetzt heißt: Freude Sogleich. Oder die Tischlerwerkstatt mit der Aufschrift ›Bequeme Särge‹ über dem Eingang.

Es ist schon verblüffend, wie innerlich differenziert die Welt der polnischen Juden war, in diesem Sinn unterschied sie sich ganz und gar von der jüdischen Diaspora in Westeuropa. Ich erinnere mich noch der kleinen Läden auf der Senatorska-Straße, wo wir auf dem Heimweg von der Schule Obst kauften oder Süßigkeiten. In diesen Läden begrüßten mich Juden mit langen, dunklen Bärten und in traditioneller Kleidung; sie sprachen nur mit größter Mühe polnisch, weil sie sich untereinander stets auf jiddisch verständigten. Und ich erinnere mich an meine Schulkameraden jüdischer Herkunft, äußerst wohlerzogene Jungen; sie sprachen ein exquisites Polnisch, verstanden kein Wort Jiddisch und kauften wohl nie Süßigkeiten in derartigen Läden, weil sie gewöhnlich die eleganten Autos benutzten, die sie schon zur Schule gebracht hatten. Übrigens weckte das manchmal einen gewissen Neid bei mir, denn ich fuhr mit dem Autobus oder der Straßenbahn, aber schließlich war mein Vater nur ein Wissenschaftler, und ihre Väter waren Bankiers.

Ich erinnere mich an eine jüdische Wohnung im Norden Warschaus, die ich, durch verstaubte Fenster blickend, gewöhnlich von der Straße aus betrachtete. Dort gab es ärmliche Zimmer, abgenutzte Möbel, und kleine Jungen trugen in Eimern Wasser von der Pumpe auf der Straße in die Küche. Ich erinnere mich an die Wohnungen meiner jüdischen Schulkameraden, an großartige Sezessionssalons, Stilmöbel, Kristall und Porzellan, an Zimmermädchen in weißen, gestärkten Schürzchen und Kammerdiener am Eingang. Ich erinnere mich auch an die Mütter meiner Kameraden, vornehme Damen in Kleidern der Firma Herse und Schuhen von Leszczyński, die nach Kosmetik von Elizabeth Arden dufteten und vermutlich nicht einmal wußten, daß es auf der Welt auch Jüdinnen mit Perücken auf dem Kopf gab und Juden mit Käppis und in Kaftanen, denn diese Damen stiegen nie hinunter in die Gegend der Nalewki-, Karmelicka- und Gęsia-Straße, sie kannten die Champs Elysées und die Pall Mall besser als die Ogrodowa, wo ich auf dem Bürgersteig mit den jüdischen Halbwüchsigen Ball spielte. Wir stritten lauthals über jeden Wurf – und verstanden uns großartig, obwohl sie auf jiddisch kreischten und ich auf polnisch. Das war eine Welt der Armut, des unterdrückten Zorns, der Enttäuschungen und zugleich einer gewissen Verachtung all dessen, was sich außerhalb der Grenzen des orthodoxen Judentums befand.

Damals stellte ich mir die Frage nicht, ob diese armen Schneider, Tischler und Konditoren Polen und die Polen liebten, meine Nachbarschaft, meine Sprache, mein Verhalten, meine Lebensart. Damals war ich ein Junge und kannte solche Probleme nicht. Polen und Juden, auch die armen und orthodoxen, waren ganz einfach meine Wirklichkeit, sie bildeten gewissermaßen das Zentrum meines Lebens, weil ich ihnen auf Schritt und Tritt begegnete, weil ich ihre Sprache hörte, unverständliche Wörter, die ich indessen für eine Art von Polnisch hielt, für die Sprache meiner Nachbarn, natürlich etwas anders, so wie sie selbst etwas anders waren in Aussehen, Verhalten und Gesten, aber doch zu dieser farbigen und verführerischen Strömung des Polentums gehörten, in der wir alle gemeinsam schwammen. Erst nach vielen Jahren erfuhr ich in Gesprächen mit meinem Vater von gewissen dunklen und traurigen Begebenheiten, von denen ich in der Vorkriegszeit ganz einfach keine Ahnung hatte.

Mein Vater war Sozialdemokrat, er nahm am öffentlichen Leben teil, war Sejmabgeordneter und hatte zahlreiche Freunde unter den jüdischen Politikern, den assimilierten als auch den orthodoxen, die sich in der zionistischen Bewegung sammelten, aber auch in der jüdischen sozialdemokratischen Partei ›Bund‹ sowie in den Reihen der kommunistischen Partei, wo es viele Funktionäre jüdischer Herkunft gab, prozentual viel mehr als Polen, denn die internationalistischen und revolutionären Parolen zogen die Juden an, während die Polen stark gebunden waren an die Idee des eigenen, soeben erst nach hundertjähriger Unfreiheit wiedererlangten Staates, vor allem aber, weil sie Mißtrauen, ja Feindschaft hegten gegenüber allen Ideen und Programmen aus Rußland, und der Kommunismus war ja zu jener Zeit eine russische Angelegenheit.

Vor diesem Hintergrund kam es vor dem Kriege zu ernstlichen Spannungen zwischen bestimmten jüdischen und polnischen Gruppierungen, die um so heftiger und dramatischer waren, je mehr Antisemitismus und Antipolonismus sich auf beiden Seiten anhäuften.

Ich erwähne diese beiden Erscheinungen in einem Atemzug, doch bedeutet das nicht, sie verdienten dieselbe Verurteilung und dieselbe Behandlung.

Der Antipolonismus eines Teils der Juden war eine Reaktion auf den Antisemitismus eines Teils der Polen, und darum sind das keine Angelegenheiten gleichen Kalibers. Hätten die Polen sich ihren jüdischen Mitbürgern gegenüber vorurteilslos verhalten, ohne die ganze antisemitische

Dummheit, Unverschämtheit und Grobheit, so hätte es keinen Antipolonismus der Juden mit seiner Dummheit, Unverschämtheit und Grobheit gegeben. Ich glaube, man darf sogar gewisse Ereignisse und Tatsachen vorwegnehmen und sagen: Hätte es solche antisemitischen Stimmungen im Polen von damals nicht gegeben, so hätten sich nicht so viele Juden der kommunistischen Bewegung verbunden, was wiederum nach dem Kriege, unter den Bedingungen der kommunistischen Diktatur neue Spannungen hervorrief zwischen den Polen und den Juden, die in nicht geringem Umfang den Nachkriegskommunismus in Polen schufen und in nicht geringem Umfang mehr den Sowjets zuneigten als dem Land ihrer Geburt.

Der große polnisch-jüdische Schriftsteller, in den stalinistischen Jahren ideologisch Kommunist und Parteifunktionär, Julian Stryjkowski hat vor Jahren voller Schmerz geschrieben, ein Jude, der Kommunist würde, höre überhaupt auf, Jude zu sein, weil für einen jüdischen Kommunisten einzig und allein der Kommunismus Vaterland, Glaube, Religion und Zugehörigkeit sei. Stryjkowski hat bestimmt recht, doch die nach dem Kriege von der kommunistischen Diktatur verfolgten Polen hatten nicht genügend Gelegenheit, so philosophisch an ihr kollektives Schicksal heranzugehen. Es gab deshalb viele Polen, die vor allem die kommunistischen Juden für das kommunistische Übel verantwortlich machten, was wiederum antisemitische Vorurteile hervorrufen mußte, die zu einer bestimmten Zeit in Polen nach dem Kriege fast dasselbe bedeuteten wie antikommunistische Vorurteile.

Die polnisch-jüdische Symbiose ist ein schwer zu begreifendes historisches Phänomen, weil sie aus Mißtrauen, Ablehnung und Rivalität erwachsen ist und dennoch eine erstaunliche gegenseitige Zuneigung hervorgebracht hat. Heutzutage gibt es einige Juden auf der Welt, die behaupten, Polen sei die größte Brutstätte des Antisemitismus gewesen und geblieben, was für meine Ohren ebenso lächerlich wie dumm klingt. Wenn nämlich die Polen nach Ansicht gewisser lächerlicher, dummer Juden die größten Antisemiten unter der Sonne waren – weshalb hat sich dann ausgerechnet unter den Polen die größte Anzahl von Juden in Europa angesiedelt, warum haben sie gerade in Polen jahrhundertelang ihre Gemeinden gegründet und diesen schrecklichen Antisemitismus geduldig ertragen? Wenn es ihnen so schlecht ging, wie heute behauptet wird, wenn der polnische Antisemitismus so unerträglich war, konnten sie woanders hinziehen, unter eine gnädigere und freundlichere Sonne, wo es ihnen besser gegangen wäre. Und doch blieben sie ja in diesem ungastlichen Land.

Mehr noch, man sollte doch wohl daran erinnern, woher sie nach Polen gekommen sind, denn sie sind ja nicht vom Himmel gefallen. Zunächst kamen sie aus dem Westen an die Weichsel, sie flohen vor den Wellen der Verfolgung und Zwangsvertreibung aus Spanien, Frankreich, Deutschland, später kamen sie in Schüben aus dem Osten, sie flohen vor den Pogromen in Rußland. Von Jahrzehnt zu Jahrzehnt gab es mehr Juden in Polen, bis hier schließlich die stärkste Diaspora Europas entstand, die über drei Millionen Menschen zählte. Ich behaupte gar nicht, sie hätten sich in Polen wohlgefühlt. Ich behaupte nur, sie hätten sich hier jahrhundertelang besser gefühlt als irgendwo sonst. Als sie aber bereits

einen sehr großen Prozentsatz der Landesbevölkerung aus-
machten, konkurrierten sie natürlich auch mit der einhei-
mischen armen Bevölkerung. Und dieser Teil der Bevölkerung, hauptsächlich die Bauern, wurde vom antisemitischen
Fieber geschüttelt.

Ich bin kein Spezialist für die Geschichte der polnischen
Juden, glaube aber, es gab drei Gründe für den gewalttäti-
gen und primitiven Antisemitismus bei bestimmten Gesell-
schaftsschichten in Polen während der ersten Hälfte des
19. Jahrhunderts.

Der erste Grund ist die Anzahl der Juden auf dem polnischen Territorium, die um ein Vielfaches höher lag als in
irgendeinem anderen Lande Europas, was ernstere Spannungen und größere Konflikte schaffen mußte als in Ländern mit einer geringeren Anzahl von Juden.

Der zweite Grund ist eine alte Sünde der katholischen
Kirche; sie gab sich Jahrhunderte hindurch offen antisemitisch, nicht nur in Polen, sondern auf der ganzen Welt,
was sich in einem bäuerlichen, zivilisatorisch rückständigen
Land, also in einem Land wie dem Polen von damals, als
flache und wortwörtliche Religiosität kundtat, ohne tiefere
moralische Reflexion, dafür aber überlastet mit rituellen
und volkstümlichen Formen.

Der dritte Grund schließlich ist das besondere Schicksal
der Juden auf polnischem Gebiet, ein für sie früher sehr
gnädiges Schicksal, das es ihnen erlaubte, die jüdische Besonderheit voll zu bewahren, es blühte auf in der jüdischen
Orthodoxie, in den Höfen der Zaddiks, in den Rabbinats-
schulen, in der ganzen riesengroßen, überreichen jüdischen
Folklore, die Westeuropa überhaupt nicht kennt, während

sie in Polen einerseits die Freiheit der jüdischen Besonderheit bezeugt, andererseits aber die sittlichen, sprachlichen sozialen, erzieherischen Unterschiede vertiefte, also auch die Fremdheit verfestigte, die sich in den westlichen Ländern infolge der beinahe massenhaften Assimilation der Juden immer mehr verwischte.

Es stellt sich nur die Frage, ob die Assimilation für die frommen Juden, für diese orthodoxen, der Schrift stets getreuen Weisen nicht ganz einfach einen Verrat am Judentum bildete und ob nicht viele Juden aus den Ländern des Westens fortzogen, weil sie das unvermeidliche Aufgehen in der christlichen Fremdheit fürchteten.

Vielleicht ist es so gewesen, daß die zivilisatorische Schwäche Polens den Juden erlaubte, in ihrer Andersartigkeit zu überdauern, daß diese Schwäche nicht attraktiv genug war, um die Juden zur Assimilation zu verführen, und je mehr sie anders waren, desto fremder wurden sie, was wiederum ihre Andersartigkeit vertiefte.

Es ist sehr typisch für die Zeiten vor fünfzig Jahren, daß die Juden in Polen entweder orthodox und ihrer polnischen Umgebung gänzlich fremd waren oder aber sich als völlig assimiliert und vom Judentum distanziert empfanden. In Warschau gab es fast keine jüdischen Geschlechter wie das, aus dem Elias Canetti stammt, also eine gebildete, weltgewandte, mit ganz Europa vertraute, dabei jedoch weiterhin religiöse, ja sogar auf alte, orthodoxe Weise fromme Plutokratie. Wenn die jüdischen Bankiers und Industriellen im Warschau meiner Kindheit hinreichend gebildet waren, wenn sie nach Paris, Wien oder London reisten, hatten sie die Talmud-Gebote längst aus ihrem Leben entfernt, weil sie fast beispielhaft weltlich lebten, und obgleich sie ihr Judentum keineswegs verleugneten, fühlten sie sich doch als Polen und hatten keine Bindungen mehr an die mosaische Religion. Und vice versa, wenn sie orthodoxe Juden geblieben waren, treu der Religion ihrer Vorfahren, verwarfen sie alle Formen der Assimilation, kämpften gegen die Assimilation, schlossen sich im Bereich ihrer alten Sitten ein, hielten manchmal geradezu krampfhaft an der jiddischen Sprache, den alten Gewohnheiten und der alten Kleidung fest.

Daraus resultierte eine gewisse Exotik der jüdischen Diaspora im alten Polen, ihre totale Andersartigkeit, die Ausländer in Erstaunen versetzte. Besuchten sie das Warschau der zwanziger oder dreißiger Jahre unseres Jahrhunderts, fühlten sie sich womöglich wie die Passagiere der Zeitmaschine von Herbert George Wells, sie befanden sich plötzlich in hundert oder zweihundert Jahre zurückliegenden Landschaften, in einer Welt, die sie auf alten Stichen aus der Zeit vor der Aufklärung gesehen hatten. Denn die Warschauer, Krakauer, Lubliner und Białystoker Straßen meiner Jugend sahen zum Teil noch aus wie Straßen des 18. Jahrhunderts, dunkel, unruhig, geheimnisvoll, fern aller Modernität, bewohnt von seltsamen Menschen, die auf die Welt ziemlich anachronistisch reagierten; ich aber bemerkte diesen Anachronismus nicht, denn er war meine Alltäglichkeit, kein Pole von damals bemerkte ihn. Er bemerkte manchmal Abneigung, manchmal Sympathie, manchmal Zorn, manchmal Herzlichkeit, empfand aber wohl nie Fremdheit, weil auch die jüdische Andersartigkeit zum Gesamten gehörte und immer, seit undenklichen Zeiten in unserem Leben präsent gewesen war.

Doch vielleicht fanden die Deutschen nach 1939, als sie sich an das furchtbare Verbrechen des Holocaust machten, eine Art Rechtfertigung, eine Art niederträchtiger Erleichterung, denn die polnischen Juden in ihren abgetragenen Kaftanen, fleckigen Käppis und löchrigen Stiefeln, diese dunklen, fieberhaft agierenden Menschen, die, in der Mehrzahl Analphabeten, eine seltsame, verstümmelte Sprache sprachen, waren nur mit der einen Seite ihrer Existenz dem Leben, der Wirklichkeit zugewandt; die andere aber steckte in einem Geheimnis, in einer großen mystischen Erwartung, in unausgesprochenen Ängsten, in Geflüster und Geschrei der Diaspora. Außerhalb Polens war das seit Jahrhunderten in Europa unbekannt und konnte darum in den Köpfen, soweit die Propaganda des Dritten Reiches sie demoralisiert hatte, als im Widerspruch zur traditionellen Zivilisation erscheinen, was gewissermaßen – in ihrem verbrecherischen Plan – mittelbar die Philosophie der Vernichtung, ihre Richtigkeit oder wenigstens ihre Unwiderruflichkeit bestätigte.

Man kann die polnischen Juden aus den Jahren meiner Kindheit unmöglich mit den deutschen oder französischen Juden vergleichen. Diese waren fast vollständig assimiliert, hielten sich für Deutsche oder Franzosen, bedienten sich ausschließlich der deutschen oder französischen Sprache, gehörten nach Beruf und Vermögensstand fest umrissenen sozialen Schichten an, waren Patrioten ihrer Länder, was besonders die deutschen Juden betraf, die, tief im Deutschtum verwurzelt, in die Literatur ihres deutschen Vaterlandes verliebt, oft allzusehr auf die Überlegenheit der deutschen Kultur und Zivilisation vertrauend, ihrem deutschen

Staat stets treu blieben, den sie – vielleicht nach Hegels Beispiel – für die Verkörperung der Vollkommenheit hielten.

Auf psychologischer Ebene waren die polnischen Juden völlig andere Menschen. Sie lebten in ihrer eigenen, abgeschlossenen Diasporawelt, ihre Kultur durchdrang die polnische Kultur nicht, und die polnische Kultur hatte keinen Zugang zu ihren Vorstellungen von Welt und Mensch. Es waren das zwei Wirklichkeiten, gleichsam hermetisch voneinander getrennt in Zeit und Raum, obwohl Zeit und Raum dieselben waren. Und wenn schon ein Jude in die polnische Kultur eintauchte, dann verleugnete er die jüdische Kultur auf beinahe demonstrative Weise. Solch ein Eintauchen in das Polentum trug oft Früchte von unbeschreiblicher Schönheit. Einer der glanzvollsten Dichter unseres Jahrhunderts, Julian Tuwim, brachte die Biegsamkeit der polnischen Sprache in der Lyrik zur Meisterschaft, ähnlich wie ein anderes Phänomen der polnischen Dichtung, Bolesław Leśmian.

Tuwim hat erst in der Zeit des Krieges an sein Judentum angeknüpft, indem er einen genialen Satz schrieb, der sowohl von seinem jüdischen Stolz zeugte als auch von einer durch die polnische Adelskultur geformten Mentalität: »Ich bin Jude, weil es mir so gefällt...«

Ungezählte Heerscharen polnischer Wissenschaftler, Künstler, Schriftsteller kamen zum Polentum aus einer jüdischen Kindheit, aus den Kreisen der jüdischen Diaspora. Doch während sie den neuen Bereich des polnischen Geistes betraten, schnitten sie fast gleichzeitig ihre jüdischen Wurzeln ab.

Ausnahmen von der Art eines Schriftstellers wie Bruno Schulz bestätigen die Regel, die die polnisch-jüdische Symbiose jener Epoche formte. Erst nach dem Kriege, im Gefolge der schrecklichen Erfahrungen der Vernichtung begannen die polnischen Intellektuellen jüdischer Herkunft damit, ihre Rückkehr zu den jüdischen Wurzeln, zur familiären, religiösen, ja sogar nationalen jüdischen Wurzel gewissermaßen zu manifestieren. Dem begegnen wir bei so berühmten polnischen Schriftstellern wie Adolf Rudnicki oder Julian Stryjkowski, bei hervorragenden Wissenschaftlern wie Ludwik Hirszfeld, Hugo Steinhaus oder Leopold Infeld. Doch viele andere blieben auch nach dem Kriege bei ihrer Distanzierung von der jüdischen Tradition. Vielleicht läßt sich das mit einem bestimmten geistigen Phänomen erklären, das wiederum wohl nur in Polen, als Folge des Holocaust auftauchte. Die ganz überwiegende Mehrheit der Juden auf der Welt kehrte nach den Jahren der schrecklichen Erinnerungen, der Waisenkindertränen und schlimmen Träume in die neue Wirklichkeit zurück. Die polnischen Juden aber kehrten nicht in die neue Wirklichkeit zurück. Die einen gingen restlos im Polentum auf oder in dem neuen politischen System, das die Sowjetarmee in Polen eingeschleppt hatte, andere aber verließen einfach dieses Land.

Es gibt heute viele Menschen auf der Welt, die sagen, das sei die Folge des polnischen Antisemitismus. Meiner Meinung nach bezeugt das eine ganz besondere Dummheit derjenigen, die diese Anschauung verbreiten. Wenn sich darunter auch Juden befinden, darf man sich nicht wundern, denn das Judentum schützt ebensowenig vor Dummheit wie das Polentum oder das Deutschtum. Auch die Juden haben ein Recht, allerlei idiotisches Zeugs zu plappern, man muß ihnen dann nur die Wahrheit ins Gesicht sagen und nicht vorsichtshalber so tun, als wäre alles in Ordnung, nur weil man fürchtet, als Antisemit bezeichnet zu werden. Ich war nie Antisemit und nie Philosemit, denn ich halte den Antisemitismus für eine Art Geisteskrankheit und den Philosemitismus für einen sanften, aber zweifelhaften Blödsinn. Ich teile die Menschen ganz einfach nicht in Juden und Nichtjuden ein, sondern in solche, die für mich Partner sind, und solche, denen ich lieber fernbleibe. Die Anschauung, die Juden hätten nach dem Krieg Polen verlassen, weil die Polen immer noch unverbesserliche Antisemiten seien, zeugt von der Unkenntnis der menschlichen Natur. Polen ist ganz einfach der größte jüdische Friedhof in der Geschichte, und niemand hat Lust, für den Rest seines Lebens auf einem Friedhof zu wohnen. Juden, die beschlossen, trotzdem zu bleiben, entsagten ihrem Judentum. Juden, die weiter Juden bleiben wollten, fühlten sich gezwungen, zur Rettung ihrer eigenen Normalität Polen zu verlassen, selbst wenn sie alle Brücken hinter sich abbrechen mußten. Das war wohl die einzige Art und Weise, die jüdische Identität zu retten, ohne gleichzeitig den gesunden Menschenverstand und den Rest an Hoffnung zu verlieren. Manche reisten sogar nach Deutschland aus, was wohl der beste Beweis dafür ist, daß es überhaupt nicht um Entscheidungen über verschiedene antisemitische Tendenzen ging, sondern um etwas ganz anderes. Immerhin wohnten doch in Deutschland die Mörder und Henker, aber es ging damals nicht um die Menschen, sondern um die Erinnerungen, die Landschaften, die

Träume und vor allem darum, den Qualen der Erinnerung ein Ende zu setzen.

Auf diese Weise hat die Diaspora aus den Zeiten meiner Jugend zu bestehen aufgehört. Während eines Aufenthaltes in New York begegnete ich auf der berühmten Diamond Street orthodoxen Juden in Kaftan und Käppi, doch in meinen Augen waren das keine echten Juden. Ihre Kaftane waren aus sehr wertvollem Stoff genäht und ihre Käppis auf besondere Bestellung gefertigt. Diese New Yorker Juden waren sehr vornehm, hatten gepflegte Hände, sprachen das Englisch der Columbia-Universität und benutzten teures Rasierwasser. Für mich glichen sie Schauspielern eines höchst elitären Theaters, sie hatten soeben die Garderobe verlassen und waren aus den Kulissen auf die hell erleuchtete Bühne getreten. Sie spielten ihre Rollen in Dekorationen und Kostümen. Die echten Juden leben nur noch in meiner Erinnerung. Es gibt sie nirgendwo mehr und wird sie nie wieder geben. Ich habe sie auch in Eilat, Tel-Aviv und Jerusalem nicht angetroffen. In Jerusalem gibt es weder eine Nalewki- noch eine Miodowa-Straße. Und die alten Juden, die in den Cafés auf den reichen Boulevards von Tel-Aviv sitzen, erinnern sich zwar an die Nalewki- und die Miodowa-Straße, man kann sich mit ihnen aber nicht über diese Straßen unterhalten, weil sie sofort anfangen zu weinen. Auch ich weine dann zusammen mit ihnen. Das ist der beste Beweis dafür, wo diese Menschen ihre Heimat zurückließen. Ich bestreite gar nicht, daß viele eine neue Heimat in Israel gefunden haben. Aber Israel ist eben doch nicht die Nalewki-Straße, und die Israelis sind nicht jene Juden. Der große und heldenhafte polnische Jude, der letzte

Anführer des Aufstands im Warschauer Ghetto, Dr. Marek Edelman wiederholt häufig und sogar ohne Bitterkeit, sogar mit einer gewissen heiteren Resignation, es gebe keine Juden mehr, denn die Israeli seien ein ganz anderes Volk, das zwar großartig sei und höchste Anerkennung verdiene, aber wenig verstehe von Leben und Leiden dieser einzigen authentischen Juden des 20. Jahrhunderts, dieser in den Kammern vergasten und in den Krematorien verbrannten polnischen Juden. Als Pole, der sich ihrer erinnert und die Erinnerung an sie liebt, gehöre ich zu denen, deren Pflicht es ist, Zeugnis zu geben von ihrer einstigen Existenz.

Und ich werde das tun, solange meine Kraft reicht. Ich werde das tun allen zum Trotz, die meine Liebe mit einer polnischen oder jüdischen Dummheit verletzen wollen.

Denn die Dummheit ist leider unsterblich. Im Gegensatz zu den Menschen, die ich in den Jahren meiner Jugend geliebt habe.

Das Atlantis des 20. Jahrhunderts

Vorwort zum Bildband *Es war einmal*

Hin und wieder kommt es zu erstaunlichen Entdeckungen, die von den rätselhaften Mäandern der Geschichte zeugen. So geschah es vor zweihundert Jahren. Gelehrte begannen, die Geschichte des alten Ägypten aus Papyrusfunden abzulesen. Dagegen hat es bis heute niemand fertiggebracht, das Geheimnis des »Kipu«, dieser sicher einfachen und dennoch bisher unlesbaren Schrift der vor Jahrhunderten vernichteten Maya-Zivilisation zu lüften.

Man könnte meinen, am Ende unseres Jahrhunderts gäbe es keine unbekannten Länder mehr, man dürfe nicht mehr träumen von der Entdeckung einst lebendiger, aber seit langem verschollener Welten. Dennoch ist so etwas kürzlich geschehen.

1939, in einem Jahr also, das für viele Zeitgenossen schon zur Prähistorie Europas gehört, tauchte in Warschau ein Deutscher mit einem Fotoapparat auf. Gewiß ein Soldat der Besatzungsarmee oder ein Beamter der in der unterworfenen polnischen Hauptstadt gerade erst entstehenden deutschen Verwaltung. Dieser Mann, von dem wir nichts wissen – aber dennoch wissen wir viel –, ging mit seinem Fotoapparat durch die Straßen der besetzten Stadt und machte Aufnahmen von Warschauer Passanten, von zerstörten Häusern, Aufnahmen von deutschen Soldaten.

Dieser Mann lebt vermutlich seit langem nicht mehr. Viele Anstrengungen, ihn zu finden, brachten keine Ergebnisse. Zweifellos war er ein Deutscher, denn nur ein Deutscher konnte sich mit einem Fotoapparat über der Schulter im Warschau von damals so frei bewegen. Zweifellos war er ein Amateur, der, wie die Touristen von heute in der ganzen Welt, auf dem Film die fotografischen Spuren seiner Anwesenheit in einer sehr genau bezeichneten Zeit und an einem genau bestimmten Ort festhalten wollte. Zweifellos interessierte er sich für die Exotik dieser Stadt, für das Geheimnisvolle einer Welt, die ihm fremd, rätselhaft und doch anziehend vorkam. Die Kamera dieses Menschen hielt keine einzige Landschaft des Warschau von damals fest, die den Landschaften Berlins, Leipzigs oder Hamburgs ähnlich gewesen wäre. Solche Fragmente gab es im Warschau des Jahres 1939 häufig, doch der Besucher mit dem Fotoapparat hielt eine andere, für ihn neue und erstaunliche Welt fest.

Er wußte damals nicht, daß er ein Archiv von unschätzbarem Wert schuf. Die Zukunft der Menschen auf diesen Fotos konnte er nicht voraussehen, so wie er die eigene Zukunft nicht voraussehen konnte. Vielleicht nahm er ein oder zwei Jahre nach diesen Aufnahmen an dem großen Verbrechen teil. Doch habe ich die Hoffnung, daß er nicht teilnahm, weil auf diesen Fotos der zarte Nebel einer persönlichen Beziehung zu den Menschen und Gegenständen vorhanden ist, zu allem, was damals die Kamera festhielt. Diese Aufnahmen machte ein Mensch, der dachte, suchte, fand, zu verstehen sich bemühte.

Er hatte keine Ahnung davon, daß er sich unter Geistern

bewegte. Und ich glaube, er konnte sich das nicht einmal vorstellen.

Falls er später böse und gemeine Taten beging, wie viele seiner Landsleute im besetzten Warschau, hat er vielleicht mit diesen Fotos einen Bruchteil seiner Sünden getilgt, weil er den folgenden Generationen die Welt der Ermordeten übermittelt hat, die nicht mehr existiert und nie wieder existieren wird.

Die mit seiner Kamera verewigten Menschen befinden sich noch vor der Schwelle ihrer Bestimmung. Noch haben sie das Tor der Vernichtung nicht durchschritten. Ein alter, bärtiger Warschauer Jude lächelt sanft. Ein junger, schlanker Jude blickt frei und ohne Angst in die Kamera, und in seinen Augen kann man ein Fünkchen Fröhlichkeit entdecken.

Das sind die bewegendsten Bilder der ganzen Sammlung. In dieser Heiterkeit des Geistes, in diesem Frohsinn ermordeter, vernichteter, vergaster und verbrannter Menschen, kann man die rätselhafte Metaphysik unseres Schicksals wiederfinden. Man erkennt den Ausschlag des Pendels zum Tode und gleichzeitig die Hoffnung, allen Widrigkeiten zum Trotz werde das Leben weitergehen.

Das bedeutet etwas mehr als die ägyptischen Pyramiden, sie sind ein Denkmal aus Stein, in ihnen ist kein Leben. Die Steine bezeugen, daß vor Tausenden von Jahren am Nil eine machtvolle Zivilisation blühte.

Die von mir durchgesehenen Fotos sind das Lebenszeugnis einer Gesellschaft, die sich vor Jahrhunderten in Polen bildete, aber vor fünfzig Jahren der totalen Vernichtung zum Opfer fiel.

Für mich ist das – meine eigene Kindheit, ich gewinne sie Schritt für Schritt wieder, voller Liebe und Angst, voller Schmerz und Verzweiflung.

Erst heute, beim Betrachten dieser Bilder fange ich an zu begreifen, daß ich trotz allen jahrelang gehegten Illusionen das Gedächtnis verloren habe. Die Welt, an die ich mich erinnere, ist im Vergleich mit diesem aufgefundenen Archiv sehr viel ärmer. Erst heute sehe ich die wahren Gesichter, die sich sehr stark von den in meiner bruchstückhaften Erinnerung aufbewahrten Gesichtern unterscheiden. Das ist ein erstaunliches Phänomen.

Es könnte so scheinen, als idealisierten wir die Vergangenheit. Das, woran wir uns erinnern, wird allmählich schöner, nimmt neue Farben an, wird vom melancholischen Licht der Entfernung durchleuchtet.

Jahrelang trug ich unter den Lidern die Porträts orthodoxer Warschauer Juden, sie begleiteten fast jeden Tag meiner Kindheit. Vielleicht weil es Bilder meiner Kindheit waren, haben sie sich mit der Zeit in meiner Vorstellung lyrisch sehr stark verfestigt, aber auch etwas rätselhaft, als ein großes Geheimnis, das nie bis ins Letzte aufgeklärt werden wird.

Die Juden in meiner Erinnerung waren stets unendlich alt und zugleich sehr würdig. Einem kleinen Jungen erscheint selbst der vierzigjährige Mann als Greis. Für einen Menschen, der sich der Erinnerung an eine vernichtete Welt bewußt ist, gewinnt diese Welt an Würde und Gewicht.

In meiner Erinnerung bin ich nirgendwo lächelnden, fröhlichen Juden begegnet oder auch skeptischen und das Leben mit einer gewissen Ironie betrachtenden Juden. Ich erinnere mich aus der Zeit vor über fünfzig Jahren an Menschen, von denen ich wußte, daß sie nur deshalb ermordet wurden, weil sie Warschauer Juden waren, und dieses Wissen trübte mein Bild der Wirklichkeit, weil sich über das Jahr 1938 oder 1939 die Projektion der Geschehnisse legt, die zwei oder drei Jahre später eintraten.

So nahm die erinnerte, doch nicht mehr existente Welt andere Bedeutungen an und selbst die banalen Landschaften meiner Heimatstadt zeichneten sich scharf, grausam und bedrohlich ab, als lauerte hinter jeder Straßenecke die Gefahr.

Vor allem war es also eine Erinnerung an Angst, Verzweiflung und Verlust.

Von einer Fotografie lächelt mich ein Jude mittleren Alters an. Dieser Mann, der durch eine Warschauer Straße geht, wird plötzlich von einem deutschen Soldaten angesprochen, der nicht mit der Pistole auf ihn zielt, sondern die Kamera ans Auge hebt. Der Jude lächelt wie fast jeder Mensch auf Erden, der einem anderen zufällig für ein Foto posiert. Dieser Jude ist daheim, in seiner Stadt, vielleicht nur wenige Schritte von seinem Haus entfernt, wo seine Frau mit einem Teller Bouillon und einem gekochten Hühnerflügel auf ihn wartet. Dieser Deutsche ist ein Fremder, er fühlt sich mehr als Tourist im fremden Land denn als Okkupant, der gekommen ist, um hier eine schreckliche Ordnung zu machen.

Keiner von diesen Menschen kennt die Zukunft. Beide tauchen für einen kurzen Moment aus der Vergangenheit auf, und es ist im Grunde die Vergangenheit, die in ihren Köpfen, in ihrer Art zu empfinden und die Welt zu begreifen, alle Varianten dieser einzigen und damals doch unvorstellbaren Zukunft ausschließt, die binnen kurzem heraufziehen wird.

Möglicherweise denkt der Deutsche: Das ist ein Warschauer Jude. Etwas seltsam sieht er schon aus. Als ich klein war, habe ich in meiner Heimatstadt auch einmal einen Juden gesehen. Aber die Juden in Deutschland kleiden sich anders. Sie tragen Anzüge und modische Hüte. Dr. Goldman, Vaters Bekannter, der nicht weit entfernt hinter der Ecke Schillerstraße wohnt, trägt jetzt den Davidstern auf der Brust. Der Vater kam im Herbst vorigen Jahres nach Hause und sagte, es sei doch nicht anständig, Goldman wie einen Affen zu behandeln. Ich mag die Juden nicht, weil sie sich schrecklich breit gemacht, aufgeblasen und sogar uns ausgebeutet haben, schließlich weiß der Führer, was er sagt, die Juden sind die Feinde des deutschen Volkes, aber Goldman ist ein sehr anständiger Kerl, im Jahre 29, als ich noch in die Schule ging, hat er mir Bücher über die Geschichte Deutschlands gegeben und einmal zu mir gesagt, wir seien die kultivierteste Nation Europas. Dieser Warschauer Jude ist nicht so kultiviert, hat aber ein sympathisches Gesicht, ich wüßte gern, was er jetzt über mich denkt, natürlich weiß er, daß das Dritte Reich die Juden nicht duldet, aber er weiß, daß wir eine kultivierte Nation sind.

Vielleicht denkt der Jude: Das ist ein deutscher Soldat. Er will mich fotografieren, um die Aufnahme nachher heimzusenden und vor Familie und Bekannten damit anzugeben, daß er nach der Eroberung der Stadt durch Hitler in Warschau war. Soll er doch das Foto machen. Mich kostet das nichts. Mein Gesicht wird im Familienalbum dieses Deutschen sein, warum nicht. Ich kann meinen Sohn rufen, damit er ihn auch fotografiert. Deutschland ist ein sehr großes Land, ein sehr großes Volk, und Hitler ist ein dummer Schreihals, gestern hat mich auf der Nowolipie-Straße ein Gendarm beiseite gestoßen und mir wütend zugerufen: »Wie gehst du nur, widerlicher Jude?«, aber Lümmel gibt es überall, die uns nicht leiden können, letztes Jahr auf der Miodowa-Straße rief ein Student, ein dummer Goj, als er mich sah: »Ich halte es nicht mehr aus, überall diese Juden«. Und was ergibt sich daraus, nichts ergibt sich daraus, weil ich hier daheim bin, gleich gehe ich zurück ins Haus, und esse meine Bouillon, die Deutschen sind eine sehr kultivierte Nation, wenn ein Deutscher dazu Lust hat, soll er mich ruhig fotografieren, ich kann sogar lächeln…

Vielleicht dachten diese Menschen damals so über sich, vielleicht ein wenig anders, aber sie dachten auf menschliche Weise, gewöhnlich, ohne Angst und ohne Hochmut. Ringsum erstreckte sich eine banale, arme und sorgenvolle Welt, die Wasserleitungen funktionierten nicht mehr, man holte Wasser in Eimern von den Brunnen auf der Straße, die Fensterscheiben in den Wohnungen waren bei den Explosionen der Bomben im September während der Belagerung herausgefallen, es gab große Schwierigkeiten mit den Lebensmitteln, etwas Ungutes hing in der Luft, doch wußte niemand, was geschehen würde, und selbst in den schlimmsten Träumen der klügsten Rabbiner konnte das niemand träumen.

Der lächelnde Jude vor der deutschen Kamera. Dieses Lächeln ist frei, keineswegs erzwungen durch Angst oder Drohung.

Die gesamte Erfahrung Europas widerspricht dieser Fotografie, doch existiert sie wirklich und zeigt nicht nur einen lächelnden Juden, sondern die wirkliche Geschichte unserer Welt im 20. Jahrhundert. Was damals, im Herbst 1939, auf der Warschauer Straße vorging, schloß jene Geschichte aus, die sich auf einer Warschauer Straße zwei Jahre später ereignete. Und gleichzeitig schloß das, was sich auf der Warschauer Straße im Jahr 1940 oder 1941 ereignete, die Existenz der Welt des Jahres 1939 aus, die jedoch auf dem fotografischen Negativ festgehalten ist.

Ohne Zweifel trug für einen Deutschen jener Tage die Begegnung mit dem Warschau jener Tage eine psychologische Vieldeutigkeit in sich. Alles oder fast alles schien seine Überzeugung zu bestätigen, daß er sich in einer fremden, geheimnisvollen und rätselhaften Welt befand. Sein Geist war nicht so weit aufgeklärt, daß er in Warschau andere kulturelle Erfahrungen hätte machen können als seine eigenen. Mehr noch, sein Geist war der Dressur und der schrecklichen Indoktrination des Totalitarismus unterworfen. Dieser Deutsche war in der Überzeugung erzogen, einer Nation mit außerordentlich positiven Eigenschaften anzugehören. Die Juden wurden ihm von der Propaganda des Dritten Reiches als Gewürm dargestellt, die Polen als Untermenschen. Er selbst rechnete sich zum Herrenvolk, das viele Jahre hindurch infolge des 1918 verlorenen Krieges gedemütigt worden war, es hatte in der Weimarer Republik durch Armut und Herabsetzung gelitten. Erst Adolf Hitler hatte mit dem Unheil Schluß gemacht, indem er auf die Juden als Verursacher der deutschen Demütigung hinwies.

Und wie zeigten sich die Juden, denen der Deutsche auf

den Warschauer Straßen im Jahre 1939 begegnete? Es waren das wirklich Menschen mit erstaunlichem Äußeren, oft vernachlässigt, ja sogar schmutzig, ähnlich den Polen, die sich zwischen den Juden herumtrieben. Nur die Deutschen in dieser Menschenmenge waren sauber, gut angezogen, ihrer selbst und ihrer Aufgabe sicher. Nur die Deutschen konnten sich untereinander verständigen, während die anderen eine unverständliche Sprache sprachen, rätselhafte Gewohnheiten an den Tag legten und in allem ganz einfach anders und fremd waren.

Für einen unaufgeklärten Geist ist Fremdheit keineswegs anziehend, im Gegenteil – sie ruft Ablehnung, Feindseligkeit, Aggressionen hervor. Es bedarf der Geduld, der Neugier auf die Welt und des guten Willens, um in der Fremdheit Werte zu finden, die den Menschen bereichern.

Die Deutschen jener Zeiten waren keine aufgeklärten Menschen. Entgegen dem Anschein waren sie ziemlich ungebildet, kulturell rückständig und in ihrem Wissen um die Welt beschränkt.

Von den Deutschen wird oft gesagt, sie seien das Volk der Philosophen – und das ist natürlich die Wahrheit, aber nur sehr wenige Deutsche waren Philosophen. Kant und Hegel wirkten im Rahmen begrenzter universitärer Kreise, und kaum jemand in Deutschland wußte, daß sie überhaupt existiert hatten.

Der Mythos von der deutschen Aufklärung ist bis heute mehr Mythos als soziale Wirklichkeit. Wenn es darum geht, was denn das wichtigste Erbe der Aufklärung sei, nämlich um das staatsbürgerliche Denken über den eigenen Staat und die eigene Nation, waren die Deutschen lange Zeit tiefe

Provinz in Europa. In diesem Sinne waren ihnen nicht nur die Franzosen überlegen, sondern auch die Polen und die Juden, sogar die in Kaftan und Krimmermütze, die sich im Herbst des Jahres 1939 auf den Warschauer Straßen ergingen. Was das kritische Denken über die menschliche Person angeht, die Gesellschaft, die Nation und den Staat, war keineswegs dieser Deutsche mit der Kamera der reifste und bewußteste, sondern gerade jene Menschen, die er fotografierte. Sie kümmerten sich schon seit langem nicht um die Autorität der Macht, sondern bemühten sich, das eigene Schicksal selbständig zu beurteilen und eigene Entscheidungen zu fällen. Das mochten fehlerhafte Entscheidungen sein, ja sogar oft unkluge, es waren aber doch eigene, in der Mühsal eigener Erfahrungen und Reflexionen geformte Entscheidungen, was man von den Deutschen jener Epoche und auch vorausgehender Epochen nicht erwarten konnte.

Zwei Jahre nach jenen Herbsttagen 1939, als der anonyme Deutsche mit der Kamera die armen Warschauer Straßen fotografierte, las ich in Schmerz, Verzweiflung und Begeisterung die großen Bücher der deutschen Schriftsteller. Es war das Jahr 1941, die heißen Tage dieses Sommers. Ich pflegte auf einer kleinen Bank zu sitzen, unter alten schönen Bäumen an den Abhängen der Warschauer Zitadelle, und las gierig Thomas Manns *Die Buddenbrooks*, aber auch die Werke Heinrich Manns, Stefan Zweigs, Rilkes, Heines und Hermann Hesses.

Eine große Erfahrung meiner jungen Seele. Damals erfuhr ich, daß irgendwo im fernen Lübeck der Konsul Buddenbrook lebt, der nichts zu tun hat mit den Deutschen in feldgrauen Uniformen oder in schwarzer ss-Uniform. Dieser Konsul Buddenbrook zeigte mir ganz andere Wesens- und Charakterzüge der Deutschen.

Doch las ich damals auch *Der Untertan* von Heinrich Mann. Und trotz meiner Jugend machte ich mir klar, daß mit den Deutschen schon viele Jahre vor dem Auftreten Hitlers etwas Ungutes vor sich ging. Es war das für einen Polen erstaunliche Klima intellektueller Trägheit, aber auch der Angst vor der individuellen Freiheit, das den deutschen Geist über Jahrzehnte lähmte.

Nirgendwo in Europa gab es eine solche Kluft im Be- wußtsein zwischen dem Denker und dem gewöhnlichen Staatsbürger wie gerade in Deutschland. Europa beurteilte Deutschland mit dem Blick auf Heidelberg, Göttingen oder Marburg und sah nicht – oder wollte nicht sehen – die grau- sigen Dunkelheiten, die große Bereiche des Landes bedeck- ten. Dieses Land bevölkerten Menschen, die an geistige Unselbständigkeit gewöhnt waren und folglich auch an ge- dankenlose Untertänigkeit. Für diese Menschen waren die Polen seit undenklichen Zeiten nur Chaoten und Rebellen, denen das Gefühl für Disziplin und die Achtung vor Auto- ritäten fehlte, und die Juden schienen als Anhänger und Kämpfer eines skeptischen Realismus noch schlimmer.

Im Grunde steckte darin ein tief verborgener Neid auf diejenigen, die so viel von der Freiheit sprachen und sie so heftig begehrten. Denn die Freiheit ist in der deutschen Seele wohl die peinlichste Sehnsucht. Auch Goethe hat ge- schrieben – vielleicht ungewollt –, die Unfreiheit sei erträg- licher als die Unordnung.

So gesehen ist Hitler nicht vom Himmel gefallen. Nur im deutschen Geist jener Zeiten konnte die Formulierung

›Arbeit macht frei‹ entstehen. Jeder Pole und jeder Jude jener Epoche wußte seit langem, daß es umgekehrt war. Denn nur die Freiheit entscheidet über den Sinn der Arbeit.

Der Fotoapparat trennte damals zwei ganz unterschiedliche Anschauungen von Leben und Mensch. Paradox und allem Anschein entgegen kam der Deutsche gerade aus der Welt der Unfreiheit in die Welt geistiger Freiheit. Nicht die Polen und Juden waren die Unterworfenen und Gefangenen, sondern der Deutsche mit der Kamera.

Vielleicht ist deshalb alles geschehen, was geschehen ist.

Die Aufnahmen aus jener Zeit haben meine eigene Welt fixiert, die in der Erinnerung ganz anders aussah. In der Erinnerung trage ich eine Welt der Geister. Auf den Fotos sehe ich eine lebendige Welt.

Aber vielleicht ist es auch ganz anders. Womöglich ist gerade das Wirklichkeit, was in meinem Gedächtnis aufbewahrt wurde, und die Fotos stammen aus dem Jenseits?

Als Kind und Heranwachsender wohnte ich an der Grenze, die die elegante Innenstadt Warschaus von den Straßen der jüdischen Armut trennte. Der deutsche Fotograf hielt nicht die schönen Jugendstil-Wohnhäuser der Innenstadt fest, die eleganten Damen mit Hut und Schleier, die Herren mit den Melonen, die Mädchen und Jungen aus den sogenannten besseren Häusern der Warschauer Intelligenz. Er machte keine Fotos des Nowy Świat, Krakowskie Przedmieście, der Marszałkowska, Królewska, wo in den Fenstern der Wohnungen kostbare Kristalleuchter brannten und auf den Marmortreppen der Mietshäuser rote Läufer lagen. Es gibt keine Fotografien der eleganten Läden mit Pelzen, Kosmetikartikeln und kunstvollem Reitgeschirr, auch nicht von Palais, Gärten und exklusiven Hotels. Es gibt auf diesen Fotos viele verkommene Straßen voller Ruinen, wo in den Fenstern abends Talglichter oder Petroleumlampen brannten. Die Vorübergehenden sind schlecht gekleidet, sie wirken vernachlässigt und arm. Die Frauen tragen Wolltücher um die Schultern, die Männer Stiefel mit kurzen Schäften, auf dem Kopf Mützen oder sehr alte abgenutzte Hüte. Es ist eine Gegend der Armut und Rückständigkeit.

Und darin liegt die Wahrheit über die Stadtteile der orthodoxen Juden von damals, die gemeinsam mit polnischen Arbeitern und Handwerkern lebten, aber auch mit den immer zahlreicheren Ankömmlingen aus abgelegenen Dörfern, die in der Großstadt Arbeit, Brot und ein Dach über dem Kopf suchten.

In meiner Erinnerung hat sich jene Welt bewahrt, aber die Proportionen haben sich verschoben. Ich wußte stets, daß Polen und Juden gemeinsam wohnten als Nachbarn Wand an Wand, eine erstaunliche und in ihrer Art einzige Symbiose, die man in keinem anderen Land Europas kannte. Doch wenn ich mich erinnerte, dann auch an die Dunkelheiten der Epoche, die schreckliche Vorurteile ausbrütete, heftige Streitigkeiten, gegenseitige Vorwürfe und Haßgefühle. Ich erinnerte mich des Warschau meiner Kindheit, doch mir träumte nachts auch das Karussell an der Ghettomauer, auf dem sich in den Tagen, als das Ghetto ohne jede Hoffnung auf Rettung starb, polnische Jungen und Mädchen lärmend amüsierten. Diese Erfahrung des Jahres 1943 wurde zu einer Art Projektion meines Wissens über jene verstorbene Welt – und trennte physisch Juden und Polen, so wie sie damals der Tod trennte, denn sie starben ja einzeln, starben anders, die Juden alle ohne Ausnahme, nur weil sie Juden waren, die Polen je nach Laune der Okkupanten; deren Laune bestimmte zur Verurteilung besonders die gebildeten Menschen, die Elite der Gesellschaft, nicht aber alle Polen, nur aus dem einzigen Grund, daß sie als Polen geboren waren.

Ich erinnerte mich an die Symbiose, aber sie war in meiner Erinnerung irgendwie ungreifbar, mehr geistig als physisch. Auf den Fotografien indessen finde ich eine ganz und gar gemeinsame Welt, einheitlich für alle, wo Juden und Polen nebeneinander auf derselben Straße gehen, sich in derselben Menge zusammenfinden und wortwörtlich auf demselben mit einem elenden Pferd bespannten Wagen fahren. Die polnischen und die jüdischen Jungen stehen vor der deutschen Kamera, weil sie soeben auf der Straße gespielt haben und der Deutsche gerufen hat, sie sollten einen Moment in ihrem kindlichen Toben einhalten, er wolle sie fotografieren.

Das sind Aufnahmen, die mehr sagen über das geistige Klima meiner Heimatstadt damals als ganze Bibliotheken wissenschaftlicher historischer Arbeiten. Aber es sind auch Aufnahmen, die in Konfrontation mit den kommenden Ereignissen die ganze Schwäche und Wandelbarkeit der menschlichen Natur zeigen. Denn die Jungen, die im Herbst 1939 sorglos auf der armseligen Straße spielten, und denen damals nicht einfallen konnte, daß sie verschieden seien, erwiesen sich schon nach zwei oder drei Jahren angesichts der schrecklichen Herausforderungen der Geschichte als völlig andere Menschen.

Die Juden überschritten die Schwelle zur Gaskammer.

Und die Polen?

Manche gingen in den Wald, um in den Partisanenabteilungen gegen die Deutschen zu kämpfen. Andere schufteten hart in der verdammten, sich jeden Tag von neuem empörenden Stadt. Doch vielleicht gab es in dieser Gruppe auch welche, die kaum vier Jahre später lachten und spotteten, als ihre jüdischen Spielkameraden im Ghetto starben.

Sie kannten ihre eigene Vergangenheit nicht mehr, die Wirklichkeit des Krieges, die es auf diesen Fotos in ihrer ganzen Niedertracht noch nicht gibt, hatte sie vergiftet.

Für mich ist die Sammlung eine Erschütterung, eine Erleuchtung und ein großes Geschenk; sie gibt mir ein Stück meines Lebens wieder, das, wie ich glaubte, für immer versunken war. Mein Freund, der große Pole und große Verteidiger der Juden in Zeiten des Krieges, Władysław Bartoszewski, sagte nach Betrachtung dieser Fotosammlung, sie sei wie Atlantis. Es fällt schwer, eine bessere Formulierung zu finden.

Die Welt, die einst existierte und dann in der schrecklichen Katastrophe der Geschichte versenkt wurde, ohne eine Spur zu hinterlassen, taucht nunmehr vor den Augen der Menschen vom Ende des 20. Jahrhunderts wieder auf. Gewiß ist das nicht jene Welt als Ganzes, sondern ein bedeutsamer Teil, aus dem man viel vermuten und erfahren kann. Jede Einzelheit der Fotografien kann für den Forscher und vor allem für einen sensiblen Beobachter mit Bindung an die eigene Vergangenheit zum kleinen und scheinbar bedeutungslosen Kiesel werden. Aber aus vielen solchen Kieseln wird das Mosaik jener heute nicht mehr existierenden Welt entstehen.

Die Entdeckung dieses Atlantis nimmt einen höheren Wert und eine größere Bedeutung an als die ägyptischen Papyri oder die peruanischen »Kipu«. Atlantis ist, wenn es überhaupt je existierte, infolge einer Naturkatastrophe zugrunde gegangen. Die Imperien der Pharaonen und Mayas starben langsam im Verlauf vieler Jahrhunderte. Das war im Grunde eine Art von Wandel, eine Umgestaltung als Resultat sich langsam verändernder sozialer und wirtschaftlicher Verhältnisse. Es war kein Zerreißen der Entwicklungskette, sondern ihre Ergänzung durch weitere neue Glieder. Das Warschau des Jahres 1939, das Warschau dieser Fotosammlung, wurde weder von einer Naturkatastrophe zerstört noch bildete seine Vernichtung ein neues Glied in der natürlichen Entwicklung der Stadt, des Landes, der Nation, der Gesellschaft. Es war eine bewußt geplante, und von konkreten Menschen zu konkreter Zeit realisierte Katastrophe, sie sollte der Auslöschung einer konkreten Menschengruppe dienen, sie sollte aus der Kette der Geschichte Europas viele wertvolle Glieder herausreißen oder eigentlich noch mehr – sie sollte die Kette für immer zerreißen.

Die Juden und die Polen auf diesen Fotos waren Europäer, Kinder derselben Mittelmeer-Zivilisation, von der jüdisch-christlichen Weltanschauung geformt. Sie gab zahllosen Generationen das Alte und das Neue Testament weiter, den Glauben an den Einen Gott, der die Welt und den Menschen geschaffen hat. Die armen und schlichten Menschen auf den Fotos waren die Erben der Gedanken und des Glaubens Abrahams, Moses', der Propheten und Evangelisten; einst wurden sie aus dem Paradies vertrieben, sie nahmen das Wissen über Kain und Abel mit, sie erhielten später auf dem Sinai den Dekalog, um sich davon im Leben leiten zu lassen und so ihrem Schöpfer zu gefallen. Die einen warteten immer noch auf das Kommen des Messias, die anderen nahmen die Lehre Jesu Christi an, sahen in ihm den Erlöser und wurden Christen. Diese Menschen waren arm und ungebildet, hatten aber dieselbe oder eine ähnliche Vorstellung vom Schicksal des Menschen, die Dante *Die Göttliche Komödie* diktierte, Michelangelos Meißel lenkte, als er den *David* schuf, die Pascal den Gedanken eingab, daß der Mensch ein denkendes Röhricht sei, und die Husserl zur Seite stand, als er die Prinzipien der Phänomenologie erklärte.

Die armen Leute von den Fotografien wußten nichts von Shakespeare, sie hatten keine Ahnung, daß Picasso *Guernica* gemalt und Einstein die Relativitätstheorie aufgestellt hatte.

Aber sie waren in Mark und Bein Kinder Europas, auch wenn Europa sie stiefmütterlich behandelte. Der Mann, der im Herbst 1939 auf den Straßen Warschaus diese Fotos machte, gehörte zu derselben europäischen Nation, die im 20. Jahrhundert dem Wahnsinn verfiel und beschloß, Europa zu vernichten, ohne einen Stein auf dem anderen zu lassen. Um das zu erreichen, mußte das Volk zunächst geistig sich selbst vernichten, sich seiner Zugehörigkeit zu Europa entäußern, Europa aus den deutschen Herzen und Köpfen tilgen.

Zum Teil hat es das erreicht. Um jenes Warschau der Fotos zu töten und alle seine Spuren auszulöschen, bedurfte es zunächst der Verstümmelung der Deutschen selbst, man mußte sie blind machen für Lessing und Goethe, taub für

Mozart und Schubert, man mußte die Bücher Manns auf dem Scheiterhaufen verbrennen, man mußte aus der Vergangenheit den Gesamtertrag des deutschen Denkens, der Wissenschaft und Kultur streichen und die Geschichte Deutschlands in die Hände von Barbaren legen, die grausamer waren als Attila.

Denn Attila hatte nie ein Gedicht von Schiller gelesen, nie einen Pinselstrich von Dürer betrachtet, nie eine einzige Fuge von Bach gehört.

Man mußte aus den Deutschen einen heidnischen Stamm von Menschenfressern machen und somit die deutsche Nation vernichten. Das ist Hitler in großem Umfang gelungen infolge der Erlaubnis, die er vom deutschen Volk erhielt.

Er erhielt sie, weil die Deutschen unreif waren, rückständig und dadurch auch unbeschreiblich eitel.

So hatten also schon vor dem Krieg Millionen von Deutschen geistigen Selbstmord begangen. Das erinnert an die Züge der Lemminge, die in instinktivem Wahn der Selbstvernichtung auf die Küsten des Ozeans zueilen, um sich zu ertränken.

Die Deutschen ertränkten sich im schwarzen und braunen Meer des Dritten Reiches Adolf Hitlers.

Aber dieser Deutsche mit dem Fotoapparat wußte im Jahr 1939 wohl noch nicht, daß er zu den Wasserleichen gehörte, die Millionen anderer Menschen in den Abgrund reißen. Mit sorgloser Neugier durchmaß er die Warschauer Straßen, betrachtete ihr Leben und hielt es auf den Bildern fest.

Stille herrscht in diesen armen Straßen, denn Fotos erzeugen keine Töne. Aber man kann die Töne in der Phantasie rekonstruieren. Das Rasseln des Wagens auf dem Pflaster. Der Widerhall der Pferdehufe, das Rufen der Kinder, die Frauenstimmen. Das Hallen deutscher Stiefel auf dem Bürgersteig. Das Scheppern der Eimer und das Gluckern des Wassers darin. Das ferne Rattern eines irgendwo fahrenden Zuges. Das Rascheln des Windes in den nackten Zweigen der Bäume. Das flüsternde Gebet am Grabhügel eines polnischen oder deutschen Soldaten, den man auf dem Bürgersteig begraben hat.

Es gibt also verschiedene Töne auf diesen Fotos. Aber es gibt dort noch nicht den Schrei der Ermordeten, nicht die Stille an der Schwelle der Gaskammer, nicht das Stöhnen des gemarterten Menschen. Es gibt nicht das heisere Geschrei der Täter, nicht das Rauschen des Feuers unter den Rosten der Krematorien und nicht das Echo der Salven der Erschießungspeletons. Fotografien entsenden keine Gerüche, aber man kann Gerüche mit der Vorstellungskraft produzieren, so den scharfen, durchdringenden Geruch von Pferdeschweiß, Urin und Exkrementen, den Geruch von Zwiebeln und Kohl, den Geruch regennasser Erde im Herbst, den Geruch des Uniformstoffes auf dem Rücken eines Deutschen, den Geruch alter Kleider, und schließlich den Geruch der Armut, der überall auf der Welt ähnlich ist.

Aber noch gibt es dort den Geruch der Angst nicht, des Blutes, der verbrannten Körper. Es gibt den Geruch des Todes nicht und den der Verwesung.

Zwar dauert der Krieg schon zwei Monate, doch es ist noch ein normaler Krieg, wie ihn Europa seit Generationen gewöhnt ist.

Auf den Fotografien gibt es Sieger und Besiegte. Die

Sieger sehen sauber aus, die Besiegten elend. Der Sieger wirkt selbstsicher, der Besiegte fühlt sich unsicher. Doch gibt es auf den Fotografien nicht das schreckliche Grauen der späteren Monate und Jahre. Es gibt Traurigkeit, doch das Grauen ist noch nicht gekommen. Warschau ist besorgt, weil sich so viele schlimme Dinge ereignet haben, weil so viele Tränen vergossen, so viele Häuser zerstört, so viele Gräber auf den Fußwegen ausgehoben wurden. Fremde Soldaten marschieren auf der Fahrbahn, ein fremdes Orchester spielt auf, der Himmel ist bewölkt, die Aussichten sind schlecht, es fehlt an Hafer für die Pferde, es fehlt an Geld für das Heizmaterial, der Winter kommt...

Es ist also nicht gut, und morgen kann es noch schlechter sein. Doch ist das immer noch eine Erfahrung, an die sich die älteren Menschen aus dem letzten Krieg erinnern, denn diese Stadt hatte nie Glück, seit Generationen lag sie auf den Durchmarschwegen verschiedener Heere. Die Stadt hatte sich an Tränen, Brände und Opfer gewöhnt. Sie war seit Jahrhunderten abgehärtet.

Warschau weiß noch nicht, daß sich das, was seiner harrt, in keiner Erfahrung wird unterbringen lassen.

Diese Fotografiensammlung scheint mir erschütternder zu sein als Hieronymus Bosch, Breughel und Goyas *Schrecken des Krieges*, weil sie die Welt nicht im Kreis der Hölle zeigt, sondern in deren Vorhof, wo der Mensch noch nicht weiß, was ihm bevorsteht.

Niemand hat das damals gewußt. Weder die Deutschen noch die Juden, noch die Polen.

Vielleicht wußte sogar Gott nicht, was die Menschen ihm auf Erden bereiten würden.

Nach einem halben Jahrhundert

Erinnerungen an den Sommer 1941 in Polen

An jenen Tag erinnere ich mich nicht mehr genau. Der Sommer war damals heiß, die Jungen meines Alters badeten in der Weichsel, sie lagerten auf den steinigen Flußufern, stets wachsam und innerlich gespannt, in der Furcht vor dem Auftauchen einer deutschen Militärpatrouille.

Ein paar Tage nach Hitlers Angriff auf die UDSSR erschien über Warschau ein altmodisches sowjetisches Flugzeug und warf zwei oder drei Bomben auf die Häuser der Krakauer Vorstadt, nahe bei den Trümmern des im September 1939 von den Deutschen niedergebrannten Königsschlosses. Durch die sowjetischen Bomben kamen einige Personen um, und ein paar Läden wurden zerstört.

Ich glaube, das Flugzeug flog in aller Ruhe davon, denn die Deutschen waren völlig überrascht, sie hatten keinen Fliegerangriff in einem Moment erwartet, da ihre Armeen in rasendem Tempo in das Gebiet des überfallenen Landes vordrangen.

An die einzelnen Ereignisse erinnere ich mich nicht mehr genau, doch an die Warschauer Stimmung von damals. Es war eindeutig eine prosowjetische Stimmung. Die Leute wünschten den Russen aus ganzem Herzen militärischen Erfolg. Zwar glaubte kaum jemand noch an freundschaftliche Absichten der Sowjets Polen gegenüber, immerhin hatte Stalin zusammen mit Hitler im September 1939 den Überfall auf Polen vorgenommen, sie hatten sich beide die Beute geteilt, aber die Anwesenheit der deutschen Besatzer in Warschau war für uns tagtäglich eine furchtbare Bedrohung: Menschen starben, und die Gefängnisse waren überfüllt, noch hatte die Massenvernichtung der Juden nicht begonnen, niemand konnte vermuten, daß wir das Schlimmste noch vor uns hatten, doch fanden bereits Erschießungen statt, und die polnische Intelligenzia wurde erbarmungslos dezimiert.

Aus den 1939 von den Russen geraubten Ostgebieten Polens drangen schlimme Nachrichten nach Warschau. Man sprach von Massenumsiedlungen nach Sibirien, von Verfolgungen in großem Umfang, von Hunger, Elend und Demütigung. Doch der Mensch empfindet am schmerzlichsten das, was ihn unmittelbar und persönlich betrifft, darum wurden die Berichte aus dem Osten mit Trauer und Angst aufgenommen, aber im Grunde träumten die Bewohner Warschaus nur von einem: daß jemand endlich mit den Deutschen abrechnete.

Nach dem Fall von Paris war die Stimmung in Polen verzweifelt. Im Herbst 1940, als die Engländer die Luftschlacht über London siegreich bestanden, schöpften die Menschen in Warschau wieder ein wenig Hoffnung, doch herrschte allgemein die Ansicht, der Krieg werde noch lange dauern und wir würden sein Ende vielleicht gar nicht erleben, weil wir erbarmungslos ausgerottet würden. Es war eine Zeit, die man in Europa bereits vergessen hat, die polnische Bildungsschicht wurde schärfer verfolgt als die jüdische Bevölkerung. Im Jahr 1940 gab es in Warschau noch kein Ghetto, die Deutschen schlugen jüdische Passanten auf der Straße, töteten sie aber noch nicht planmäßig und systematisch, dagegen fanden im Wald von Palmiry bei Warschau Massenexekutionen von Juristen, Ärzten, Lehrern, Künstlern, Wissenschaftlern sowie fast aller bekannten Persönlichkeiten des polnischen öffentlichen Lebens statt. Das hatte am Weihnachtstag 1939 begonnen, als in der Ortschaft Wawer bei Warschau die erste Massenexekution vorgenommen wurde – man erschoß 101 Polen.

Es ist deshalb nicht verwunderlich, daß ganz Warschau die Nachricht von Hitlers Angriff auf die Sowjetunion voller Hoffnung aufnahm, daß in jenen Tagen fast alle Warschauer Herzen, polnische und jüdische, in frohem Rhythmus schlugen und daß die wenigen sowjetischen Bomben, die auf Warschauer Straßen fielen, als Zeichen und Ankündigung der nahenden Befreiung angesehen wurden.

Bald aber kamen die Tage der furchtbaren Enttäuschung. Die Wehrmachtsberichte nannten immer neue Namen von Städten, zunächst von polnischen, dann von ur-russischen, in die deutsche Truppen eingedrungen waren. Die Sowjetarmee zog sich in Panik zurück, bald sollten wir auf den Straßen Warschaus die ersten russischen Gefangenen sehen, Leute in zerrissenen Mänteln, erschöpft, resigniert und besiegt. Damals kannten wir noch nicht die volle Wahrheit über die ersten Kriegsmonate im Osten, wir wußten also nicht, daß diese sowjetischen Soldaten gar nicht hatten kämpfen wollen, daß ganze Bataillone und Regimenter ohne einen Schuß abzugeben auf die deutsche Seite übergelaufen waren, weil diese Russen, Tataren, Kasachen, Armenier, Ukrainer alles andere lieber wollten als Stalin, und von Hitler wußten wenige. Erst nach ein bis zwei Jahren war allgemein bekannt, daß die sowjetischen Gefangenen massenweise ermordet wurden oder hinterm Stacheldraht der deutschen Lager verhungerten. Im Sommer 1941 wollten die Sowjetsoldaten noch nicht für die Sowjetmacht kämpfen, und auf diese Weise standen Hitlers Armeen schon im Oktober vor Moskau.

Für Warschau bedeutete das wieder eine Niederlage, vielleicht eine schlimmere als der Fall von Paris im Sommer des vorangegangenen Jahres. Aber schon bald wandte sich das Blatt, schon vor Moskau erlitt Hitler seine erste Schlappe, später wußte man, daß das der Anfang vom Ende gewesen war, doch damals, im Jahr 1942, als die deutschen Armeen ihre blutigen Kämpfe in den fernen Steppen des Ostens austrugen, wurde die Maschinerie des Holocaust in Gang gesetzt, begannen die Gaskammern und Krematorien in den Vernichtungslagern Tag und Nacht zu arbeiten, wo vor allem Juden aus ganz Europa zugrunde gingen, aber auch – in sehr viel geringerer Zahl – Polen.

Damals, im Sommer 1941, war ich ein Junge, der seine ersten literarischen Faszinationen erlebte. Ehrlich gesagt, interessierten mich damals weniger die Frontberichte als die Lektüre von Tolstoi und Thomas Mann. Es hat sich so seltsam gefügt – darüber habe ich bereits recht genau geschrieben –, daß ich eben da zum ersten Mal der großen Literatur begegnete, hauptsächlich der deutschen und der russischen, und daß diese Welt der meisterhaften Wortkunst mich fast restlos verschlang. Damals erkrankte ich an der Literatur und bin von dieser Krankheit nie genesen.

Ich glaube nicht, daß mir im Sommer und Herbst des Jahres 1941 die Tatsache bewußt war, daß ich Zeuge war – geschüttelt von der Bedrohung und von Furcht –, daß ich an den wichtigsten Ereignissen unseres Jahrhunderts teilnahm, wenn auch nur am Rande. Später erst, gegen Ende des Krieges, gewiß im Sommer 1944, während des Warschauer Aufstandes, als ich versuchte, auf die Deutschen zu schießen, und die russischen Geschütze, statt näherzukommen, immer leiser wurden, bis sie am anderen Weichselufer gänzlich verstummten und mich allein ließen mit der furchtbaren Naziübermacht, wohl erst damals, auf einer Barrikade des Warschauer Aufstands, auf den Ruinen meiner Vaterstadt und meiner Vorstellungen von der Welt, begriff ich, daß ich an einem epochalen Ereignis teilnahm, daß ich von der Zange zweier furchtbarer Totalitarismen gepackt wurde, ich, ein kleiner und schwacher Mensch, der nur verlangte, Herr seiner Gedanken und Taten zu bleiben, zu lieben und geliebt zu werden, die von Gott geschaffene Welt staunend zu bewundern, also wirklich nichts, was anderen nicht gegeben worden wäre, anderen in einem glücklicheren Erdenwinkel und zu glücklicheren Zeiten.

Und gerade von diesem Gesichtspunkt aus, im Lichte dieser Beziehung zur Welt kann man den 22. Juni 1941 als glücklichen Tag ansehen, für mich und gewiß auch für die ganze Menschheit. Das klingt paradox, ist aber nicht ohne Sinn. Denn an jenem Tag sprangen zwei entsetzliche Ungeheuer der Geschichte einander an die Kehle. Zwei Totalitarismen prallten aufeinander in einem Kampf auf Leben und Tod. Zwei Konzeptionen zur Unterwerfung des Menschen, zwei Konzeptionen, zusammengezimmert aus Menschenverachtung, Erniedrigung, Leiden und Verbrechen, nahmen den blutigen Kampf auf. Die Welt war damals nicht vorbereitet, aus dieser Tatsache richtige und vorausschauende Konsequenzen zu ziehen. Es ist schon erstaunlich, daß bestimmte polnische Anführer im Untergrund, im besetzten Polen, der Wahrheit am nächsten kamen; sie waren der Ansicht, dieser Krieg im Osten sei ein Krieg zwischen den beiden größten Feinden der Menschheit, man dürfe deshalb nichts tun, was die militärische Situation des einen erleichtere. Diese Leute waren in der Minderheit, weil die überwiegende Mehrheit der Polen damals den Sieg der Russen wünschte und die Befreiung von der Tyrannei Hitlers erwartete; die Russen sollten den völkermordenden Praktiken der Deutschen auf polnischem Boden ein Ende machen.

Und so geschah es. Der Krieg, den Hitler am 22. Juni 1941 entfesselt hatte, war der Anfang seiner Niederlage, denn Stalin drang wenige Jahre später in Berlin ein, nicht die Amerikaner und Briten – sie wählten die schlimmste, dümmste und wohl auch gemeinste Variante zur Vernichtung des Dritten Reiches.

An jenem Tag aber begann sich die volle Wahrheit über die totalitären Systeme unseres Jahrhunderts zu enthüllen. Es ist schlimm, daß dieser Prozeß infolge der Kurzsichtigkeit und Feigheit der großen Demokratien beinahe ein halbes Jahrhundert dauern mußte, daß er so viele Kräfte verschlang, daß er Europa und die Welt teilte, daß er den Polen, aber auch einem erheblichen Teil der Deutschen für lange Jahrzehnte der Nachkriegszeit ein so schreckliches Schicksal bereitete.

Er ist ein wichtiges Datum der Weltgeschichte. Wohl das wichtigste in der Geschichte des 20. Jahrhunderts.

Der 1. August 1944

Das vergessene Drama des Warschauer Aufstands

Am 1. August 1944 brach in Warschau der Aufstand gegen die deutsche Besatzung aus. Er dauerte dreiundsechzig Tage und endete mit der Kapitulation der dezimierten Aufständischen. Im Verlauf der Kämpfe wurde der größere Teil Warschaus vernichtet. Was von der Stadt nach der Kapitulation noch übrig war, wurde in den nächsten drei Monaten von den Deutschen systematisch verbrannt und zerstört. Als im Januar 1945 sowjetische Abteilungen in Warschau einrückten, existierte die Stadt eigentlich nicht mehr. Sie war eine Wüste aus Schutt und Asche.

Während der Kämpfe des Aufstands kamen insgesamt etwa 250 000 Einwohner der Stadt ums Leben. Viele waren Soldaten der Heimatarmee sowie anderer konspirativer Verbindungen, die am Aufstand teilnahmen, hauptsächlich aber gehörten sie zur Zivilbevölkerung. Die Warschauer starben infolge des unaufhörlichen Beschusses mit Granaten und Bomben, aber auch als Opfer zahlreicher Massenexekutionen, die die deutschen Truppen vornahmen.

Nach der Kapitulation des Aufstands wurde beinahe die gesamte überlebende Stadtbevölkerung – also über eine Million Menschen – aus Warschau vertrieben, die verlassene Hauptstadt Polens aber dem Erdboden gleich gemacht.

Zweifellos ist die Vernichtung Warschaus in der Geschichte des Zweiten Weltkrieges ohne Beispiel und, was die menschlichen und materiellen Verluste angeht, eine Tragödie, die Hiroshima übertrifft.

Aber dieses Ereignis hat – außerhalb Polens – das historische Bewußtsein der Europäer nicht wesentlich bestimmt und wird bis heute als Randerfahrung des letzten großen Völkerkrieges behandelt.

Dem Anschein nach ist das rätselhaft. Wie konnte es passieren, daß das blutigste und barbarischste Ereignis des Zweiten Weltkriegs nach fünfzig Jahren in den Köpfen der Zeitgenossen fast nicht mehr präsent ist? Und das geht sehr weit: Sogar der deutsche Bundespräsident verwechselte, als er die Einladung zur Teilnahme an den Gedenkfeiern dieses Jahres erhielt, den August 1944 mit dem April 1943 und verkündete, er fahre nach Warschau, um am Jahrestag den Ghettoaufstand zu ehren…

Es scheint jedoch, als könnte man dieses Phänomen historischer Unkenntnis, ja sogar einer gewissen Mißachtung, ohne größere Mühe erklären.

Der Warschauer Aufstand nämlich war im Grunde ein recht unbequemes Ereignis für alle, die sich nach dem Kriege mit Politik befaßten und so mittelbar das öffentliche Bewußtsein formten.

Vom militärischen Gesichtspunkt aus hatte der Aufstand schon am dritten Tag der Kämpfe seine Bedeutung für die weitere Entwicklung an allen entscheidenden Fronten verloren. Die Unterbrechung der sowjetischen Weichseloffensive auf Befehl Stalins nach dem Ausbruch des Aufstands hätte für die Deutschen eine große Bedeutung haben können, wenn sie die Gewißheit gehabt hätten, daß der sowjetische Angriff solange nicht erfolgt, wie die Polen in Warschau noch kämpfen. Aber eine solche Garantie gab Stalin Hitler nicht. Stalin wartete einfach bis zu dem Moment, da die Stadt dem Erdboden gleich war. Dann forcierte er fast mühelos die Weichsel und »befreite« die Ruinen von Warschau.

Vom politischen und moralischen Gesichtspunkt aus waren alle Debatten über den Aufstand für alle Teilnehmer an den Ereignissen von damals, außer für die polnische Nation, in höchstem Grade unangenehm und unbequem.

Die Deutschen konzentrierten sich nach dem Kriege auf das größte Verbrechen, das je begangen worden war, die Ausrottung der Juden, die größte Sünde des deutschen Volkes. Diese Tat forderte klare, redliche, eindeutige Buße. Die Tatsache der Ausrottung an sich weckte keine historischen Zweifel, fast die gesamte Menschheit beobachtete die Deutschen in den Fragen des Holocaust wachsam und lauschte ihrer Stimme. Um nach Europa, in die Welt, zur Menschheit zurückzukehren, mußten die Deutschen alles in ihrer Macht Stehende tun, sie mußten über die Ausrottung der Juden in moralischen Kategorien abrechnen und laut um Verzeihung bitten.

Die Verbrechen gegen die polnische Nation blieben gewissermaßen im Hintergrund, was verständlich erscheint, weil die Polen verhältnismäßig weniger Verluste davontrugen als die Juden und – noch wesentlicher – nicht allein schon wegen ihrer Herkunft zum Tode verurteilt waren, sondern infolge des Krieges, an dem sie jahrelang aktiv mitgewirkt hatten, sowohl in Polen wie auch an anderen Fronten der Anti-Hitler-Koalition. Letzten Endes konnten die

Deutschen sagen – und es gab solche, die das behaupteten –, daß die Opferung Warschaus vermeidbar gewesen wäre, hätten die Polen nicht den Aufstand begonnen. ›À la guerre comme à la guerre‹ – wie die Franzosen sagen.

Mehr noch: als Ergebnis des Krieges verschob sich Polen territorial nach Westen, zur Oder-Neiße-Linie. Diese neue Grenze war für einen großen Teil des deutschen Volkes schwer zu akzeptieren, man hielt die Polen häufig für Gegner, und im Verhältnis zu einem Gegner werden die Gewissensbisse sehr viel komplizierter und schmerzhafter als dieselben Gewissensbisse gegenüber einem wehrlosen Opfer.

Für die Sowjetunion war der Aufstand von Anfang an ein gegen die Interessen Moskaus gerichteter Akt. Stalin wußte, daß die übergroße Mehrheit der Polen den sowjetischen Marsch nach Westen feindselig oder bestenfalls unwillig und mißtrauisch betrachtete. Seine Pläne mit Polen lagen auf der Hand. Er wollte dieses Land in seinem Machtbereich haben. Um das zu erreichen, mußte er das Lenkungszentrum der polnischen Nation, Warschau, vernichten. In Warschau liefen alle Fäden der antideutschen polnischen Konspiration zusammen, geleitet von der legalen polnischen Regierung, die während des Krieges in London in der Emigration blieb. Die übergroße Mehrheit der Polen, dabei fast die gesamte gebildete Schicht der Nation, orientierte sich politisch an London, richtete sich mithin auf ein völlig souveränes und demokratisches Nachkriegspolen aus. Die Vernichtung des gedanklichen Zentrums, der Macht und des geistigen Widerstands der Polen, das Warschau bildete, stellte für Stalin eine grundlegende militärische und politische Aufgabe dar.

Den Ausbruch des Aufstandes mit dem Ziel, die Deutschen aus der Stadt zu vertreiben und die Tore Warschaus den Russen zu öffnen, behandelte Stalin als Chance zu einer vollständigen Vernichtung der Stadt und zur physischen Vernichtung der führenden Schichten des polnischen Volkes. Die sowjetische Offensive wurde sogleich am rechten Weichselufer aufgehalten. Zur Verwunderung der Deutschen störten die Russen sie nicht im geringsten beim Umgruppieren ihrer Truppen, die von Westen auf Warschau zumarschierten, um den Aufstand niederzuschlagen. Das Hinterland der deutschen Front wurde aus der Luft nicht bombardiert, auch verstummte für viele Wochen die weitreichende sowjetische Artillerie auf dem rechten Weichselufer. Die wenigen Flugzeuge der westlichen Alliierten, die versuchten, sich nach Warschau durchzuschlagen, um Waffen für die kämpfende Stadt abzuwerfen, starteten auf Flugplätzen bei Brindisi und mußten über halb Europa hinweg nach Süditalien zurückkehren, weil Stalin den Briten und Amerikanern die nur wenige Kilometer von Warschau entfernten sowjetischen Flugplätze und Brennstoffvorräte nicht zugänglich machte.

Dies war eines der erstaunlichsten militärischen Ereignisse des Krieges, doch London und Washington schluckten die bittere Pille in Demut und opferten das Leben tüchtiger Flieger, um den Launen des mächtigen Verbündeten aus Moskau entgegenzukommen.

So war auch vom westlichen Gesichtspunkt aus der Warschauer Aufstand ein sehr unbequemes Ereignis, weil er einen vielsagenden Beweis für den moralischen Krämergeist und die politische Torheit des Westens bildete. Die führenden Eliten in den USA und in Großbritannien gaben den Polen klar zu verstehen, daß das nationale polnische Interesse keinerlei Bedeutung hatte im Vergleich zum Gewicht der laufenden Ereignisse. Das Wesentliche war der Sieg über das Dritte Reich, und in dieser Frage spielte Stalin die entscheidende Rolle. In solchem Licht hatte die Souveränität Polens nach dem gewonnenen Krieg keinerlei Bedeutung – oder sagen wir – eine Bedeutung dritten Ranges.

Vom moralischen Standpunkt aus betrachtet war das ekelhaft. Man kann jedoch der Ansicht sein, die Moral sei nicht der entscheidende Faktor des politischen Lebens. Aber der politische Standpunkt der westlichen Alliierten von damals war ein Beweis für ihre schwer zu beschreibende Dummheit und Kurzsichtigkeit. Schon damals machten sich scharfsinnige Menschen klar, daß das Schicksal Polens den Schlüssel zur Nachkriegssituation ganz Europas bildete. Daß man Polen den Sowjets überließ, hatte die Anwesenheit der Sowjets in Berlin zur Folge. Hätte man Polen als ein souveränes und demokratisches Land gestärkt, hätte das in Zukunft die Isolation Moskaus und nachfolgend die Befreiung ganz Mitteleuropas bedeuten können.

Eine solche Entwicklung war im Jahr 1944 nicht mehr möglich, weil die Alliierten in der Normandie und nicht auf dem Balkan gelandet waren. Die Landung in der Normandie bedeutete schon damals das Einverständnis des Westens damit, Warschau, Prag, Budapest und gewiß auch Berlin den Sowjets zu überlassen.

Ein entschiedener Widerstand Londons und Washingtons gegen die Politik Stalins hätte zur Zeit des Warschauer Aufstands, im Sommer 1944, den Appetit des Kreml ernstlich dämpfen und den Gang der Nachkriegsereignisse beeinflussen können.

Man tat aber buchstäblich nichts in bezug auf eine menschenfreundlichere, gerechtere Friedensstrategie. Der Tod Warschaus war der erste Akt der Kapitulation des Westens gegenüber Moskau. Der zweite Akt spielte in Jalta, der dritte in Potsdam.

In diesem Sinne war der Warschauer Aufstand die größte politische und militärische Niederlage des Westens während des Krieges. Darum darf man sich nicht wundern, daß niemand vom Aufstand reden, niemand an den Aufstand erinnern wollte.

Für die Polen ist der August des Jahres 1944 eines der wichtigsten Daten in der tausendjährigen Geschichte Polens. Der Aufstand war die größte nationale Tragödie und zugleich die Krönung der gesamten heroischen polnischen Vergangenheit; die Niederschlagung des Aufstandes ein Gemeinschaftswerk von Deutschen und Russen. Und wieder steckt darin etwas Symbolisches. Zweihundert Jahre lang unternahmen die beiden mächtigen Nachbarn im Westen und im Osten hartnäckige Bemühungen, sich Polen untertan zu machen und die polnische Nation zu unterjochen. Zweihundert Jahre lang vermochten die Polen, sich dieser verbrecherischen Pläne zu erwehren. So wurde zum Schluß – so schien es nach der Niederwerfung des Aufstands – das Ziel der Deutschen und Russen doch noch erreicht. Sechs Millionen polnische Bürger kamen im Verlauf des Krieges um. Die Hauptstadt wurde dem Erdboden gleichgemacht, die gebildeten Schichten beinahe restlos in den kzs der Nazis, in Sibirien und in sowjetischen Gefängnissen ermordet. Der Westen wusch sich die Hände in Unschuld. Das von den Deutschen restlos ausgeraubte Land versank für ganze Jahrzehnte in der Finsternis der sowjetischen Herrschaft.

Es schien, als gäbe es keine Hoffnung mehr.

Trotzdem war diese Hoffnung geblieben, niedergeschrieben auf den Blättern der Geschichte des Aufstands. Zwei Nachkriegsgenerationen wurden mit der Legende des Jahres 1944 erzogen. Entgegen allen Bemühungen der Kommunisten, entgegen der gesamten offiziellen Erziehung und Propaganda blieb der Aufstand im nationalen Bewußtsein der Polen immer gegenwärtig als Zeichen des Kampfes und der Aufopferung für die nationale Sache.

Was nach dem Kriege in Polen vorging, hatte stets einen moralischen und politischen Bezug zum Aufstand. Bei jeder Auflehnung gegen die kommunistische Diktatur, in den Jahren 1956, 1968, 1970, 1974, schließlich im Zuge der achtziger Jahre bis zum Sturz des Kommunismus 1989, knüpfte die Gesellschaft an die Tradition des Warschauer Aufstands an. Ein volles halbes Jahrhundert lang war diese Feuersbrunst in den polnischen Gedanken lebendig.

Nach fünfzig Jahren, in einem völlig neuen Europa möchte Polen dieses Kapitel schließen. Es lädt Deutsche und Russen zur Teilnahme an den Gedenkfeierlichkeiten ein.

Viele Polen sind sich dessen sicher, andere hoffen es erst noch: das werden andere Deutsche und andere Russen sein.

Hitler als Kitsch

Über Ästhetik und Moral des Nationalsozialismus
Ansprache bei der Veranstaltung ›Reden über Deutschland‹
im Frühjahr 1994 in Weimar

Nicht über das Heute werde ich sprechen, auch nicht über das Morgen Deutschlands, Polens, Europas. Um kreativ über die Zukunft nachzudenken und zu reden, muß man sich manchmal an das erinnern, was vergangen ist.

Ich werde über die Erfahrungen der Deutschen und Deutschlands mit Adolf Hitler sprechen. Ich werde nichts Ungewöhnliches sagen, aber wenn 1994 in Weimar meine prominenten deutschen Vorredner ihre Urteile und Ansichten über die Gegenwart aussprachen, wenn sie ihren Sorgen und Beunruhigungen im Zusammenhang mit dem Ausdruck gaben, was der nächste Tag den Deutschen bringen würde, dann mag es mir, einem Ausländer, gestattet sein, mich auf die Geschichte zu berufen.

Ich bin nicht mit der Absicht hergekommen, die deutsche Nation anzuklagen. Ich bin kein Staatsanwalt, ich bin kein Richter. Ich halte mich für einen Freund Deutschlands und der Deutschen. Fast mein ganzes Leben lang habe ich mich bemüht, zwischen Polen und Deutschen eine Verständigung anzubahnen. Das waren zunächst schmale, schwankende Stege über den Abgründen der Kriegserfahrungen, dann Holzbrücken, heute sind es solide Bauwerke, die erlauben, mit Optimismus an unsere polnisch-deutsche Zusammenarbeit, unsere Versöhnung und unsere Freundschaft zu denken.

Doch manche Dinge sind noch nicht bis zum Ende ausgesprochen. Ich bin alt genug, um den Druck der Zeit zu empfinden, und will noch etwas sagen, solange ich das kann.

Ich will heute einigen meiner Gedanken zum Thema Kitsch Ausdruck verleihen. Hitler und der Nationalsozialismus als geistiges Phänomen, das der Welt den deutschen Kitsch gezeigt hat.

Die Bundesrepublik Deutschland ist heute ein ganz anderes Land als das Deutschland vor sechzig Jahren. Europa ist anders, die ganze Welt ist anders.

Aber gewisse Stimmungen, Träumereien, Neigungen sind tief verwurzelt in den Herzen der Menschen. Ich denke, die Neigung zum Kitsch, das leichte Sichfügen in melodramatische Situationen, eine bestimmte spottbillige Ästhetik, sind ziemlich typisch für das deutsche Schönheitsgefühl. Jedenfalls typischer an Elbe und Rhein, als an der Seine, der Themse oder Weichsel.

Davon möchte ich heute reden, hier in Weimar, der einstigen Hauptstadt des deutschen Intellekts, der von der Ästhetik der Graphomanen und Farbenkleckser so brutal zertrampelt worden ist.

Alles, was ich sagen werde, bezieht sich nur auf die Geschichte, nicht auf die Gegenwart. Denn ich sehe heute keine Analogien zu dem, was den Deutschen vor mehr als einem halben Jahrhundert zugestoßen ist.

Manchmal aber glaube ich, die Geschichte lauere irgendwo in den Winkeln von Mölln, Magdeburg oder Stuttgart. Manchmal glaube ich, daß Analogien ein sehr langes Leben haben.

Ich erinnere mich an einen regnerischen Januartag des Jahres 1933 auf dem Grzybowski-Platz. Jüdische Krämer kehrten gerade vom Mittagessen zurück in ihre armseligen Lädchen. Zeitungsjungen riefen die neueste Sensation aus, Adolf Hitler habe das Amt des Reichskanzlers übernommen. Ich war damals ein trotziger kleiner Junge, dessen Gedanken um Fußball und um Bleisoldaten kreisten. Nie zuvor hatte ich etwas von Adolf Hitler gehört. Aber ich weiß noch sehr gut, daß mich ein Schauder der Unruhe durchfuhr. Und als ich wieder daheim war, stellte sich heraus, daß ich Fieber hatte. Man steckte mich ins Bett, der Arzt kam und stellte eine sonderbare Erregung fest.

Von jenem Tag an geriet ich, sobald ich den Namen Hitler hörte, in Panik. Als der Krieg ausbrach, fürchtete ich das Schlimmste. Die Erwachsenen meinten, ich sei ein bißchen überempfindlich. Zu Weihnachten 1939 kam der Schulze des Dorfes Wawer, der aus dem Massaker gerettet worden war, in unser Haus und erzählte, was dort geschehen sei. Ich vernahm diesen Bericht wie die Inhaltsangabe allgemein bekannter und nicht überraschender Vorgänge. Damals auf dem Grzybowski-Platz hatte der Geist der Geschichte mich mit seinem Flügel berührt. Schade nur, daß er sich einen Bengel in kurzen Hosen auswählte.

Die verbreitete Theorie, daß alle Deutschen Verbrecher waren, ist ebenso faschistisch wie die im Dritten Reich verbindliche Überzeugung, die Deutschen seien das Herrenvolk. Es gibt weder sündige noch tugendhafte Nationen, weder schlimme noch edle, weder verbrecherische noch heroische. Es gibt nur bestimmte Situationen, in denen die unterschiedlichen Neigungen der menschlichen Natur zu Worte kommen.

Im Konzentrationslager Sachsenhausen – wo ich einige Zeit verbrachte – war mein grausamster Verfolger ein gewisser Kapo aus Lille in Nordfrankreich, ein Erbe der rationalistischen Gedanken Voltaires, erzogen mit den besten Werken der klassischen Weltliteratur. Zweimal hat mir im Lager ein Deutscher das Leben gerettet. Er hieß Oßke und stammte aus dem Taunus, Gewerkschaftler schon vor 1933, Sozialdemokrat, Leser der dunklen und nicht konkreten Werke Hegels. Dieser Oßke mußte Sachsenhausen mit aufbauen, er war dort seit dem Jahre 1934 als Häftling, der Nationalsozialismus steckte ihm in den Gliedern wie kaum einem anderen.

Es pflegt im Leben so zu sein, daß wir allerlei von den Situationen wissen, aber hundertmal weniger von den Menschen. Doch im allgemeinen bestimmt sie die Situation. Schauen wir uns deshalb die Situation an.

Die Deutschen verloren 1918 den Krieg. Aber sie verloren ihn auf besondere Weise. Im Grunde standen mächtige Armeen kampfbereit unter Waffen, als die furchtbare Niederlage im Hinterland der Front die Regierung zur Kapitulation zwang. Die heimkehrenden Soldaten wurden schnell deklassiert. Die Frontkämpfer vergrößerten die Armee der verbitterten Lumpenkerle. Die Weimarer Republik litt an hundert Krankheiten, von denen jede tödlich war. Das Gefühl der Niederlage, der Zusammenbruch der Großmacht, die Regierung der Zivilisten, die Inflation, die Kriegsent-

schädigungen, die Streitsucht der Parteien, die Massen-
armut, die Arbeitslosigkeit, die Krise. Die Deutschen befanden sich damals auf dem Tiefpunkt ihres Falls. Die Republik war ein Symbol der Buße, aber die Leute empfanden
ihre Sünden nicht. Riesenmassen lauschten aufmerksam den
Stimmen, die das Problem der unverschuldeten Buße her-
vorkehrten. An den Rändern des politischen Lebens for-
mierten sich Protestgruppen.

Zwanzig Jahre später wiederholte Konrad Adenauer mit
greisenhafter Hartnäckigkeit, es gebe nichts Schlimmeres
für die Welt als ein Deutscher, der an Gewissensbissen leidet. In diesem Zustand sei er imstande, die schrecklichsten
Verbrechen zu begehen. Durch die bittere Erfahrung der
zwanziger Jahre belehrt, wollte Adenauer die Deutschen
mit Sahne zum Morgenkaffee und mit schnellen Autos er-
lösen. Im Grunde mißtraute der alte Gentleman aus Köln
seinem eigenen Volk. Wie kann man einen Raubritter zähmen? Man kann ihn nur bestechen. Die ganze Politik der
CDU nach dem Jahr 1945 im westlichen Teil Deutschlands
beruhte auf dem Korrumpieren der Gesellschaft, damit sie
sich nur Europa anschlösse. Viele Kalorien, viele Autos, viel
Geld – und keine Gedanken an die deutsche Sünde gegen die
Menschheit.

Mein Freund, der Philosoph Pawel Beylin, sagte oft, der
Komplex des Deutschen habe eine ästhetische Grundlage.
In dieser Hypothese steckt ein rationaler Kern. Auf jeden
Fall kann man sie domestizieren, indem man bestimmte
historische Fakten heranzieht.

Adenauer sagte 1949 die berühmten Worte: »Ihr seid
dann am schönsten, wenn ihr nicht im Gleichschritt mar-

schiert...« Er wollte aus ihnen eine Gesellschaft fauler, gut aussehender Verschwender machen. Zum Teil ist das gelungen.

Heute ist in der jungen Generation die Sexwelle hundertmal stärker als die Welle des Nationalismus, und die zwanzigjährigen Deutschen aus Hamburg oder Nürnberg tragen lieber Ketten um den Hals als Koppel um den Bauch.

Immer wollten sie gefallen, wollten sie schön sein. In der Weimarer Republik nährte die Kunst sie mit dem Schrei der Verzweiflung. Sie zeigte ihnen den Schmutz, den Kot, die stinkenden Fußlappen, die ausgehungerten Kinder, die abgearbeiteten Frauen. Ihr Leitmotiv war die zerschlagene Straßenlaterne, die durchdringend bei Wind und Regen quietscht, und darunter die Prostituierte mit weißen Strümpfen, die für einen Teller Suppe zu allem bereit ist.

Sie waren häßlich, arm und besiegt. Vor allem aber waren sie – verraten. Bei Döblin stank Berlin nach Urin, bei Heinrich Mann wird der klägliche Professor Unrath zum Spielball in den Händen der Dirne, bei Toller ist die ganze Welt häßlich, schrecklich, verfault.

Adolf Hitler, der in der Festung Landsberg seine Strafe für die Beteiligung an dem Münchner Putsch absaß, schrieb *Mein Kampf*, wo er seine simple, aber ziemlich klare Weltanschauung darlegte, die Europa bis zum heutigen Tag eigentlich nicht zur Kenntnis genommen hat, worüber man sich nicht zu wundern braucht, denn dieses Europa hat die Erfahrung der *Praxis* des Hitlerismus im Gedächtnis und ging deshalb, was die *Theorie* anbelangt, alsbald zur Tagesordnung über. Allerdings war gerade diese Theorie bemerkenswert, auch schon vor siebzig Jahren.

Dieser kleine Parvenü und Lump, durchdrungen von der spießbürgerlichen und romantischen Tradition, ohne Bildung und Schwung, hatte jedoch das Talent politischer Provokation und der Herrschaftstechnik, zudem trug er etwas von einem Visionär in sich. In dieser stickigen Welt geistigen Wirrwarrs, der Enttäuschungen und der Bitterkeit zeigte er den Primitiven die wundervolle Lösung aller deutschen Dilemmata. Sie waren die Schönen, die übrige Welt aber ekelhaft und stinkig. Sie waren berufen, den Augias-Stall zu reinigen, sie sollten eine neue Ordnung schaffen, nordisch und hart, blauäugig und blond. Sie sollten sich das von den Miasmen des Judaismus, Christianismus und Bolschewismus zersetzte Europa unterwerfen.

An der Basis der Weltanschauung Adolf Hitlers kann man ohne Mühe eine primitive Stammessolidarität finden. Alles andere ist dann nur noch die Konsequenz daraus. Denn was hat die Menschheit getan, als sie sich der Idee der Nation entäußerte? Sie hat sich die große Mystifikation des Klassenkampfes geschaffen, der die Einheit des Stammes von innen sprengt und die Gemeinsamkeit seines Daseins und seiner Ziele durchstreicht. Denn wer hat Europa diesen Mythos vom Klassenkampf eingeimpft, wer hat es veranlaßt, die heiligste Wahrheit seiner Existenz zu verachten, die Idee der Nation? Die Juden haben das getan, ein Stamm von Nomaden und Wanderern, der einzige auf Erden, der die Süße des seßhaften Lebens nie erfahren und die Früchte des Erntefestes nie genossen hatte. Um die Solidarität anderer Stämme zu zerschlagen, sie zu schwächen und zu unterwerfen, haben die Juden den Menschenherzen die Ideale des Christentums eingeimpft mit seiner kranken Lehre von

Nächstenliebe, Mitleid und Bruderschaft, was anschließend Europa alle Plagen des Liberalismus sowie die marxistische Konzeption des Klassenkampfes eingetragen hat.

Schön ist, wer rassisch rein und seinem Stamm treu ist. Die Entwicklung der Welt wird reduziert auf den rücksichtslosen und grausamen Kampf ums Dasein. Die germanische Rasse ist die gesündeste und schönste. Sie wird siegen und mit dem Tausendjährigen Reich eine neue Ordnung einführen. Es bedarf der Härte, der Hingabe, der Treue, der Aufopferung, der Kompromißlosigkeit, aber auch der Grausamkeit, Mannhaftigkeit und Kampfeslust, um das fromme Ziel zu erreichen, das die Vorsehung den Deutschen auferlegt hat. Disziplin, Ordnung, Liebe zum Führer, ein mitleidloses Verhältnis zu den Feinden, ritterliche und bäuerliche Ideale, *Bauerntum, Blut und Boden, der Orden der ss, ›Arbeit macht frei‹, Lager, ›Heil Hitler!‹*

Ein sehr simples und konsequentes Programm. Es genügte, an der Schwelle der dreißiger Jahre das Buch zu lesen, um sich später über nichts mehr zu wundern.

Hitler gab den Deutschen eine Vision ihrer eigenen Schönheit. Es war eine sentimentale, romantische, mystische Vision. Doch gerade nach einer solchen sehnten sie sich, weil sie in einer bestimmten Ästhetik erzogen waren und Schönheitskriterien besaßen, die sich von den Kriterien anderer Nationen Europas nicht so sehr unterschieden.

Nur naive Menschen können glauben, daß die Völker ausschließlich aus feinsinnigen Kennern mit hochfliegenden und elastischen Geistern bestehen. Im übrigen führt allzu große Elastizität des Geistes bei gleichzeitiger Elastizität des Rückgrats zu den widerwärtigsten Folgen. Ein Beispiel dafür ist Dr. Goebbels, der sich unter den Bonzen des Nationalsozialismus in der Tat durch Elan, Geistesschärfe und eine fast diabolische Intelligenz auszeichnete. Der Intellektuelle, bis ins Tiefste durchdrungen von der Absurdität der Existenz, mittels der Expressionisten erzogen, ein Krüppel, der sich in seiner Poesie als Graphomane erwies, erblickte in der nationalsozialistischen Idee den tiefsten Sinn seines Lebens. Macht, Schönheit, Gleichschritt, bewaffnete Haufen – und das alles untergeordnet der Mystik von zehn Jahrhunderten des Heiligen Germanischen Reiches.

Im Grunde jedoch war Hitlers Programm nicht auf Versager wie Dr. Goebbels ausgerichtet. Er traf unfehlbar das, was ich geneigt bin, Dummheit der Mitte zu nennen. Diese Mitte – das waren die Millionenheere der Kleinbürger, verarmten Bauern und Arbeiter. Sie lebten am Rande der sozialen Verachtung, gänzlich ohne Illusionen, ausgeliefert den Hirngespinsten, der Magie und den Schamanen. Sie wollten die Anmut des Lebens erreichen und schön werden. Vereinsamt in einer Welt der Krise und des Elends, fanden sie ihre Freude in der Gemeinsamkeit der Marschkolonnen, sangen die alten Soldatenlieder, tranken Bier und bereiteten sich darauf vor, die Welt, die ihnen Unrecht getan hatte, zu bestrafen. Wehe den Juden, Marxisten und Liberalen! Der germanische Löwe setzte zum Sprung an.

Wer war das – diese Juden, Marxisten und Liberalen? Darüber ist sehr viel geschrieben worden, als man den Nationalsozialismus auf der ökonomischen, politischen und sozialen Ebene untersuchte. Unter dem Gesichtspunkt der Ästhetik waren das vor allem in Gewissensprobleme verwickelte Künstler, deren Leben unter den Bedingungen einer recht eigenartigen Sittlichkeit verlief. Einsamkeit statt Gemeinschaft. Absynth statt Bier. Gamaschen statt Reitstiefel. Zarte Frauen statt strammer Marketenderinnen. Dachstuben statt Keller. Kranke Körper statt stählerner Muskeln.

Die geistige Elite Deutschlands widersetzte sich Hitler scharf. Schärfer als sonst jemand im Reich.

Diese geistige Elite kam als erste unter das Messer. Ehe Hitler auszog zur Unterwerfung der Welt, enthauptete er die deutsche intellektuelle Tradition. Man braucht nur die Literatur jener Zeit durchzuschauen, die Skulptur und die Malerei zu betrachten. Dort gibt es nur Menschenfleisch, auf eine Weise modelliert, die jeden auf die Knie zwingt, der sich fürchtet zu denken. Und das ist immer noch auf Erden die Mehrheit!

Es haben sich zahlreiche UFA-Chroniken über die Parteifeiern der Hitlerzeit erhalten, Dokumente von den Parteitagen in Nürnberg, aber auch gefilmte Auftritte des Führers im Berliner Sportpalast. Das sind alles kuriose Schauspiele. Die Beobachtung Hitlers als Volkstribun wird schon nach wenigen Minuten zu einer langweiligen Beschäftigung, weil wir alles über die Motive dieses Menschen wissen. Hitler hätte bestimmt jeden Zuhörer gleichgültig und kalt gelassen, wenn er in einem kleinen Zimmer seinen Gesprächspartner hätte überzeugen müssen. Hitlers magische Kraft beruhte auf der Mitwirkung seines Auditoriums. In diesem Sinn erwies sich der Führer des Dritten Reiches als unerreichbarer Meister. Sein Repertoire an Gesten und stimmlichen Modulationen war nicht allzu reichhaltig, es wurde aber sorgsam und unfehlbar eingesetzt.

Im Grunde stützte er – auch wenn er hier vielleicht instinktiv agierte und seinen Visionen mehr folgte als der Vernunft – seine öffentlichen Auftritte auf Kontraste. Kraft und Schönheit des Lebens befanden sich damals außerhalb seiner Person, sie steckten im Auditorium. Die im Sportpalast versammelten Parteigenossen waren die echten Männer mit starken Muskeln und im gemeinsamen Rhythmus schlagenden Herzen. Adolf Hitler schien vor dem Hintergrund dieser Stiernacken, rasierten Köpfen, fetten Waden und von Tuchhosen umspannten Hintern – als schwaches, von wilden Leidenschaften geschütteltes Wesen. Es war etwas Weibisches an ihm, etwas Hysterisches, etwas Zerbrechliches, was bewirkte, daß die Menschen sich wie eine Mauer um ihren Anführer scharten, immer bereit, ihr Leben zu seiner Verteidigung hinzugeben. Hitler war gewissermaßen die Jungfrau von Orléans des Deutschen Reiches, auf jeden Fall – als nationale Gottheit – mehr eine Madonna als Gott Vater.

Im Grunde widersprach die Häßlichkeit dieses Menschen – und er war immer häßlich, von Kind auf bis zum Tage seines Todes – allen landläufigen Vorstellungen von Männlichkeit. Es lohnt zu beachten, daß die beiden größten Massenverführer im Dritten Reich, Hitler und Goebbels, physisch ihren Parteigenossen sehr fernstanden und ebenso dem nordischen Ideal, das sie selbst auf die Altäre gehoben hatten. Beide waren schwach, blaß, manchmal sogar tragisch. Das weckte bei den Anhängern einen besonderen Eifer. Der Reichsmarschall Göring mit seinem riesigen Gesäß, dem ungeheuren Stiernacken, den monströsen Waden in Tiroler Socken gewann die Massen durch einen gänzlich anderen Zauber. Göring war ein Kumpel der Nation, doch nie ihr Prophet. Das Volk mochte Göring, Hitler betete es an.

Die Fackelzüge der Nazis, die alle denkenden Liberalen mit Grausen erfüllten, mobilisierten die gesellschaftliche Linke und begeisterten die gesellschaftliche Rechte – im dunklen Kinosaal sind sie heute, nach den Erfahrungen von Kriegs- und Nachkriegszeit, das, was sie immer hätten sein sollen: ein elender Zirkus für elende Zuschauer. Nichts von Erhabenheit, nichts von Ernst, nichts von Tiefe, dafür eine Zurschaustellung des pompösesten Geschmacks, den die europäische Kultur je hervorgebracht hat.

In dieser Ästhetik steckte jedoch wie in jeder anderen eine Philosophie. Die Feuerwerke hatten, ihrer Natur entsprechend, Massencharakter. Das Plebejische des Phänomens erreichte man nicht durch einen volkstümlichen Gedankeninhalt, nicht durch Anknüpfung an traditionelle Bräuche, sondern auf die primitivste Weise – durch die Teilnahme der Massen. Jeder Umgang mit der Kunst, sogar mit einer so kläglichen, war im Dritten Reich dem Prinzip der Gemeinsamkeit unterworfen. Auf diese Weise hörte die Kunst auf, als Phänomen und als Äußerung des geistigen Lebens der Einzelperson zu existieren. Eine Kunst ohne persönliche Reflexion, ohne intimes Erleben hört auf, Kunst zu sein. Aber gerade darum ging es! Den Begriff der menschlichen Persönlichkeit im Bewußtsein des Deutschen zu löschen und durch den Begriff der Nation, des Stammes, der Rasse zu ersetzen – das war das erste Gebot in der Pädagogik des Nationalsozialismus. Gemeinsam trinken wir Bier, gemeinsam singen wir Lieder, gemeinsam marschieren wir mit Fakkeln, gemeinsam lieben wir unseren Führer, gemeinsam schlagen wir die Feinde unserer Rasse tot, und gemeinsam errichten wir das Dritte Reich.

Michail Romm hat in seinem Film *Der gewöhnliche Faschismus* unter Verwendung der nazistischen Wochenschauen die zunehmende Zerstörung des Einzelnen in der nationalen Gemeinsamkeit gezeigt. Wo bist du, Hans? Wo bist du, Georg? Wo bist du, Helmut? Es gibt sie nicht mehr. Es gibt nur noch die Masse, nur noch die Gemeinschaft.

Eingeschlossen in den Mechanismus der Nation, der Rasse und des Staates, bedient sich der Mensch der Kriterien der Nation, der Rasse und des Staates und nicht der Kriterien der Menschlichkeit. Nur dem Anschein nach ist das eine nicht authentische Konstellation. Schließlich ist alles eine Frage der bewußten Wahl. Warum sollen die Grundsätze des Humanismus richtig sein und die nordischen Grundsätze unrichtig, wenn alles rundum darauf hinweist, daß es genau umgekehrt ist? Und die Menschen trafen die Wahl. Immer kühner, immer allgemeiner, ja sogar freudiger. Das Gefühl der Gemeinsamkeit ist überwältigend und voller Süße. Die Übertragung der Entscheidungen auf die Gemeinschaft bedeutet Entsühnung. Wer zugestimmt hat, daß er überwältigt wird, erlangt die Freiheit von der Verantwortung. Jedes Verbrechen kann sich dann als gute Tat erweisen, wenn man es nur so nennt.

Eine Widerstandsbewegung im Dritten Reich hat es gegeben, aber sie war äußerst schwach und spielte im Kampf mit dem Nationalsozialismus keine bedeutende Rolle, abgesehen natürlich davon, daß sie die Spuren der Menschlichkeit gefestigt hat, die nie restlos begraben wurden.

Für den Polen, Holländer und Jugoslawen, der die Jahre der Okkupation im Kampf verbrachte und täglich in Verteidigung der Imponderabilien den Tod herausforderte, ist die Schwäche der Widerstandsbewegung im Dritten Reich mitunter ein Grund, die deutsche Nation anzuklagen. Ich meine, das ist eine falsche Anschauung, die aus dem Subjektivismus resultiert. Die Lage eines Deutschen zur Hitlerzeit war völlig anders als die Lage aller derjenigen, die der Aggression zum Opfer fielen. Im besetzten Polen waren die Kriterien des Kampfes klar und weckten keinerlei Zweifel. Es ging um die Freiheit, um das biologische Überleben der Nation, um den Sieg der Gerechtigkeit... Ein Deutscher jedoch mußte gegen Hitler kämpfen, zugleich aber gegen Deutschland. Er mußte zunächst die schrecklichste Erfahrung machen, die uns erspart blieb: sich von seiner Gemeinschaft zu trennen, ihr den Kampf anzusagen, sie als Ganzes zu verurteilen. Der gegen den Nationalsozialismus kämpfende Pole empfand sich als Sohn seines Volkes, er konnte eine moralische Stütze finden in der gesamten Tradition, Geschichte und Gegenwart. Der gegen den Nationalsozialismus kämpfende Deutsche empfand sich als Auswurf der Gesellschaft, in den tiefsten Schlupfwinkeln seiner Seele barg er den tragischen Gedanken, daß er gegen seine eigenen Brüder vorgehe, daß er auf seine eigene Mutter schießen werde, auf seinen eigenen Sohn. Indem er Hitler den Krieg erklärte, verlor der Deutsche sein Vaterland, mehr noch: seine eigene deutsche Identität. Man benötigte viel Härte, Mut, politisches Bewußtsein und moralische Sensibilität, um diesen qualvollen Weg einzuhalten.

Und dennoch gab es Leute, die dieses Kreuz auf sich nahmen. Unabhängig von ihren politischen Anschauungen haben sie das gute Angedenken Europas verdient.

Jan Strzelecki hat einmal geschrieben, eigentlich seien wir, aus der Sicht der Dialektik der Geschichte, den Deutschen Dank schuldig. Letzten Endes mußte jemand, dem Rhythmus des Zeitgeschehens entsprechend, die schreckliche Rolle des Mörders und Schurken übernehmen. Wie immer voll feinsinnigen Spotts, fügt Strzelecki hinzu, die Nemesis hätte ebenso gut auf uns Polen verweisen können. Dann hätten wir unsere eigene ss gehabt, unsere Konzentrationslager, Braunhemden und Träume von der rassischen Überlegenheit. Infolge einer Fügung des nationalen Schicksals haben die Deutschen den ganzen Schmutz dieses Versuchs auf sich genommen, durch den die Menschheit gehen mußte. Zum Schluß seiner Ausführungen aber stellt Strzelecki die schwierigste Frage: War das wirklich unvermeidbar? Müssen wir uns wirklich mit solcher Demut auf die Dialektik der Geschichte beziehen, kritiklos den übelsten Fallen der Entwicklung vertrauen und beim Anblick des Zeitgeistes, der sich über unseren Häuptern erhebt, die Augen verhüllen?!

Nicht ohne Grund stellt Jan Strzelecki diese grundsätzlichen Fragen.

Damals auf dem Grzybowski-Platz streifte nicht der Flügel des hegelschen Demiurgen meinen Kinderkopf. Mein abendliches Fieber resultierte gewiß aus einer banalen Erkältung. Schließlich sollten kleine Jungen sich an regnerischen Januartagen warm anziehen.

Es unterliegt keinem Zweifel, daß der Mensch eine Resultante der Situation ist. Aber die Situationen fallen nicht vom Himmel. Sie sind stets eine Sache der Wahl und der Entscheidung.

Die Deutschen haben zu jener Zeit falsch gewählt. Sie wollten schön sein wie sonst niemand auf der Welt. Und eben deshalb erblickte die Welt damals das Gesicht des Teufels.

Das Lager

Über das Ende aller Zivilisation

I

Die sprachliche Tradition des Wortes Lager ist ziemlich einfach. Es bezeichnet einen von Menschen bewußt gewählten Ort, wo sie sich zu einer Gruppe versammeln oder versammelt werden. Ein Militärlager zum Beispiel oder ein Pfadfinderlager. Ein Lager von Wanderern, das diese aufgeschlagen haben, um unterwegs auszuruhen.

Ich höre Lärm in dem Wort, Zurufe, das Echo zahlreicher Gespräche und Schritte, ich spüre den Geruch vieler Menschen, sehe eine Menge unterschiedlicher Gestalten. Ich finde in dem Wort immer eine Bewegung, etwas geschieht dort, jeden Augenblick kann sich etwas ereignen.

Aber das sind Assoziationen, die sich aus der Sprache selbst ergeben. Wenn ich jedoch versuche, den Terminus ›Lager‹ an der historischen Erfahrung zu messen oder an meinem eigenen Schicksal, so befinde ich mich in einer völlig anderen Welt. Das Lager ist für mich Dunkelheit, Nichts. Sogar noch weniger. Ich verstehe die Juden, für die Auschwitz der Tod Gottes war.

Für den Christen bedeutet der Tod Gottes die Kreuzigung. Aber nach der Kreuzigung ist Christus wieder auferstanden. Auf dieser Überzeugung basiert Europa.

Genau deshalb war das Lager als historische Erfahrung unseres Jahrhunderts das Ende der Zivilisation. Vielleicht sogar noch mehr, denn im eschatologischen Sinn mußte es das Ende aller Zivilisation bezeichnen, mithin auch das Ende des Menschseins, das Ende der Welt, das Ende von allem.

2

Hitlers KZ und Stalins Gulag bildeten die Schwelle, hinter der sich nur noch das Nichts erstreckte.

Für bestimmte Deutsche, die der Demokratie verbunden sind, aber auch der Tradition des Denkens in den Kategorien der gesellschaftlichen Linken, ist das Gleichheitszeichen zwischen dem KZ und dem Gulag schwer zu akzeptieren. Man hat mich schon mehrmals darauf hingewiesen. Es gab sogar Leute, die behaupteten, wenn ich in einem Atemzug Sachsenhausen und Workuta, Auschwitz und Komi aufzähle, erwiese ich der Demokratie in Deutschland einen schlechten Dienst, weil ich mich auf diese Weise mittelbar dem Chor sehr kontroverser Historiker anschließe, die versuchen, mit der Existenz des Kommunismus den Nationalsozialismus Adolf Hitlers zu rechtfertigen. Ich habe mich immer für einen Mann der Linken gehalten – sofern heute solche Aufteilungen in der Welt überhaupt noch etwas bedeuten. Auf jeden Fall bin ich in sozialdemokratischen Traditionen erzogen. Hinzufügen möchte ich, daß ich Noltes Anschauungen kenne und nie geteilt habe. Doch habe ich meine Erfahrungen, meine Erinnerung, und ich trage in meinen Knochen die Erfahrungen und Erinnerungen meiner Nation.

Was die weltanschaulichen Begründungen und das politische Programm anbetrifft, gab es zwischen dem Hitlerismus und dem Stalinismus riesige Unterschiede – in der Völkermordpraxis aber gar keine. Wenn im Gulag keine Gaskammern und Krematorien arbeiteten, dann nur deshalb, weil das Klima selbst eine hinreichende Selektion der Verurteilten vornahm. Zum Teil tötete es auch und begrub anschließend kostenlos die Opfer. Darum ist das Lager für mich nicht *nur* die ausdrücklichste Verkörperung der Verbrechen des ›Dritten Reiches‹, sondern bildet auch das Symbol des Totalitarismus im 20. Jahrhundert. Es ist nicht *nur* eine deutsche Angelegenheit, sondern – weiter, tiefer, tragischer – eine allgemein menschliche Angelegenheit.

3

Die große polnische Schriftstellerin Zofia Nałkowska hat 1945 einen sehr bezeichnenden und klugen Satz geschrieben: »Dieses Schicksal haben Menschen den Menschen bereitet.«

Menschen – den Menschen. Nicht Deutsche den Juden oder Polen, Russen oder Franzosen. Nicht Russen den Russen, Polen oder Deutschen. Menschen haben Menschen zu jener Zeit etwas angetan, was das Ende aller Vorstellungen vom Menschen bezeichnete.

Adorno schrieb 1947, nach Auschwitz müsse die Poesie verstummen. Ich nehme an, für ihn bedeutete es: Das Lager hat gewissermaßen den metaphysischen Sehnsüchten der menschlichen Person ein Ende gesetzt. Es gab keinen Platz mehr für die Metaphysik, denn dem Menschen widerfuhr die metaphysische Entweihung, wenn er die Hölle des Lagers betrat.

4

Eine rationale Erklärung des Phänomens Lager ist meines Erachtens nicht möglich. Die soziologische und die politische Version des menschlichen Schicksals erweisen sich als zu begrenzt, flach und banal, um in vernünftigen Kategorien die Existenz des Lagers zu begründen. Es gibt über dieses Gebiet sehr viele tiefe und kluge Arbeiten, man kann daraus eine ganze Bibliothek zusammenstellen, doch der Mensch bleibt ratlos.

Denn was heißt es zum Beispiel, daß Adolf Hitler in einem von der Wirtschaftskrise ausgezehrten, von der militärischen Niederlage im Krieg 1914–1918 gedemütigten Land auftauchte und zahlreiche Anhänger gewann, indem er ihnen Deutschlands Glorie, den Wohlstand und die Weltherrschaft versprach? Erklärt das, warum sich Menschen fanden, die Hunderttausende von Juden ermordeten, bloß weil sie Juden waren? Ermöglicht das, die Motive von Doktor Mengele zu verstehen oder von Höß oder eines namenlosen ss-Mannes, der auf einer Warschauer Straße spazieren ging, plötzlich mit seiner Pistole auf Passanten schoß und sich vor Lachen nicht halten konnte, wenn er einen durch die Kugeln sterbenden Greis sah?

Es gibt eine winzige Chance, das Lager ganz zu Beginn seiner Existenz zu erklären. Man kann nämlich sagen, das Lager sei als Folge der Dummheit entstanden. Der Mensch ist von Natur aus schwach und fürchtet sich darum vor der Wirklichkeit. Je geringer sein Wissen um die ihn umgebende Welt, desto größere Ängste hat er. Angst erzeugt Aggression. Was ich nicht kenne, ist mir fremd. Das Fremde ist für mich feindlich, bedrohlich und erfüllt mich mit Furcht. Ich müßte also das Fremde von meiner Welt isolieren, es aus meiner Welt eliminieren. Das Lager ist ein guter Ort, um meine Ängste einzuschließen. Die Juden sind für mich Fremde – ich sperre sie ins Lager. Die Homosexuellen sind für mich Fremde – ich sperre sie gleichfalls ins Lager. Die Funktionäre der Gewerkschaften sind für mich Fremde – ins Lager mit ihnen.

Das Lager habe ich mit Stacheldraht umgeben, Wachen aufgestellt, meine Welt ist gereinigt von fremden Elementen. Ich atme erleichtert auf, weil ich die Sphäre meiner Ängste begrenzt habe.

Bis zu diesem Punkt ist das Lager gerade noch rational zu erklären. Und die rationale Argumentation gegen das Lager drängt sich von selbst auf. Wäre ich nicht so ungebildet und dumm, wüßte ich ein wenig mehr von der mich umgebenden Welt, würde ich so primitiven Vorstellungen nicht erliegen. Hätte ich ein paar Bücher mehr gelesen, hätte ich von Klügeren mehr gelernt, wüßte ich nach einiger Zeit, daß ein Jude ein Mensch ist wie ich und nur einen anderen Glauben an Gott hat, andere Sitten, eine andere Sprache. Ein Homosexueller ist mein Nächster, ein bißchen anders als ich, aber mit den gleichen Rechten. Ein Gewerkschaftler beschäftigt sich mit einem bestimmten Gebiet des öffentlichen Lebens, das auch mich betrifft, und wenn wir unterschiedlicher Meinung sind, ist daran nichts Böses. Ein sehr einfaches Verfahren. Ein wenig mehr Grips im Kopf, ein wenig Bildung, ein wenig Wissen, ein wenig Kultur – und das Lager existiert nicht mehr, weil meine Ängste vergangen sind.

Immerhin, vor einiger Zeit – und so lange ist das nicht her – glaubten die Menschen an Hexen und fürchteten sie. Man verbrannte sie auf Scheiterhaufen. Später wurde der Bereich allgemein zugänglichen Wissens größer – und niemand glaubte mehr an Hexen. Vor hundert Jahren fürchteten die Menschen die Dunkelheit, dann hörten sie auf, sich zu fürchten. Der ganze Fortschritt beruht auf der Gewöhnung und der Begrenzung unserer Ängste. Darum ist die öffentliche Aufklärung eine Garantie für Toleranz und Einsicht. Schließlich ist es eine simple Feststellung, daß Wissen und Erkenntnis die Fremdheit, den Anfang aller Feindseligkeit unter den Menschen, eliminieren.

In diesem Sinn also finde ich den Anfang des Lagers in der Unbildung, Dummheit und Stumpfheit der Menschen, die wenig von der Wirklichkeit wußten und sich deshalb angesichts einer rätselhaften Fremdheit von der Angst leiten ließen.

Doch die weitere Geschichte des Lagers entzieht sich rationalen Erklärungen.

5

Es war einmal ein Mann, nehmen wir einen für seine Zeit nicht schlecht gebildeten Mann, einen Arzt mit gewissen kulturellen Ansprüchen, der Schallplatten mit klassischer Musik sammelte, den vor allem das Geigenspiel rührte. Dieser Mann besaß eine ordentliche fachliche Ausbildung, er betreute Menschen mit unterschiedlichen Krankheiten, er versuchte, seine Patienten freundlich zu behandeln, er kümmerte sich um sie, wenn sie wieder gesund waren. In seinen Kreisen wurde er geschätzt, weil er sehr gesellig war, lustige Geschichten erzählte, vielleicht auch ein bißchen phantasierte, doch ohne zu übertreiben.

Politisch galt er als Anhänger nationaler deutscher Ansprüche, das war damals keine Ausnahme, zu jener Zeit dachten zahlreiche Deutsche ähnlich, weil sie sich gedemütigt fühlten durch die Niederlage im Krieg, durch Versailles, die Armut, die ihnen die Folge der Rücksichtslosigkeit der siegreichen Alliierten zu sein schien. Die Leute waren nicht überzeugt von der Republik, die sie getäuscht und betrogen hatte; überall herrschte Durcheinander, rundum gab es viel Unmoral, einige wenige bereicherten sich schamlos, die Mehrheit litt Mangel. Die Polizei funktionierte miserabel, die Behörden verloren ihre alte Autorität, die Frauen ließen sich gehen und wackelten auf der Straße mit dem Hintern, statt daheim in der Küche am Herd zu sitzen und die Kinder zu versorgen, die Homosexuellen hatten ihre Cabarets, anständige Menschen aber waren arbeitslos.

Dieser ordentliche Arzt litt sehr unter dem Verfall der Sitten, der Armut, dem Grau des Lebens und der eigenen

Perspektivenlosigkeit und der seiner großen Nation, die der Welt soviel gegeben hatte und jetzt von ihr stiefmütterlich behandelt wurde. Selbstverständlich standen dahinter die Juden sowie die kapitalistischen Verschwörer. Da gab es keinen Zweifel. Die Juden und die kapitalistischen Verschwörer hatten sich mit den Kommunisten abgesprochen und wollten gemeinsam die deutsche Nation versklaven.

Dieser junge Arzt war sicher ein wenig besorgt, wenn er an das Bündnis der Kapitalisten und Kommunisten gegen Deutschland dachte; denn schließlich kannte er sich aus in der Welt. Doch war er zur Achtung vor bestimmten Hierarchien erzogen, so auch vor der Obrigkeit. Er verhielt sich Höhergestellten gegenüber mit einer gewissen Demut, wenn diese sagten, so solle es geschehen, dann akzeptierte er sogar Dinge, die ihm zunächst zweifelhaft und unklar vorkamen.

Jedenfalls war er nicht zufrieden mit der bestehenden Ordnung, er wollte wie die große Mehrheit der Nation irgendwelche Veränderungen, Verbesserungen, eine Genugtuung, einen deutschen Triumph, er hatte genug von Erniedrigungen, von Elend und Unordnung.

Adolf Hitler erklärte der deutschen Demütigung, dem Weimarer Elend und dem demokratischen Durcheinander den Kampf. Er wies auf die Ursachen des Schlechten hin und verkündete gleichzeitig ein einfaches Gesundungsprogramm.

Im Jahr 1933 begann sich in Deutschland etwas zu verändern. Juden, die vorher die besseren Wohnungen innegehabt hatten, zogen in schlechtere, und die Deutschen zogen aus den schlechteren Wohnungen in die besseren. Die hochmütigen Franzosen erwiesen sich als degenerierte Froschfresser, und die Engländer wurden als kleine Krämer und Päderasten entlarvt. Kommunisten und Gewerkschaftler, Sozialdemokraten und überschlaue Intellektuelle kamen in die Lager.

Das ›Dritte Reich‹ war rein, sauber, gut organisiert, vom Geist nationaler Einheit beseelt und seinem Führer Adolf Hitler ergeben. Die Arbeitslosigkeit verschwand, Autobahnen wurden gebaut, man konnte verschiedene Freizeitangebote nutzen, jeder konnte die hübsche Uniform seiner Organisation erhalten, alles war endlich deutsch und entsprach dem Bedarf schlichter, arbeitsamer Menschen.

Das Lager gab es schon, doch bildete es noch nicht den Sinn und das Ziel des großen Wandels. Vorläufig diente das Lager der Idee. Erst später sollte sich herausstellen, daß die Idee dem Lager diente.

Der Arzt betreute weiterhin seine Patienten und war immer zufriedener und immer stärker engagiert.

Alles fügte sich, wie es sich gehörte.

Einige Jahre später stand er frühmorgens auf, wie das seine Gewohnheit war, aß ein bescheidenes Frühstück und ging auf das Revier. Dort gab er Anweisungen zur Organisation der Tagesarbeit.

Dann ging er auf die Rampe. Der Zug traf ein. Die Menschen stiegen aus, Juden aus ganz Europa. Der Arzt stand auf dem Bahnsteig und traf die Wahl zwischen den Aussteigenden. Die einen schickte er ins Gas, andere zur Arbeit, noch andere nahm er mit ins Revier.

Die Juden im Revier unterzog er verschiedenen Experimenten. Als Student hatte er sich früher mit ähnlichen Dingen beschäftigt, er hatte unter Anleitung der Professoren Experimente an Ratten und Meerschweinchen durchgeführt. Diese Beschäftigung hatte er nie gemocht. Auch jetzt im Revier machte er nicht gern Experimente an lebenden Menschen, sondern betrachtete das als Pflicht dem Reich gegenüber, das ja einen Krieg führte.

In den Nachmittagsstunden tötete er zahlreiche Menschen mit Phenolspritzen; er sorgte stets dafür, daß Nadeln und Spritzen sterilisiert wurden, wie es sich gehörte, denn er war ein anständiger Arzt.

Abends hörte er Musik von Schallplatten, er liebte vor allem Violinkonzerte, trank Rotwein aus Frankreich, aß gute Gänse aus Polen, und nahm sich manchmal, aber nicht regelmäßig, eine Frau mit ins Bett, die am nächsten Morgen umgebracht wurde. Und so lebte er irgendwie, von einem Tag auf den andern, ohne große Erregungen, ohne dienstliche Verfehlungen, in einer gewissen Heiterkeit des Geistes und in der Hoffnung, es würde eines Tages besser, weil es keine Juden mehr auf der Welt geben würde. Die Polen werden dann nur noch Zugtiere sein, die Franzosen eine kolonisierte Bande, Briten und Amerikaner demütig und unterdrückt, er selbst aber, Dr. Mengele, würde keine Experimente mehr machen müssen, er würde saubere, angenehme, höfliche, kultivierte Deutsche verarzten, denn die Welt würde gesäubert sein und eingerichtet, wie es sich gehörte, dem Willen und der Vision Adolf Hitlers entsprechend.

6

Ich glaube, erst von der Zeit an, da Dr. Mengele sich systematisch auf das Revier, auf die Rampe, wieder auf das Revier und dann ins Leichenhaus und schließlich in sein angenehmes, sauberes Haus begab, wo jedoch die Fenster immer geschlossen blieben wegen des schwer zu ertragenden Gestanks der in der Nähe verbrannten Hunderttausenden von Leichen, daß erst zu dieser Zeit das Lager anfing, als Sinnbild für das Leben damals zu existieren. Und erst da entglitt das Lager der Kuratel der Vernunft.

Noch im Jahr 1938, vielleicht sogar im Jahr 1940 konnte man das Lager rational erklären. Natürlich konnte man es weder begründen noch rechtfertigen, aber man konnte es in den Kategorien der menschlichen Vernunft erläutern, indem man Maßstäbe der Politik, der Ökonomie, der Soziologie, der Historie und sogar der Philosophie anlegte.

Nach dem Jahr 1940 genügten weder Marx noch Sorel, weder Pareto noch Hegel, weder Bergson noch Husserl, um irgend etwas im Verhalten der gewöhnlichen Menschen zu erklären, die in ihrer Freizeit auf dem Klavier Bach spielten oder *Eine kleine Nachtmusik*, die sich mit ihren Kindern und den geliebten Hunden beschäftigten und dann zehn Stunden und mehr im Schweiß ihres Angesichts, in Gestank und Mief, unter den schrecklichen Leiden anderer Menschen – ganz einfach auf hunderterlei Weise – ihre Nächsten umbrachten. Kein Weiser wäre imstande, das zu erklären, auch Siegmund Freud mit seiner Traumtheorie nicht, ja nicht einmal der heilige Paulus, für den doch die Juden die Mörder des Herrgotts waren.

Niemand, auch kein Teufel konnte das erklären, und deswegen ist von da an das Lager ein großes Geheimnis der menschlichen Natur und wird es für immer bleiben.

7

Auf der Schwelle des Lagers endet das Europa der Aufklärung. Jemand hat gesagt, das sei ein neues Mittelalter gewesen. Vielleicht meinte er die von den Ideen eines Rousseau, Voltaire oder der Enzyklopädisten noch unberührte Welt, eine in diesem Sinne angeblich dumpfe Welt voller Rätsel, die nicht an die Vernunft glaubte.

Aber es war kein neues Mittelalter. Der Mensch im Mittelalter empfand große Demut vor Gott und vor mächtigen Naturkräften und hielt sich selbst für ein schwaches und unvollkommenes Geschöpf, das nicht auf den Gedanken kam, die Ordnung der Dinge nach eigenem Belieben zu ändern.

Das Lager war kein Mittelalter. Eher das Gegenteil. Es war in großem Maße ein Bastard des Aufklärungsgedankens und gewiß die endgültige logische Konsequenz der Illusion, die die Aufklärung in den Geist der Europäer gepflanzt hat.

Denn die Illusion der Aufklärung bemühte sich, den Menschen zu zeigen, daß der menschliche Verstand allmächtig ist und die menschlichen Möglichkeiten grenzenlos. Schließlich gab es im 19. Jahrhundert Gründe, an eine solche Illusion zu glauben. Schließlich tat die Welt einen großen Schritt vorwärts im Reich der Erkenntnis. Die Menschen wurden klüger, die Materie fügsamer, alles ließ sich prächtig an.

Aber wenn man die Entwicklung der Technik steuern kann, dann kann man wohl auch die Entwicklung der Gesellschaft steuern. Marx ist nicht vom Himmel gefallen, er war ein fleißiger und intelligenter Schüler der Aufklärung. Der Mensch ist ›unbeschreiblich plastisch‹, sagten die Anhänger des historischen Materialismus. Man kann den Menschen planen. Die Sowjets sollten zur Wiege einer neuen, herrlichen Rasse wissenschaftlich geformter Menschen werden. Trotzki schrieb das fast wörtlich so. Trotzki ist nicht vom Himmel gefallen. Das 19. Jahrhundert hat ihn erzogen.

Das ›Dritte Reich‹ war auf seine Weise eine Art von Laboratorium des rassisch reinen Deutschtums, des Herrenvolkes, das für die nächsten tausend Jahre die Welt beherrschen sollte. Auch Hitler ist nicht vom Himmel gefallen. Er kam aus dem 19. Jahrhundert, aus jener Epoche des Glaubens an die Vernunft und an die unbegrenzten Möglichkeiten des Menschen. Im Nationalsozialismus gab es keinerlei Mystik. Der Nationalsozialismus war sehr rational, alles wurde dort ordentlich geplant. Nur der Fanatismus der Nazimassen wirkte wie von einer Art Religiosität durchdrungen. Etwas Ähnliches war später, schon nach der großen ›Säuberung‹ der dreißiger Jahre, der Stalinkult in der Sowjetunion.

Der Mensch läßt sich ändern – nach gewissen Rezepten, Regeln, Grundsätzen. Man muß ihn nur entsprechend präparieren. Vernunft und Wille entscheiden über alles. Höher als der Mensch steht buchstäblich nichts. Er ist der Herr des Weltalls.

Nach dieser Feststellung kommt es nur noch darauf an, was man auswählt. Die Diktatur einer Klasse oder der germanischen Rasse, die proletarische Weltrevolution oder das Tausendjährige Reich, Hammer und Sichel oder das Hakenkreuz, der Führer oder der Generalissimus, die braune oder die rote Tyrannei, Gulag oder KZ. Wenn der Mensch alles kann und selbst die Grenzen seiner Taten festlegt, gibt es nichts mehr außer ihm.

8

Wenn es keinen Gott gibt, ist alles erlaubt, hat Dostojewski gesagt.

Man kann das umkehren und sagen: wenn alles erlaubt ist, gibt es Gott nicht. Gott wurde erschlagen. Er wurde sehr langsam erschlagen, auf Raten, über Jahrhunderte. Je mehr die Überzeugung des Menschen wuchs, sein Verstand habe keine Grenzen, während die Entwicklungschancen unendlich seien – schrumpfte Gott im Menschen. Nicht nur dieser persönliche Gott, an den Juden und Christen glauben, sondern auch das Element des Göttlichen in der Person des Menschen, ihr Gewissen, das die Entscheidung fällt zwischen dem, was gut, und dem, was schlecht ist.

Das Lager – das bedeutet: Das Töten ist gut, *weil* ich es kann. Das Lager ist also die Konsequenz der nachaufklärerischen Illusion über meine eigene Allmacht. Meine Allmacht ist die Freiheit von jeglichem Gewissen.

Doch ohne Gewissen ist nichts mehr da, ist das Nichts.

Das Lager ist das Nichts.

Seit der Mitte des 20. Jahrhunderts tragen wir alle das Lager in uns. Das ganze Leben wird zur Wahl. Für oder gegen das Lager. Für oder gegen das Nichts.

Stauffenbergs Widerstand

Die Warschauer Tageszeitung »Gazeta Wyborcza« vom 29./30. August 1992 brachte zwei polnische Stimmen zum deutschen Widerstand im Kriege, einen Brief von Janusz Roszkowski und einen Artikel von Andrzej Szczypiorski.

Janusz Roszkowski:
Warum ich die Tafel in Görlitz nicht mag

Am 21. Juli brachte die »Gazeta« eine Information über die Enthüllung einer Gedenktafel zu Ehren des Obersten Klaus Schenck von Stauffenberg und anderer Mitglieder der deutschen Widerstandsbewegung in Görlitz bei Allenstein.

Ich habe meine Zweifel daran, ob es richtig war, die von der »Gazeta« zitierten Worte auf der Tafel anzubringen: »Sowohl er als auch viele andere, die der Hitlerdiktatur Widerstand leisteten und dafür mit ihrem Leben bezahlten.« Es geht mir um die Worte: »die der Hitlerdiktatur Widerstand leisteten.« Mir scheint, sie geben das Wesentliche der Tat Stauffenbergs und seiner Kameraden nicht wieder. Ich möchte auf keinen Fall herabsetzen, wozu sich dieser tapfere Offizier entschlossen hat – es war eine heroische Tat –, aber das Wesentliche seines Anschlags auf Hitler war keineswegs der Angriff auf die Hitlerdiktatur als solche, sondern der Versuch, Deutschland zu retten. Stauffenberg und auch die anderen Teilnehmer an der Verschwörung wußten damals, im Juli 1944, genau, daß die Deutschen den Krieg verlieren würden und was Deutschland erwartete. Eine kühle Kalkulation ergab, daß die Beseitigung Hitlers für die Deutschen noch Chancen auf eine günstigere Entscheidung ihres Nachkriegsschicksals bieten könnte.

Die Attentäter waren nicht nur loyale Realisatoren der Eroberungsfeldzüge Hitlers, sondern auch seine schnell avancierenden und hochgelobten Soldaten. Die Hitlerdiktatur störte sie nicht, solange Hitler – unter ihrer tätigen Mitwirkung – Siege errang, Europa unterwarf und es schien, als würden die Deutschen gewinnen. Es fällt schwer zu glauben, daß die Teilnehmer an dem Attentat erst um die Mitte des Jahres 1944 den verbrecherischen Charakter des Systems erkannten. Die Russen näherten sich bereits der Weichsel, im Westen entstand eine zweite Front. Es war das letzte Klingelzeichen für den dramatischen Versuch zu retten, was noch zu retten war. Das politische Programm der Verschwörer ließ übrigens keine Illusionen zu, etwa was die Zustimmung zu den polnischen Aspirationen auf einen angemessenen Platz im Nachkriegseuropa anbetraf.

Ich bin mir darüber im klaren: Dies ist ein strenges Urteil. Doch was hilft's, in einer redlichen Darstellung der Tatsachen darf man sich keine Sentiments, keine Selbstzensur leisten, die von der Höflichkeit gegenüber einem Helden diktiert wird. Und da man Verheimlichungen nicht gestatten darf, sollte man auch zu weitgehende Vereinfachungen nicht erlauben, wie die Worte auf der Gedenktafel vom Widerstand gegen die Hitlerdiktatur.

Wenn jemand aufgrund dieser Tafel den Obersten Stauffenberg in seinem Pantheon der Helden des zweiten Weltkriegs unterbrächte, befände sich der einhändige Oberst neben den Soldaten des Partisanenführers Major Hubal*, den Warschauer Aufständischen, den Angehörigen der Kościuszko-Division** und den Teilnehmern an den Kämpfen um Monte Cassino. Denn sie haben auch der Hitlerdiktatur Widerstand geleistet. Und das war mit Sicherheit nicht dasselbe. Das mindert nicht im geringsten die Bedeutung der heldenhaften Tat Stauffenbergs. (...)

Hier drängt sich nachdrücklich eine bittere Reflexion auf: Wenn das Attentat gelungen wäre, wenn die Verschwörer die Macht an sich gerissen und damit den Deutschen einen Platz bei den Entscheidungen über die Nachkriegsregelungen gesichert hätten – alles wäre heute bestimmt genauso. Polen also unter Zustimmung der Westmächte im Einflußbereich der Sowjetunion, Abtretung der Ostgebiete... doch an einem könnte man zweifeln, nämlich ob Oder und Neiße Polens Westgrenze wären.

Und ganz am Rande: Wie wenig wissen, reden und schreiben wir über die Deutschen, die während der gesamten Hitlerzeit der Diktatur Widerstand leisteten. Besonders jetzt, wo diejenigen, die von Anfang an aktiv gegen den Nationalsozialismus gekämpft haben, ihm zum Opfer gefallen sind, auch dann, wenn sie durch eine rein formale Loyalitätserklärung Gnade erkaufen konnten – das waren

---

* *Hubal* – eigentl. Henryk Dobrzański, 1896–1940, Major der polnischen Armee, kämpfte gegen deutsche Truppen bis 1940
** *Kościuszko-Division* – die 1. Division der in der Sowjetunion ab 1943 aufgestellten polnischen »Volksarmee«

vor allem die Kommunisten und Sozialdemokraten. Ernst Thälmann wurde schon 1933 inhaftiert, 1944 in Buchenwald ermordet. Und Erich Honecker – ja, ja, genau der – saß wegen gegen Hitler gerichteter Aktivität bis zum Moment der Befreiung 1945. Der Sozialdemokrat Willy Brandt wirkte von außerhalb, genau wie Herbert Wehner und zahlreiche andere Sozialdemokraten. Es waren viele. Sie kämpften, sie wurden ermordet, und das nicht nur ab 1944. Sie ließen sich nach der Eroberung von Warschau oder Paris durch die Triumphmärsche nicht verführen. Von Anfang an wußten sie, was Hitler bedeutete, und »leisteten der Hitlerdiktatur Widerstand«.

An das, was diese Diktatur war, muß man immer erinnern. Man sollte die von der »Gazeta« übermittelte Information als bedrohliches Signal behandeln, daß unmittelbar vor der feierlichen Enthüllung der Tafel zu Ehren des Obersten Stauffenberg man Tafeln entfernt habe, welche die Verbrechen des deutschen Nationalsozialismus illustrierten. Und dabei war die »Wolfsschanze« doch der Ort, von dem die völkermordenden Befehle ausgingen.

Andrzej Szczypiorski:
Einige Bemerkungen über Stauffenberg

Der oben abgedruckte Brief von Janusz Roszkowski ist ein lehrreiches Beispiel gedanklicher Unordnung, wie sie in unseren Köpfen oft auftritt, wenn wir uns bemühen, bestimmte Fragen der neuesten Geschichte zu überlegen. Roszkowskis Text baut auf Klischees auf und beruft sich auf diese. Klischees enthalten immer ein Element der Wahrheit oder ihren durch die Tradition dauerhaft gemachten Anschein. So ist es auch in diesem Fall.

Es ist müßig, sich mit Roszkowski zu streiten, wenn er sagt, die Anführer der KPD seien durch den Nationalsozialismus verfolgt worden. Aber man muß auch an die Tatsache erinnern, daß die meisten Mitglieder der kommunistischen Partei schon im Jahr 1934 sich in den Reihen der NSDAP wiederfanden, was einen interessanten Beitrag zu den Forschungen über totalitäre Abweichungen im Kopf einfacher Menschen unserer Zeiten bildet. Es ist eine allgemein bekannte Tatsache, daß Ernst Thälmann im KZ ermordet wurde. Seine Haltung verdient gewiß die Achtung der Nachfahren, was man jedoch schon nicht mehr auf Honecker beziehen kann, der zwar auch in einem Gefängnis des Dritten Reiches gesessen hat, später aber auf lange Jahre zum bösen Geist der deutschen und europäischen politischen Bühne geworden ist.

Es steht auch außer Zweifel, daß Willy Brandt noch vor Kriegsausbruch den Kampf mit dem Nationalsozialismus aufnahm – wie viele deutsche Sozialdemokraten jener Zeit in der Emigration.

Aber was hat das für einen Zusammenhang mit der Person Stauffenbergs und dem Attentat auf Hitler, das am 20. Juli 1944 durch eine Gruppe höherer deutscher Offiziere unternommen wurde?

Ich meine, Janusz Roszkowski begeht einen Denkfehler in den Kategorien des politischen Monopols.

Er bewertet nämlich die Haltung Stauffenbergs und qualifiziert seine Tat aus der einzig richtigen und einzig berechtigten Perspektive, die bei uns bis vor kurzem als bindend galt und vom gesamten Staatsapparat geschützt wurde.

Dabei ist doch jede Weltanschauung berechtigt. Aus diesem Grunde habe ich, auch als das offiziell noch nicht erlaubt war, den Männern des 20. Juli, allen voran Stauffenberg, das Privileg zuerkannt, ein anderes Wertsystem zu bekennen und andere Grundsätze zu verkünden als meine eigenen.

Roszkowski schreibt zwar, Stauffenberg habe sich zu einer heroischen Tat entschlossen, gleichzeitig aber zieht er die edlen Motive des Obersten in Zweifel, indem er ihm enge, imperialistische deutsche Interessen zuschreibt. Roszkowski unterstreicht auch voller Überzeugung, Stauffenberg habe der Hitlerdiktatur keinerlei Widerstand geleistet. Eine derartige Bewertung nennt er »weitgehende Vereinfachung«, weil sie den deutschen Stabsoffizier neben die Soldaten Hubals, die Aufständischen in Warschau, die Männer der Kościuszko-Division und die Teilnehmer an den Kämpfen um Monte Cassino stelle.

Das ist ein beklagenswertes Mißverständnis, das sich aus der jahrzehntelangen kommunistischen Indoktrination ergibt. Denn wenn man überhaupt diese vereinfachende Argumentation akzeptieren will, hat sich gerade Stauffenberg als der Einzige erwiesen, der der Hitlerdiktatur Widerstand leistete, weil alle übrigen sich mit ganz anderen Dingen beschäftigten. Sie führten nämlich Krieg gegen Deutschland, wobei sie ihn sowohl gegen Hitler führten als auch gegen Stauffenberg und Millionen anderer Deutscher, ohne Rücksicht auf die politischen Überzeugungen und die moralischen Entscheidungen zu nehmen, die diese damals trafen.

Und genau das ist im Fall Stauffenbergs und der übrigen Verschwörer des 20. Juli ein Problem von grundsätzlicher Bedeutung. Gerade das Problem der moralischen Entscheidung macht aus dem Obersten Stauffenberg das Vorbild für einen Ehrenmann und Patrioten. Unter einer Bedingung. Man muß nämlich daran denken, was selbst Roszkowski bei uns vergißt, daß der Maßstab für den deutschen Patriotismus nie der Grad der Neigung zu Polen sein kann, wie ja der Maßstab für unseren Patriotismus nie der Grad der Sympathie oder Antipathie für Deutschland, Rußland oder irgendein anderes Land unter der Sonne sein konnte und sein wird.

Wie ich meine, berühren wir hier ein Problem von großer Bedeutung, das eine gesonderte Diskussion verdient hätte. Es geht um das Verständnis des Patriotismus als der Beziehung des Menschen zu seinem eigenen Land und Volk und nicht, wie man leider recht häufig glaubt, zu den anderen.

Der polnische Patriotismus – das ist nur die Frage nach dem Verhältnis des Polen zu Polen und den Polen. Unsere Ansichten über andere dagegen sind eine Frage individueller Dummheit oder Klugheit und haben mit Patriotismus nichts zu tun.

In diesem Sinne ist für mich Stauffenberg ein Muster für den heroischen, tragischen Patriotismus. Dieser Patriotismus verlangte großen Mut, nicht wegen des Risikos, das mit einem Attentat auf Hitler verbunden war, sondern allein schon wegen der Entscheidung für eine solche Einstellung.

Stauffenbergs Heroismus hat antike Ausmaße.

Die Suche nach irgendwelchen Vergleichen mit dem

Schicksal eines polnischen Partisanen oder Soldaten ist ganz einfach verfehlt. Der Pole kämpfte gegen den Angreifer, den Okkupanten, den Feind. Es war Krieg, die Deutschen hatten uns überfallen, man mußte für Polen kämpfen, in den Wald gehen, in den Untergrund, in die Armee.

Selbstverständlich haben viele Menschen beim Widerstand nicht mitgemacht, weil sie die Konsequenzen fürchteten. Man darf sie deswegen nicht verurteilen, denn jeder Mensch hat ein Recht auf seine eigene Angst. Das gerade waren die polnischen moralischen Dilemmata jener Zeit. Wer kämpfte, spürte im allgemeinen keine Gewissenskonflikte. Denn der Kampf gegen die Deutschen war eine moralisch eindeutige Sache. Der Pole, der damals auf einen Deutschen schoß, war mit sich selbst im Reinen, mit seinen Kriegskameraden, mit dem Vaterland, Gott und der Geschichte.

Vermutlich hatte Oberst von Stauffenberg, als er am Morgen des 20. Juli 1944 in Hitlers Hauptquartier den Zünder seiner Bombe in Gang setzte, das schmerzliche Bewußtsein, mit sich selbst nicht im Reinen zu sein, als er, zum Kreis der hohen Offiziere einer kriegführenden Armee gehörend, den Anschlag auf den obersten Führer der deutschen Wehrmacht ausführte, auch nicht im Reinen angesichts von Millionen Kameraden, die an jenem Tage an vielen Kriegsfronten zur Verteidigung Deutschlands kämpften und damit die Befehle Adolf Hitlers ausführten, wozu sie sich durch den Fahneneid verpflichtet hatten; womöglich auch nicht im Reinen gegenüber seinem deutschen Vaterland, weil er in einem sehr schwierigen Moment der Geschichte Deutschlands eine so riskante Tat mit so unklaren

Konsequenzen beging; auch nicht, weil der Himmel ihm womöglich keine Barmherzigkeit erweisen würde, da er schließlich bewußt den Eid gebrochen hatte und den allgemein anerkannten Prinzipien untreu geworden war.

Stauffenberg hatte das Gefühl eines großen moralischen Risikos, war aber bis zum letzten Moment der Kopf des Anschlags, der Hauptakteur, die führende Gestalt der Verschwörung.

Roszkowski hat Unrecht, wenn er sagt, Stauffenberg und die übrigen Attentäter hätten sich erst im Juli 1944, angesichts der unaufhaltsamen Niederlage des Dritten Reiches, entschlossen, Hitler zu beseitigen, um zu retten, was noch zu retten war.

Roszkowski wiederholt das alte, aber unrichtige Schema sowjetischer Propaganda und Historiographie, nur die Kommunisten hätten sich dem Führer des Dritten Reiches entgegengestellt, die Offizierskaste dagegen hätte Hitler eifrig unterstützt, weil er ein Militarist war, von Anfang seiner politischen Karriere an Rachelosungen verkündete, vor allem aber den Plan von Eroberungen in Osteuropa und eines Angriffs auf die UDSSR nicht verheimlichte, was angeblich ideal den Konzeptionen, Aspirationen und Traditionen der preußischen Generalität entsprach.

All das ist Schein und dummes Zeug ohne ernsthafte historische Begründungen.

Die Geschichte der Beziehungen zwischen Hitler und der Reichswehr ist gut bekannt. Anfangs waren sie feindlich, nach dem Jahr 1934 besserten sie sich etwas, während des Anschlusses Österreichs und der Krise von München kam es wieder zu ernstlichen Spannungen.

Im Jahr 1938 war ein Teil der deutschen Generäle sogar geneigt, aus Furcht vor seinem politischen Abenteurertum einen Staatsstreich gegen Hitler zu unternehmen.

Unter Historikern und Politologen trifft man oft auf die Anschauung, in keinem Staat der Welt strebten die Generäle auf den Krieg zu, weil Krieg im Widerspruch zu ihren eigenen Interessen stehe. Die Generäle fühlen sich am wohlsten und haben gewöhnlich die stärkste Position in Zeiten der Spannungen und Bedrohungen. Vom Moment des Ausbruchs eines bewaffneten Konflikts an aber, für dessen Folgen und Endergebnis sie schließlich die Verantwortung tragen, fühlen sie sich fatal, was man übrigens für verständlich und zutiefst menschlich halten sollte. Die Generäle des Dritten Reiches glaubten nicht an den Erfolg der deutschen Waffen und fürchteten den von Hitler provozierten Krieg. Es gibt Dutzende von Dokumenten, die dafür zeugen, daß die Mehrheit des Offizierskorps in Deutschland gegen den Krieg war, und die hauptsächlich aus den Kreisen der preußischen Junker erwachsene Generalität hielt Hitler für einen Abenteurer.

Doch Hitlers Politik erbrachte immer bessere Resultate. Die Generäle befürchteten, der Einmarsch in das Rheinland würde eine Intervention Frankreichs auslösen und eine weitere Demütigung Deutschlands, aber Hitler demütigte die Franzosen ohne einen Schuß. Die Generäle glaubten, die Großmächte würden den Anschluß nicht akzeptieren und ganz bestimmt mit der Lösung der tschechischen Frage nicht einverstanden sein, aber München erwies sich als ein großer Triumph Hitlers. Bei den Generälen reifte – nicht ohne Zögern und Verwunderung – die Ansicht heran, Hitler habe einen untrüglichen Sinn für das politische Risiko und werde Ziele erreichen, die vorher unerreichbar schienen.

Man muß auch daran denken, daß die weit überwiegende Mehrheit der deutschen Bevölkerung keinen Krieg wollte, aber begeistert war von den friedlichen Erfolgen und Errungenschaften Hitlers, die Deutschland wieder zu einem großen Staat und zur ersten Macht in Europa gemacht hatten.

Roszkowski scheint den Generälen vorzuwerfen, daß sie Hitler nicht vor Kriegsausbruch stürzten. Ich halte das für ein Mißverständnis, das aus den Versuchen resultiert, die Geschichte ex post zu gestalten. Im Jahr 1939 war Hitler ein in der Welt geachteter Staatsmann, der Kanzler des Reiches, hinter dem die große Mehrheit der Nation stand.

Diese Nation hatte während des Krieges 1914–18 viel gelitten, aber auch infolge der politischen Demütigungen der Nachkriegszeit sowie der Wirtschaftskrise, die Elend, Arbeitslosigkeit, soziale Spannungen und zivilisatorischen Verfall über Deutschland brachten. Hitler mit seinem nationalistischen, antisemitischen, populistischen Programm der sozialen Gerechtigkeit und des Kampfes gegen Versailles sicherte sich die Unterstützung eines Großteils der Welt der Arbeit und der Mittelklasse. Um die Unterstützung von Seiten des Großkapitals mußte er sich länger bemühen, was der kommunistischen Legende widerspricht, er sei ein Lakai und ein willenloses Werkzeug von Krupp oder anderen gewesen.

Am schwierigsten war es, das Vertrauen und die Unterstützung der Berufsoffiziere preußischer, aristokratischer

Herkunft zu gewinnen. Im Grunde hat Hitler das bis ans Lebensende nicht geschafft. Er gab dem übrigens in seinen hysterischen Tiraden aus dem Bunker unter der Reichskanzlei im Frühjahr 1945 Ausdruck.

Wiege und Schmiede des Nationalsozialismus war Süddeutschland. Hitler kam aus Österreich, ein Großteil seiner Anhänger stammte aus Bayern, Hauptstädte der Bewegung waren München und Nürnberg.

Das nördliche, protestantische Deutschland an der Küste von Nord- und Ostsee, mit alter Seefahrer- und Kaufmannstradition, offen für die Welt und fern aller Fremdenfeindschaft, im Hinterland preußisch, zum Teil auch adlig, konservativ, populistischen Programmen abgeneigt und jedem Radikalismus feindlich gesonnen, begegnete der Hitlerbewegung reserviert. Berlin war damals rot, sozialdemokratisch, in großem Maße auch kommunistisch. Es mußte einige Zeit vergehen, bis die Berliner Arbeitswelt sich an den Nationalsozialismus gewöhnte und ihn dann unterstützte. Dasselbe trifft für die konservativen Kreise in Preußen zu. Heute scheint alles einfach und klar, aber vor mehr als einem halben Jahrhundert war es weder einfach noch klar. Hitler verkündete in der Tat völlig offen, man werde mit den Juden Schluß machen und die Slaven zur Sklavenarbeit für die germanische Rasse abrichten. Und später, in den Kriegsjahren, hat er sein Programm tatsächlich verwirklicht. Dennoch ist es ziemlich sicher, daß im Jahr 1933 und ebenso 1939 fast niemand in Europa diese Ankündigungen ernst nahm. Hitler wurde natürlich von den fortschrittlichen Kreisen und der demokratischen öffentlichen Meinung bekämpft, aber gleichzeitig behandelte man ihn als eine Art Gegengewicht gegen die schrecklichen Experimente im Bereich der sozialen Ingenieurtechnik, wie sie bei den Sowjets realisiert wurde – was bewirkte, daß das Dritte Reich von der Aura eines gewissen Verständnisses umgeben war.

Die einen behandelten den Kanzler also wie einen Lausbuben mit etwas grotesken Zügen, den man nicht ernst nehmen durfte, während andere, weitsichtigere die mit ihm verbundenen Bedrohungen empfanden, sich aber mit der irrigen Überzeugung beruhigten, man werde ihn im richtigen Augenblick schon zähmen können.

Dennoch liegt auf der Hand, daß Hitler sie alle betrog und an der Nase herumführte. Sogar den mißtrauischen Gangster namens Stalin. Heute wissen wir: Als am 22. Juni 1941 deutsche Bomben auf die UDSSR fielen, wollte der Machthaber im Kreml immer noch nicht glauben, daß sein Verbündeter ihn verraten und angegriffen hatte.

Die Junkeropposition in der Wehrmacht zerbröckelte bis zum Kriegsausbruch immer mehr. Mit dem 1. September 1939 aber änderte sich die Lage radikal. Die Wehrmacht führte Krieg. Hitler war Staatsoberhaupt und oberster Befehlshaber. Hier ist noch etwas Wichtiges anzufügen. Die Tatsache, daß das Offizierskorps des Reiches ein schlechtes Verhältnis zu Hitler und seiner Partei hatte, ändert an der historischen Tatsache nichts, daß viele deutsche Generäle und Offiziere sich schändliche Taten zuschulden kommen ließen, die sowohl den Grundsätzen der Ehre, als auch den Normen der europäischen Zivilisation widersprachen. Nicht nur ss-Einheiten begingen Verbrechen. Es gab auch reguläre Wehrmachtseinheiten, auf denen die Schande von

Massenmorden lastet. Manche Wehrmachtsführer waren überzeugte Nationalsozialisten.

Doch derartige Vorwürfe beziehen sich nicht auf Stauffenberg und seine Mitverschwörer. Vergleiche in bezug auf Größe und Bedeutung der Widerstandsbewegung in Deutschland und in den von Deutschland besetzten Gebieten sind absurd. Die Widerstandsbewegungen in Polen, Jugoslawien, der Sowjetunion, Frankreich bedeuteten den Kampf mit dem äußeren Feind, dem Angreifer und Okkupanten.

Die Widerstandsbewegung im Reich bedeutete den Verzicht auf die Schicksalsgemeinschaft mit der eigenen Nation und den aktiven Kampf gegen den eigenen Staat, selbst wenn man genau wußte, daß dieser Staat auf barbarische und verbrecherische Weise Krieg führte, und das mußten entgegen Roszkowskis Überzeugungen die höheren Stabsoffiziere keineswegs wissen. Denn es ist eine simple Wahrheit, daß viele Polen, die besonderen Erfahrungen ausgesetzt waren, von den Naziverbrechen schon während des Krieges wußten, aber schon sehr viel weniger Franzosen, Holländer, Italiener, Ungarn oder Belgier. Die Menschen in Europa ahnten, daß Ungutes mit den Juden geschah, aber selbst die Juden, die zu Zehntausenden nach Osten verfrachtet wurden, vermuteten nicht, daß sie ins Gas fuhren.

Heute ist das schwer zu begreifen, aber so war es.

Es gab also damals zahlreiche Deutsche, Zivilisten im Hinterland, Soldaten und Offiziere, die ganz einfach von den Verbrechen nichts wußten. Oder wollten sie vielleicht davon nichts wissen? Wenn dem so ist, waren sie weder die ersten noch die letzten. Millionen von Menschen in Sowjetrußland, aber auch in den Ländern des sowjetischen Imperiums, wollten von bestimmten Dingen nichts wissen. Das betraf die kleinen, banalen Schandtaten, aber auch die großen Verbrechen, und dauerte jahrzehntelang. Der Deutsche, der gegen das Deutsche Reich jener Zeit auftrat, traf eine unendlich schwierige Wahl. Und eine so schreckliche Sache wie eine Verschwörung gegen den obersten Befehlshaber war schwer vorstellbar, besonders für Menschen, die man seit Generationen in einer Tradition soldatischer Pflicht und Ehre erzogen hatte. Für mich ist eine derartige Tradition fremd und wenig anziehend, doch in jener Epoche und in jener sozialen Schicht stellte sie einen großen Wert dar.

Wir sprechen noch heute, ein halbes Jahrhundert nach jener Zeit, in tiefer Anerkennung von der Ehre der polnischen Uniform, wir erinnern an die Tapferkeit polnischer Offiziere, die im Krieg kämpften. Roszkowski erwähnt das auch in seinem Text.

Stauffenberg war als Patriot und Soldat deshalb so heroisch, weil er um des Sieges eines moralischen Prinzips willen, das frei war vom Relativismus unserer Epoche, nämlich für die Rettung der Freiheit und Würde in einer verlogenen, verkommenen und vom Verbrechen durchsetzten Welt Vorbehalte und alle Beziehungen, die ihn an diese Welt banden, verwarf.

Er mußte sich von aller Solidarität mit der eigenen Nation, die gerade die Prüfung des Krieges erlebte, lossagen. Er mußte sich von seiner preußischen, adligen, aristokratischen, militärischen, familiären Tradition lossagen. Er mußte sich wortwörtlich von allem lossagen, um das Eine zu retten – das Gewissen und die Menschenwürde in der Uniform der deutschen Wehrmacht.

Genau darum rettete er auch die Würde vieler anderer. Ich glaube, Stauffenberg gehört zu den wenigen Europäern unseres Jahrhunderts, die durch ihre einsame Haltung im Lärm des moralischen Relativismus und im Getöse totalitärer Beschwörungen die Existenz eines einfachen, wenngleich immer wieder verspotteten Verhaltensmusters bestätigten.

Es gibt etwas im Menschen, das ihm mehr bedeuten sollte als der eigene Staat und auch mehr als die eigene Nation, das Gefühl individueller Verantwortung für die Wahl zwischen Gut und Böse.

Die Wannseekonferenz

Oder: Was ungesagte Worte sagen

Es ist das einer der dunkelsten und schrecklichsten Jahrestage in der Geschichte der menschlichen Zivilisation. Ein halbes Jahrhundert ist seit dem Tag vergangen, da sich im Berliner Stadtteil Wannsee Funktionäre des Dritten Reiches trafen, um das Problem der ›Endlösung‹, der Judenfrage durchzudiskutieren oder – konkret gesagt – die Methoden zu besprechen und die technischen Mittel festzulegen, die sie zur Ermordung von Millionen europäischer Juden benötigten.

Es ist sehr charakteristisch, daß die damals in der Villa am Wannsee versammelten Männer sich bewußt waren, an einer verbrecherischen Verschwörung teilzunehmen, deren Ziel der Massenmord an Millionen unschuldiger Opfer war. Darum werden in den Konferenzprotokollen fast ausschließlich Euphemismen benutzt. Man nennt die Dinge nicht beim Namen, den Mord bezeichnet man als ›Endlösung‹, den Transport der Opfer zum Gas nennt man elegant ›Umsiedlung‹ und das Töten von Menschen ›Sonderbehandlung‹.

Die in Wannsee versammelten Funktionäre des Reiches wollten vor sich selbst, aber auch in den Augen ihrer engsten Mitarbeiter des Verbrechens, als zivilisierte Menschen gelten, als gewöhnliche, vielleicht sogar ganz biedere Beamte, anständige Familienväter, verantwortlich für ihre öffentlichen Pflichten. Sie mieden deshalb eindeutige Bezeichnungen, verbargen ihre verbrecherischen Gedanken vor sich selbst, bedienten sich der Bürokratensprache, als wäre es in Wannsee um irgendeinen Transport von Möbeln gegangen oder schlimmstenfalls von Schlachtvieh.

Das ist der Beweis dafür, daß sie sehr genau wußten, was sie taten. Gerade diese Camouflage, diese Sprache, die die Wahrheit verbergen sollte, diese bürokratischen Formulierungen, bezeugen am stärksten, wie sehr sich die Männer, die an der Konferenz teilnahmen, über ihre verbrecherischen Absichten im klaren waren und wußten, daß sie an einer Verschwörung gegen die Menschheit mitwirkten. In diesem Sinne geht das Protokoll der Konferenz weit über die historische Tatsache der Vernichtung von Millionen Juden hinaus. Es ist der Beweis dafür, daß der Mensch immer weiß, was er tut, und zwischen Gut und Böse unterscheiden kann; je mehr er von den schlimmen Seiten seiner Natur weiß, desto eifriger ist er bemüht, sich vor sich selbst zu rechtfertigen und die Wahrheit zu verdecken. So gesehen ist das Wannseeprotokoll ein Text, würdig der Feder eines Dostojewski, soviel schreckliches Wissen um die Natur des Menschen ist darin enthalten.

Im Licht dieses Ereignisses vor fünfzig Jahren drängt sich auch eine zweite, politische Reflexion auf. Es entsteht nämlich die Frage, warum Adolf Hitlers Staatsmaschinerie erst im Januar des Jahres 1942 technisch-organisatorische Bemühungen für die sogenannte ›Endlösung‹ in Angriff nahm. Der Krieg dauerte doch schon über zwei Jahre, die Ghettos im Osten funktionierten bereits länger als ein

Jahr, nämlich seit September 1940, und doch machten sich die Deutschen erst nach der Konferenz am Wannsee an die Massenvernichtung der Juden.

Es war immer mein Standpunkt, daß Theorie und Praxis politischer Handlungen zwei Paar Schuhe sind. Hitler verkündete zwar schon an der Schwelle seiner Tätigkeit antisemitische Losungen und forderte die Eliminierung der Juden, doch nahmen anscheinend nicht einmal die Leute seiner Umgebung dieses Programm als Ankündigung der physischen Vernichtung von Millionen Menschen ernst. Wäre es anders gewesen, müßte das ganze deutsche Volk, das *Mein Kampf* gelesen und noch vor dem Kriege Hitlers Reden gehört hatte, die Verantwortung tragen für seine Teilnahme an der verbrecherischen Verschwörung. Ich meine jedoch, daß vielleicht sogar Hitler selbst, trotz seiner verbrecherischen und kranken Natur, erst unter den Bedingungen, die sich als Folgen der militärischen Handlungen an den Fronten des Krieges ergaben, zu dem Schluß kam, jetzt biete sich die Möglichkeit, das Programm von *Mein Kampf* vollständig zu realisieren.

So kann also die Wannseekonferenz auch als Illustration dafür dienen, daß die Menschen nicht bis zuletzt die Umstände formen, unter denen sie handeln, und daß bestimmte Umstände Handlungen erzwingen, die unter etwas anderen Bedingungen weder im technischen noch im psychologischen Sinne möglich wären.

Eine solche Anschauung rechtfertigt selbstverständlich nicht im geringsten die Naziverbrecher, die vor fünfzig Jahren über die Vernichtung von Millionen ihrer jüdischen Nächsten redeten. Diese Anschauung erlaubt nur, ein an-

deres Hirngespinst totalitären Denkens zu verwerfen, nämlich die kommunistische Überzeugung vom unvermeidlichen Charakter der historischen Dialektik.

Ich denke, hier gibt es gar keine Dialektik. Es gibt nur
das menschliche Gewissen, es gibt die Folgen menschlicher
Taten und Worte, über die von einem bestimmten Moment
an niemand mehr die Herrschaft behält. Nicht einmal der-
jenige, der das erste Wort ausgesprochen hat.

Eine kleine Nachtmusik

Meine letzte Nacht
im Konzentrationslager Sachsenhausen

Mein Atem ging pfeifend, er erinnerte ein wenig an eine geplatzte Piccoloflöte. Ständig ein und derselbe Ton, vielleicht sogar aufreizend, doch nach einiger Zeit monoton und langweilig.

Es war für eine gute Stunde der einzige Ton, der überhaupt in dieser dichten, dumpfen Dunkelheit existierte. Dann aber schloß sich ein neuer Ton an. Das sanfte Raschelns des Strohs unter meinem Körper, wenn ich mich, des Risikos noch nicht bewußt, bewegen mußte. Denn das Risiko, obgleich ich darüber genau informiert wurde, existiert nicht im Bewußtsein des Menschen, ehe es nicht Ton, Licht oder Bewegung geworden ist. Ich bewegte mich jedoch äußerst vorsichtig, damit das Stroh nur ein kaum hörbares Geräusch machte.

Dann knarrten die Bretter weiter unten, das war wohl das Fagott, in meinem Gedächtnis ist dort das Fagott.

Schließlich die Regentropfen draußen. Sie gaben einen Rhythmus vor, sie maßen die Zeit ab, die mir noch blieb.

Die Regentropfen, von denen fast jeder anders klang, mit einer anderen Note bezeichnet, ihre Ketten glänzten in der Dunkelheit wie Edelsteine, das immer deutlichere Stakkato dieser Tropfen – und in der Ferne: Schritte.

Diese Schritte hatte ich erwartet, sie sollten das Thema des ganzen Werkes bilden, ohne sie hätte die Symphonie jener Nacht überhaupt nicht existiert. Zuerst waren die Schritte glitschig, weil die hohen Stiefel im Dreck versanken. Vor der Baracke richtete der Regen Verwüstungen an auf der Oberfläche des Pfades, der einst so sorgfältig gepflegt wurde, damit die Schäfte der ss-Leute möglichst lange ihre polierte, stolze Oberfläche behielten. Jetzt war das vorbei, also versanken die Stiefel im Dreck. Ich hörte das Glucksen und Platschen, Schmatzen, Schlürfen und Gurgeln – bis der Stiefel plötzlich gegen die Schwelle stieß. Das war ein voller und edler Ton, er läutete silbern in mir. Das sollte die letzte Note vor meiner Ewigkeit sein. Doch plötzlich blieben die Schritte stehen und kehrten um, sie entfernten sich langsam im Glucksen des Drecks.

Irgendwo in der Ferne fiel ein Schuß, vermutlich hatte ein ss-Mann jemanden im Dunkeln erwischt. Wieder nur der Regen und mein Atem und das Rascheln des Strohs auf meiner Pritsche. Leise Töne des Lebens, das mir damals geschenkt wurde – durch einen Irrtum, eine Unaufmerksamkeit, ein Versehen.

Das war in der Nacht des 21. April 1945, im Konzentrationslager Sachsenhausen. Am Vortag war fast das ganze Lager evakuiert worden.

Wo die Vernunft machtlos ist

Fünfzig Jahre nach der Befreiung des
Konzentrationslagers Auschwitz

Im Jahr 1947 schrieb Theodor Adorno, nach Auschwitz
könne man keine Gedichte mehr schreiben. Adorno war ein
großer Denker und edler Mensch, aber er hat sich grandios
geirrt. Die Poesie besteht weiterhin.

Die Geschichte von Auschwitz ist auf ihre Weise eine
Geschichte der Menschheit. Alles, was menschlich ist, hat
Auschwitz geschaffen. Das klingt scheinbar paradox, weil
sich die Welt in den letzten Jahrzehnten daran gewöhnt hat,
die Banalität zu wiederholen, Hitler und die nazistischen
Konzentrationslager seien etwas Unmenschliches gewesen,
das mit der Kultur Europas im Widerspruch stand, eine
Verneinung unserer Vorstellungen vom Wesen des Menschen, ein Beweis für seine schrecklichste Entartung.

All das ist wahr, aber nur zum Teil. Es liegt wohl auf der
Hand, daß die Naziideologie und das Dritte Reich nicht vom
Himmel gefallen, nicht auf übernatürliche Weise erschienen
sind als eine Art Fluch höherer Mächte. Wer das glaubt,
muß, sobald er diese Ansicht konsequent und logisch entwickelt, Gott mit der Verantwortung für die Gaskammern
und die Krematorien belasten, für die ganze Bestialität des
Krieges, für alle Verbrechen, welche die Deutschen damals
begingen, um andere Völker zu beherrschen.

Die Geschichte ist eine Sache der Menschen. Nur die Menschen tragen die Verantwortung für den Ablauf der Ereignisse, an denen sie teilhaben, und die Situationen, die sie schaffen. In diesem Sinne ist Auschwitz eine rein menschliche Angelegenheit; es ist ein verblüffender, aber integraler Teil der Geschichte Europas, vor allem aber der Geschichte der deutschen Nation. Denn die deutsche Nation hat bewirkt, daß Hitler vollbringen konnte, was er vollbracht hat.

Dennoch bin ich nicht der Ansicht, das sei ein rein deutsches Problem.

Die rationale Interpretation der Vergangenheit, wie sie die Aufklärung uns lehrte, erschien jahrzehntelang völlig ausreichend und eindeutig. Und dann erwies sie sich vor einem halben Jahrhundert plötzlich als unbrauchbar. Sie war zu beschränkt und so gut wie ungeeignet, überzeugend zu erklären, was der Menschheit in Auschwitz zugestoßen ist.

Das 19. Jahrhundert war ein Jahrhundert großartiger Entwicklung von Wissenschaft und Technik. Die Menschen, vor allem in Europa, hatten ein Recht zu meinen, der Fortschritt des Wissens über die Welt und den Menschen garantiere eine bessere, eine fast vollkommene Zukunft für alle. Es kam sogar so weit, daß Marx, ein Musterschüler aufgeklärter Illusionen, die wissenschaftliche Vorausschau und die Organisierung der weiteren Geschicke der Welt proklamierte. Was daraus resultierte, wissen diejenigen am besten, denen im 20. Jahrhundert die ›Wohltaten‹ des Aufbaus einer kommunistischen Gesellschaft widerfuhren, diese Tyrannei der ›Herrschaft der Philosophen‹, die Millionen von Menschen das Leben kostete.

Das 19. Jahrhundert war nicht nur die Epoche des Dampfes und der Elektrizität. Es war zugleich die Zeit der großen Illusionen, denn die Menschen glaubten, daß sie bereits alles oder fast alles über ihre eigene Natur wußten. Vernünftige Entscheidungen im ökonomischen und sozialen Bereich würden allem Unglück ein Ende setzen und zugleich alle Überraschungen im Verhalten des Menschen ausschließen.

Nicht nur die Kommunisten glaubten, das Auftauchen Hitlers, der verbrecherische Charakter des Dritten Reiches, die Vorgänge im Kriege, mithin auch Auschwitz, könnten restlos geklärt werden durch eine rationale Analyse der wirtschaftlichen und sozialen Situation im damaligen Europa. Schließlich wurden im Verlauf der letzten fünfzig Jahre Tausende von Büchern geschrieben, in denen eine sehr detaillierte und sehr vernünftige politische, wirtschaftliche und soziologische Interpretation der Zeit des Zweiten Weltkriegs enthalten ist.

Es wäre Unsinn zu behaupten, diese Interpretationen seien nichts wert. Aber unsinnig ist auch die Meinung, man könne Auschwitz bis ins letzte mit rationalen Kategorien erklären. Es gibt kein rationales Instrument, das uns erlauben würde zu verstehen, warum ein gewöhnlicher, intellektuell beschränkter Landwirt namens Himmler zur Verkörperung des Teuflischen wurde, warum ein im Umgang recht sympathischer Mann namens Höß, dem der Ruf eines beispielhaften Gatten, sorgsamen Vaters und Liebhabers klassischer Musik vorauseilte, sich als Mörder von Hunderttausenden wehrloser, niederträchtig behandelter Opfer im Vernichtungslager Auschwitz erwies.

Dr. Mengele war kein wildes Tier, sondern ein gut ausgebildeter deutscher Arzt, der in den dreißiger Jahren mit

Erfolg verschiedene Leute behandelte, wobei er sich sogar durch eine gewisse Redlichkeit und Verantwortungsgefühl auszeichnete. Derselbe Mengele ermordete persönlich Tausende von Menschen. Nach einem erschöpfenden Arbeitstag verließ er das Auschwitzer Revier voll frischer Leichen und ging heim zum Abendessen, zu einem Gläschen Wein und einer Partie Schach. Und dann schlief er ruhig ein, um am nächsten Tag wiederum Hunderte von neuen Opfern umzubringen.

Das kann man nicht mit ausschließlich politischen oder sozialen Kategorien erklären und dabei das Argument gebrauchen, Himmler habe sich beim Rosenbeschneiden elend gefühlt, weil ihn die Wirtschaftskrise der Weimarer Republik bedrückte, Höß sei der Meinung gewesen, Deutschland sei nach 1918 gedemütigt worden, und Mengele habe sich vor der Arbeitslosigkeit gefürchtet und sei aus diesem Grund in die ss eingetreten.

Die gesellschaftliche Interpretation des menschlichen Schicksals, die eines der aufklärerischen Fundamente des europäischen Denkens ist und von den Kommunisten zum wichtigsten Instrument der Erkenntnis gemacht wurde, erweist sich hier auf peinliche Weise als schwach.

Ich behaupte nicht, diese Version sei falsch. Ich behaupte nur, sie sei angesichts der Rätsel der menschlichen Natur ganz einfach ratlos.

Das heißt aber keineswegs, daß das Böse, welches gewissermaßen von Natur aus im Menschen steckt, eine Rechtfertigung für das Deutschland und die Deutschen jener Epoche sein könnte.

Sehr bequem wäre die Behauptung: Weil dem Menschen

von Natur aus etwas Teuflisches einkodiert ist, das aus einem einfachen Landwirt einen großen Verbrecher gemacht hat und aus einem durchschnittlichen Arzt einen Massenmörder, brauche niemand die Last der Schuld und die Verantwortung zu tragen. Denn die Welt sei ganz einfach schlecht und der Mensch unberechenbar, ihn lenkten dunkle, geheimnisvolle Kräfte, man müsse sich also abfinden mit dem Unvermeidlichen, man müsse die Existenz des Teufels in der Natur der Welt ganz einfach akzeptieren.

Ich denke, für die Existenz des Bösen können wir tatsächlich keine Verantwortung übernehmen. Aber wir müssen sie tragen für die Wahl, die wir treffen zwischen dem, was böse, und dem, was gut ist.

Darauf beruht in der christlichen Weltanschauung das Wesen der Sünde, und im Rahmen des kollektiven Lebens, das in der europäischen Zivilisation Form angenommen hat, der Sinn von Freiheit und Menschenwürde.

Zur Zeit des Dritten Reiches haben die Deutschen ihre eigene kulturelle Tradition verraten und all dem eine Absage erteilt, was sie zuvor zu Europäern gemacht hatte; später, nach tragischen und schmerzlichen Erfahrungen erlaubte dieses Erbe ihnen wieder, in das verratene, verspottete und von ihnen erniedrigte Europa zurückzukehren.

Es liegt mir fern, die Größe und Bedeutung der Tradition der Aufklärung zu negieren. Sie kennzeichnet ja auch die Achtung vor der menschlichen Vernunft, sie kennzeichnet den Glauben daran, daß die Vernunft den schwierigsten Anforderungen der Welt gerecht zu werden vermag.

Die Frage ist nur, ob sie auch den Rätseln gerecht zu werden vermag, die im Menschen selbst liegen.

Adorno hatte nicht recht, als er die Meinung vertrat, nach Auschwitz müsse die Poesie schweigen. Auschwitz hat nicht die Poesie begraben, sondern unsere alte, blinde Überzeugung, man könne den Menschen restlos durch rationale Kategorien erklären.

Auschwitz war und bleibt vor allem ein moralisches Problem. In diesem Sinne ist es auch eine Sache zwischen dem Menschen und Gott, hat es eine metaphysische Dimension wie alles, was zum Ringen des Menschen mit seinen Teufeln und seinen Engeln gehört.

In der Zeit von heute können solche Formulierungen altmodisch wirken. Sie sind aber keineswegs altmodisch. Es genügt, die banalen Gegenstände zu betrachten, die im Auschwitzmuseum zusammengetragen sind, um zu verstehen, daß die Menschen nicht allein sind im Angesicht der Geschichte. Zusammen mit ihnen ist da immer etwas, das weder Namen noch Gestalt noch Maß hat und sich der Bewertung nach vernünftigen Kategorien entzieht.

Vor diesen Haaren, die man den Leichen abgeschnitten hat, vor diesen zahllosen Haufen von Schuhen, Brillen, Spazierstöcken, Tüchern, Brieftaschen, Beuteln, Koffern und Spielsachen, die man den vergasten und verbrannten Menschen abgenommen hat, spüren wir heute nicht nur das Gespenst des Verbrechens und die Riesengröße des Leidens, sondern auch und vielleicht vor allem einen gewissen gespenstischen Mangel, eine lähmende Leere.

Das ist die Abwesenheit des menschlichen Gewissens.

Vielleicht sagt darum die Poesie mehr Wahres über Auschwitz als alle wissenschaftlichen Abhandlungen.

Es wird nicht mehr geschossen

Erinnerungen an das Kriegsende

I

Dreimal habe ich das Kriegsende erlebt. Es gab nur einen Krieg, aber sein Ende hatte drei unterschiedliche Pointen, ich erlebte dreimal das Gefühl: Genau jetzt, in diesem besonderen Moment liegt endlich die Kriegserfahrung hinter mir, ist ein Kapitel abgeschlossen, das ich nun auf dem Dachboden der Erinnerung ablege, ich schließe die Erfahrung sorgsam in die Koffer meines Lebens ein, in die ich nie wieder hineinschauen werde, und die ich eines Tages mitnehme – wie alles, was mein ist – auf die letzte Reise ans andere Ufer, wo die große Unbekannte des Todes wartet.

Ich habe also dreimal das Kriegsende erlebt, und das geschah keineswegs am 8. Mai des Jahres 1945, als dieser Krieg für die Welt wirklich beendet wurde.

Am 8. Mai 1945 stand ich auf einer verkehrsreichen Straße im Zentrum Posens. Der Tag war hell und warm, ein leichter Frühlingswind wehte. Rund um mich drängten sich arme Leute, und fast jeder Vorübergehende sprach mich freundlich an, nicht ohne ein gewisses Mitgefühl, eine gewisse Demut und einen gewissen Widerwillen. Ich stand auf dem Bürgersteig im Narrenkostüm des KZ-Häftlings, in löchriger Hose und Jacke, grau und blau gestreift, auf dem kahlen, mageren Schädel die Häftlingsmütze; darunter blickten die Augen eines ausgemergelten Jungen in die Welt, der noch im letzten Moment Hitler von der Schippe gesprungen war.

Ich war zu Fuß nach Posen gelangt, aus der Umgebung Berlins, durch abgebrannte Dörfer und Kleinstädte und befand mich nun in der alten polnischen Stadt, die in Trümmern lag. Das war genau am 8. Mai 1945, und damals endete der Krieg.

Doch weder für mich noch für die Posener Straßenpassanten, die mich damals als besonders geprüften Landsmann grüßten und gleichzeitig in meiner Nähe den Atem anhielten, weil ich unbeschreiblich nach Elend, Hunger, Leiden und Sterben stank, schien das damals ein besonderer Tag zu sein.

Jemand auf der Straße sagte, das Radio hätte gerade die Nachricht von der bedingungslosen Kapitulation Deutschlands gebracht, die anderen nickten und kümmerten sich weiter um ihre eigenen Angelegenheiten, als beträfe sie dieses Kriegsende überhaupt nicht. Einige griffen wieder zu ihren Spitzhacken, um die Trümmer auf den Bürgersteigen fortzuräumen, andere holten aus ihren Bündeln ein Stück Brot und stärkten sich unter freiem Himmel, noch andere sagten, die Welt sei schlecht eingerichtet, weil ihre Nächsten vor einem Jahr umgebracht worden waren oder auch vor zwei Jahren, wieder andere handelten weiter mit Zigaretten oder Kartoffeln oder alten Unterhosen, um das Geld für einen Teller Suppe zu verdienen.

Ich stand in der warmen Maisonne auf der Straße in Posen, betrachtete diese Tausende von Bettlern, Waisen,

Obdachlosen und Krüppeln, ich betrachtete die sowjetischen Lastwagen, die lärmend, in Wolken von Abgasen durch die Straßen rollten, beladen mit sowjetischen Soldaten in dreckigen Uniformmänteln, mit erschöpften, schmutzigen, abgemagerten Gesichtern – und hatte nicht gewußt, daß der große, von Adolf Hitler vor über fünf Jahren entfesselte Krieg zu Ende war.

Damals hatte ich zwei Kriegsenden hinter mir und das dritte vor mir, das in ferner, unbekannter Zukunft eintreten sollte.

So habe ich am 8. Mai 1945 nichts Besonderes erlebt. Ich war hungrig und wollte schlafen. Ich hatte dreihundert Kilometer Fußmarsch hinter mir, nach Osten, zu den Trümmern meiner Heimatstadt Warschau.

An jenem Abend gaben mir gute Menschen zu essen und zu trinken, eine brave Frau half mir, die Gefängnisklamotten auszuziehen, sie half mir, mich zu waschen, sie half mir einzuschlafen – in ihrer Küche und auf einem Haufen alter Lumpen, denn sie hatte kein Bett für mich.

Am nächsten Morgen gab sie mir meine gewaschene und gestärkte Lagerkleidung, als wäre sie das Frackhemd eines Bräutigams, sie gab mir einen Laib Brot und einen Metallbecher voll Marmelade, sie gab mir einen mütterlichen Kuß auf die Stirn und ihren Segen für den weiteren Weg – und ich ging nach Osten, nach Warschau, meiner Bestimmung entgegen.

Das war nicht mein Kriegsende.

2

Am 22. April 1945 lag ich im Revier des Konzentrationslagers Sachsenhausen. Ein paar Tage zuvor hatte ein bestimmter ss-Mann mich mit einer Eisenstange auf das Bein geschlagen. Er hatte zwar auf meinen Kopf gezielt, ich aber war geschickt ausgewichen und gefallen, während die Stange mein Schienbein traf. Dieser Kerl namens Schubert, im niedrigen Rang eines ss-Scharführers, galt als Kretin – und das rettete mich. Kretins sind von ihrer Natur her nicht konsequent. Statt mich ein zweites Mal zu schlagen, nun auf den Kopf, ging er auf andere Häftlinge zu, infolgedessen überlebte ich den Zweiten Weltkrieg. Mein Bein jedoch eignete sich nicht zum Gebrauch, die Wunde wurde brandig, und ich wurde abgeschrieben.

Wenige Tage später räumten die Deutschen das Lager. Es begann der berühmte Todesmarsch in Richtung Lübeck. Ich nahm daran nicht teil, weil ich bewegungslos im Revierblock lag und in Dunkelheit und Gestank vor mich hinstarb.

In jener Regennacht am 22. April glaubte ich, der einzige lebende Mensch in diesem riesigen KZ zu sein. Ich habe diese Nacht schon einmal beschrieben, die sehr lange dauerte und für mich sehr wichtig war, weil ich damals in meinem kurzen Leben noch nichts erlebt hatte. In jener Nacht wußte ich noch nicht, was die Liebe einer Frau ist, was der Wind erzählt, wenn er über die Waldlichtung streicht und unterwegs der Hirschkuh begegnet, ich hatte noch nicht die fröhliche Stimme eines Kindes gehört, ebensowenig den verzweifelten Schrei eines Greises, ich wußte nichts von der

Liebe, von Gott, hohen Bergen und fernen Meeren – und mußte schon sterben in Verlassenheit, Dunkelheit, Einsamkeit und Fäulnisgestank.

Ich war nicht mit den anderen auf den Marsch nach Lübeck gegangen, weil ich ohne mein rechtes Bein nicht gehen konnte, also mußte ich allein im Revier bleiben und auf den Tod warten.

Im Morgengrauen regnete es, rundum Nebel und Stille, und mir schien es, als stürbe ich.

Dann hörte ich ganz plötzlich ein Dröhnen, Schüsse, menschliche Schreie, und auf der Schwelle stand ein Mann in Lagerkleidung, mir ähnlich, auch jung, hager, glatzköpfig, mit Fieber in den Augen, und rief: »Die Russen sind im Lager.«

Da wurde mein Bein im Handumdrehen gesund, es geschah fast genauso, wie das Evangelium die Sache mit Lazarus beschreibt; mein Bein wurde gesund, ich konnte mich bereits darauf halten, ich erhob mich von meiner Pritsche, doch stand ich nicht nur auf, ich sprang flink durch das Barackenfenster und lief auf den Appellplatz, ich erblickte einen russischen Panzer und russische Soldaten, ich schrie und tanzte, ich hatte viel Kraft in mir, ich konnte schreien und tanzen, ich lief rund um den Panzer und stieß Schreie aus, zusammen mit mir liefen andere Häftlinge auf dem Platz herum, wie sich herausstellte, war ich nachts nicht allein gewesen, sondern eine Menge, über zweitausend Lazarusse erhoben sich von ihren Pritschen, standen auf, wurden gesund, rannten, tanzten, schrien – und die Russen sahen uns verblüfft an, voller Sorge, Mitgefühl, Freude, Triumph, und dann tanzten auch sie und rannten umher, wir wälzten uns mit diesen Russen im Matsch des Appell-platzes, es regnete, Nebel wehte heran, ein russischer Soldat hob mich von der Erde auf, wie eine Mutter trug er mich auf den Armen in die Baracke, legte mich auf die Pritsche und sagte: »Der Krieg ist zu Ende.«

Mein Bein stank, es war geschwollen, aus der Wunde rann eine ekelerregende Flüssigkeit, ich war trotzdem gesund und stark wie nie zuvor, denn der Krieg war zu Ende, und kaum einen Tag danach ging ich durch das Tor des Lagers Sachsenhausen, und ich ging aus eigener Kraft nach Osten, ein freier Mensch in einer freien Welt ohne Krieg.

Später zeigte sich, daß ich nicht nach Osten gehen konnte, denn im Gebiet von Bernau standen deutsche Panzerverbände, dort herrschte weiter Krieg, russische Soldaten sagten mir, ich sollte mich nach Süden wenden. »Wo ist Süden?« fragte ich. »Dort, wo der Himmel in Wolken gehüllt ist, wo Berlin in Flammen steht«, antworteten mir die Soldaten.

So ging ich auf die Rauchsäulen zu, nachts sah ich den Widerschein großer Brände und wußte, ich ging richtig, auf Berlin zu, das endlich krepierte, während ich lebte.

Die zwei oder vielleicht auch drei folgenden Tage waren für mich eine Zeit der Ruhe. Ich ging durch die verbrannte deutsche Welt, ich sah deutsche und russische Leichen zu beiden Seiten des Wegs, ich mied die Wälder, denn in den Wäldern lauerte der Tod, dort trieben sich verwilderte Soldaten beider kämpfenden Armeen herum, aber auch Wanderer aus allen Winkeln Europas, die den Weg vom Krieg zum Frieden suchten, vom Hunger zum Sattsein, vom Tod zum Leben, und darum waren sie füreinander sehr gefährlich, sie brachten einander um, beraubten die Leichen, vergewaltigten die angetroffenen Frauen, sie sangen wüste Lieder, redeten in allen Sprachen der Welt und waren menschenunähnlich. Ich ging also in Richtung Berlin, in Richtung der Feuersbrunst und des Krieges, denn dort war man am sichersten.

So erlebte ich mein erstes Ende des großen Krieges mit Hitler.

3

Am 1. Mai 1945 befand ich mich in Berlin-Köpenick. Erst nach Jahren sollte ich erfahren, daß Hitler damals schon nicht mehr lebte und daß sein Bunker erobert worden war. Damals aber, am 1. Mai, wußte ich noch nichts davon.

Der Stadtteil Köpenick brannte. Die hohen, zur Zeit des Fürsten Bismarck erbauten Mietshäuser standen in Flammen. Es war ein sehr schöner und hilfreicher Anblick für einen Jungen aus Warschau, der vor kaum zehn Monaten gesehen hatte, wie seine Heimatstadt in Flammen aufgegangen war, angezündet an den vier Ecken der Welt von den Deutschen, wie Haus um Haus sich in Schutt verwandelt hatte, ohne Hoffnung auf Rettung.

Auf den Straßen im Stadtteil Köpenick gab es weder Pferde noch Hunde noch Katzen noch Vögel. Es gab nur hie und da menschliche Leichen, und ein- oder zweimal erblickte ich die entsetzten Gesichter lebendiger Deutscher, die bei meinem Anblick in Panik flüchteten, obwohl ich keine Waffe trug, aussah wie ein in die gestreifte Narrenkleidung des Dritten Reiches gehülltes Skelett und kaum die Füße heben konnte, so schwach, ausgehungert und durstig war ich. Doch meine Kleidung zeigte, woher ich kam, für die wenigen Menschen in Köpenick, die ich damals antraf, glich ich dem Racheengel und dem Engel der Vernichtung, der einst das Ägypten der Pharaonen heimgesucht hatte.

Dabei war ich allein, ganz allein unter ihnen, sie hätten mich damals mühelos umbringen können, doch, wie sich herausstellte, fürchteten sie sich hundertmal mehr als ich, darum schritt ich durch Köpenick wie Hannibal zu den Toren Roms oder wie Napoleon übers Schlachtfeld von Wagram oder der Scharführer Schubert durch das KZ Sachsenhausen. Hinter mir schritt die ganze Armee der Welt, die den Krieg gewonnen hatte. Aber genau damals überkam mich der Gedanke, ich hätte den Krieg doch noch nicht gewonnen, weil ich keine Kriegsbeute besaß, die immer Beweis und unwiderlegliches Zeugnis des Sieges ist.

Es passierte irgendwo auf halbem Wege zwischen Köpenick und Friedrichshagen, auf der leeren Straße, die in Flammen stand. Nach vielen Jahren versuchte ich, diese Straße wiederzufinden, ich suchte sie fieberhaft, ich lief, von ungesunder Neugier getrieben, durch die ganze Gegend, als wollte ich ein Stück meines irren Schicksals wiederfinden – aber ich fand die Stelle nicht. Sie kehrt nur in meinen Träumen zurück, in Wirklichkeit aber existiert sie nicht.

Vielleicht war es auch damals nur der Traum eines Jungen, der vor sich hinschritt in der Ekstase des wundervollen Friedens und des berauschenden Sieges.

Auf jener leeren Straße standen die Häuser in Flammen. Es war heiß, es roch nach Brand. In einem der Häuser tobte

das Feuer in den höheren Stockwerken, das Parterre dagegen war von den Flammen noch unberührt. Dort befand
sich ein Textilgeschäft. Die Schaufenster standen weit offen,
die Scheiben waren längst herausgefallen, das Glas knirschte
unter den Füßen. In einem Schaufenster stand eine Puppe,
auf ihr hing ein dunkelblauer Herrenmantel, lang, warm,
mit Samtkragen. Die Puppe schien mir damals der einzige
Deutsche in der ganzen Gegend zu sein, leblos, ganz auf
meine Gnade oder Ungnade angewiesen. Ich beschloß,
dieser Mantel würde meine Beute sein. Mit großer Mühe
kletterte ich in das Schaufenster, die Glut war kaum aus-
zuhalten, brennende Holzscheite fielen von oben herab, der
Rauch würgte mich in der Kehle. Ich ergriff den Mantel der
Schaufensterpuppe, warf ihn mir um die Schultern und stieg
hinunter auf den Bürgersteig. Dann humpelte ich weiter die
Straße entlang.

Um die Schultern trug ich jetzt den deutschen Mantel,
dunkel, lang, warm, elegant, mit Samtkragen.

Die Häuser brannten. Schwarzer Rauch verdeckte den
Himmel. Ich ging langsam und atmete sehr mühsam, der
Tod blickte mir in die Augen, aber ich war glücklich, denn
nun war der Krieg für mich zum zweiten Mal beendet, ich
hatte meine Kriegsbeute, den eroberten Mantel, er sollte die
Entschädigung sein für meine ermordeten jüdischen Schulkameraden aus dem Warschauer Ghetto, für all die Razzien
und Erschießungen, für die Beraubung meines Landes, für
das Niederbrennen meiner Heimatstadt, für die Ermordung
meiner Verwandten, das Haarescheren im KZ, die Schläge
mit dem Ochsenziemer, die ich erhalten, den Hunger, den
ich erlitten, das Froschhüpfen rund um den Appellplatz,

den Rauch aus dem Krematorium, den Galgen und die Eisenstange des Scharführers Schubert.

Ich hatte meine Kriegsbeute, und so endete mein Krieg gegen Adolf Hitler. Doch bald stellte sich heraus, daß ich zu schwach war, um auf meinen Schultern den verdammten Mantel zu tragen. Er erwies sich als furchtbar schwer, ich trug ganze Tonnen dieses Mantels auf meinem Rücken, er drückte mich zu Boden, noch ein Schritt, noch zwei, und ich wäre leblos auf den Bürgersteig gestürzt.

Folglich nahm ich den Mantel von den Schultern und warf ihn hinter mich. Sofort empfand ich Erleichterung. Ich zog weiter in Richtung Polen.

Ich hatte keine Kriegsbeute. Mein Krieg endete ohne Beute.

Dennoch endete an jenem Tage in Köpenick der Krieg für mich zum zweiten Mal.

Und der Gedanke an den Mantel bereitet mir bis heute Freude und Befriedigung.

4

An diesem Tage regnete es wieder. Ein empfindlich kalter Wind peitschte mein Gesicht. Ich stand auf einem Podest neben einem der berühmtesten Sowjetgeneräle. Er trug eine Feldbluse und um die Schultern seinen Mantel mit den Generalsabzeichen, in den schmalen Lippen hielt er eine im Regen erloschene Zigarette.

Dieser General hieß Dubynin und war der Oberkommandierende der Heeresgruppe Nord. Wenige Monate später wurde Dubynin Stabschef der Roten Armee in Moskau, wohl der letzte Inhaber dieses Postens vor dem endgültigen Zerfall der UDSSR. Er verstarb bald, in relativ jungen Jahren, und als mich die Nachricht von seinem Tode erreichte, empfand ich Trauer, denn Dubynin hatte sich mir gegenüber bei unserer einzigen Begegnung sympathisch und sehr höflich verhalten, und außerdem wußte ich, daß er gegen Ende seines Lebens ein großes Drama als Offizier, Kommunist und hoher Sowjetfunktionär hatte erleben müssen.

An diesem Tage, als es regnete und ein böiger Wind wehte, während wir beide auf dem Podest standen, war ich Senator und einer der drei offiziellen Repräsentanten des polnischen Staates in sehr wichtiger Stunde. Das Ganze ereignete sich in der Kleinstadt Borne-Sulimowo im westlichen Pommern, nicht weit von Stetin, im Jahr 1990, Ende April, mit einem Wort: seit meiner Wanderung durch die Straßen von Berlin-Köpenick waren gerade 45 Jahre vergangen. Diese 45 Jahre hatte ich im kommunistischen Polen verlebt. Im kommunistischen Polen standen einige sowjetische Militärabteilungen, Polen gehörte zum Warschauer Pakt und war kein souveräner Staat.

Im Jahr 1989 aber hatte der Kommunismus in Polen aufgehört zu existieren. Im Juni fanden die ersten freien Wahlen nach dem Kriege statt, und die Kommunisten verloren die Macht. Im Herbst fiel die Berliner Mauer. Das Sowjetimperium lag in Agonie.

Ende April oder Anfang Mai 1990 beschlossen Sejm, Senat und Regierung des unabhängigen Polen, ihre Repräsentanten in die Ortschaft Borne-Sulimowo zu entsenden, wo eine der Basen der Sowjettruppen lag. An jenem Tag fand die feierliche Verabschiedung der ersten russischen Einheiten statt, die Polen für immer verlassen sollten.

Die Russen hatten auf dem Bahnsteig eine Tribüne errichtet. Vor der Tribüne, auf den Bahngleisen standen die Militärzüge und auf den Wagen Panzer, gepanzerte Mannschaftswagen und Geschütze. Die Tribüne war mit Blumen geschmückt. Ein scharfer Wind wehte, es regnete. An der Tribüne marschierten die Abteilungen sowjetischer Offiziere und Soldaten im Paradeschritt vorbei, vor der Tribüne senkten die Fähnriche ihre Standarten, und Offiziere wie Soldaten präsentierten die Waffen. Irgendwo in der Ferne, auf dem Truppenübungsplatz feuerten Sowjetgeschütze zum Abschied ihre Salven. Schwärme von Dohlen und Krähen flogen, durch die Kanonade erschreckt, immer wieder von den noch unbelaubten Bäumen auf, die schwarzen Schwadronen der Vögel verdeckten den bewölkten Himmel.

Ich bebte vor Kälte, Nässe und innerem Fieber. Neben mir stand mein Freund aus der Zeit der oppositionellen Konspiration, der Sejmabgeordnete Lityński, und etwas weiter der Vize-Außenminister Professor Makarczyk. Dicht neben mir paffte General Dubynin seine ständig ausgehenden Zigaretten, zog seinen Uniformmantel zurecht, lächelte nervös und enthüllte dabei eine Garnitur erstaunlich gleichmäßiger und häßlicher Zähne.

Am Vorabend hatte Dubynin in der geräumigen, verlassenen Villa, in der sich das Quartier des Generals und seines engsten Stabes befand, für uns ein Abendessen gegeben: Kaviar, Fleisch, Geflügel, allerlei alkoholische Getränke.

Die Russen tranken viel, wir überhaupt nichts. Das versetzte Dubynin in schlechte Laune. Er sagte zu mir: »Ihr mögt uns nicht...« Einen Moment schwieg ich. Es war im Frühling des Jahres 1990, bei diesem Abendessen repräsentierte ich meinen erst seit wenigen Monaten unabhängigen Staat, ich saß am Tisch neben einem mächtigen sowjetischen Heerführer, rundum sowjetische Generäle, bedrückt, doch auch ein wenig zornig und wachsam, als befänden sie sich plötzlich in einer belagerten Festung, eine heikle Situation, am zeitigen Morgen dieses Tages war ich mit General Dubynin in seinem Hubschrauber über die riesigen Truppenübungsplätze geflogen, auf denen Panzer und Mannschaftswagen herumfuhren.

Es war eine sorgsam für uns einstudierte Vorführung sowjetischer Stärke in dieser letzten Stunde ihrer Gegenwart auf polnischem Boden. Unter uns erblickte ich das Band eines Flusses und bemerkte, daß wir darüber hinwegflogen, der Motorenlärm war kaum zu ertragen. Wir sprachen über Funk, ich hatte Kopfhörer auf den Ohren, das Mikrofon am Munde. Ich fragte: »Wo sind wir, Herr General?«

Er lachte auf und antwortete: »Ich weiß nicht genau, aber vermutlich in Deutschland, ja, das ist schon Deutschland, schauen Sie hinunter, diese Stadt unter uns ist Prenzlau...«

Ich sagte damals kein Wort, dachte mir aber, für Dubynin ist dieses Riesengebiet Europas seine Erde, sein Gutshof, er muß niemanden fragen, wohin und wann er mit dem Hubschrauber fliegen möchte, die Leute in Berlin und die Leute in Bonn werden kein Wort sagen, mag Dubynin doch über Prenzlau, Pasewalk, Greifswald fliegen, er darf alles, das ist die Macht, vor der die Regierungen in Paris, London und Washington zittern, Dubynin kann fliegen wie ein Vogel, vom Pazifik zur Elbe, so habe ich damals gedacht.

Es dauerte nur kurz, wir kehrten bald zurück, der Hubschrauber landete auf einer Wiese, dort warteten schon die Autos. Dubynin fuhr im Geländewagen davon, ich in einer Limousine, weil ich der Repräsentant des polnischen Parlaments war und Polen ein freies, unabhängiges Land.

Dubynin akzeptierte das, mühsam, ungern, mit Widerwillen, Schmerz, vielleicht gar mit Zorn, aber er akzeptierte es, im Kreml saß Gorbatschow, die Deutschen machten eine Währungsunion zwischen BRD und DDR, in Pankow regierten immer noch die Jünger Honeckers, in Warschau war die Regierung souverän, aber sowjetische Truppen standen doch bei Stettin, Liegnitz und Warschau, man durfte sich nur vorsichtig bewegen, Schritt für Schritt, wie auf einem Minenfeld. Wir konnten alle in die Luft fliegen. Deshalb mußte ich, als Dubynin sagte, daß wir sie nicht mögen, einen Moment überlegen, was und wie ich antworten sollte, um in diesem Laden mit politischem Porzellan kein Geschirr zu zerschlagen. Ich hatte doch keine Erfahrung, ich war weder Politiker noch Diplomat, ich war nur ein Schriftsteller, der fünfundvierzig Jahre lang in diesem seltsamen Polen gelebt hatte, das Polen war und gleichzeitig auch nicht.

Immer noch dauerte dieser verfluchte Krieg an; denn als ich am 1. Mai 1945 auf der Straße durch Berlin ging, war es schon nach Jalta, wovon ich nichts wußte, und vor Potsdam, wovon ich auch nichts wissen konnte. Ich hatte damals keine Ahnung, daß wir verkauft worden waren und weiter verkauft würden, ohne einen Hauch von Scham, ohne irgendwelche Gewissensbisse, ohne einen Moment des Zögerns. Davon konnte ich damals nichts wissen, ich, ein gewöhnlicher Warschauer Junge, den ein russischer Soldat vom Scharführer Schubert befreit hatte. Alles blieb damals vor mir verborgen, aber nach fünfundvierzig Jahren, in der Villa des Stabes der Heeresgruppe Nord, trug ich in meinen Knochen schon lange die Geschichte Polens und Europas, wußte ich längst, was vor sich ging, dachte also einen Augenblick nach und antwortete: »Manche Polen mögen die Russen nicht, weil sie keinen Grund haben, sie zu mögen, ich aber habe, trotz einiger trauriger Gründe, die meine Abneigung rechtfertigen würden, meine eigene Erinnerung, ich erinnere mich an mein eigenes Schicksal und habe beim Anblick einer sowjetischen Uniform ambivalente Gefühle.«

Da fragte Dubynin: »Warum gerade das?«

Und ich erzählte ihm die viele Jahre zurückliegende Geschichte, als für mich im KZ Sachsenhausen zum ersten Mal der Krieg zu Ende ging.

Dubynin hörte zu und trank aus dem großen Wodkaglas. Nachdem ich mit meiner Geschichte fertig war, sagte er: »Sie haben viel für mich getan. Es ist gut, daß ich gerade heute von einem Polen solche Worte über einen Sowjetsoldaten höre. Ich nehme diese Worte mit nach Rußland.«

Nach dem Abendessen wiederholte ich mein Gespräch mit dem General für Professor Makarczyk. Dieser rief erfreut: »Das haben Sie vorzüglich eingefädelt. Wie ein erfahrener Diplomat.« Ich darauf: »Herr Minister, ich bin kein Diplomat. Und ich habe nichts eingefädelt. Ich habe die schlichte Wahrheit über die eigene Vergangenheit gesagt.« –

»Gut, daß Sie es behalten und sich im richtigen Moment an das erinnert haben, woran man sich erinnern muß«, antwortete der Minister.

Am nächsten Morgen regnete es, ein starker, kalter Wind wehte, die Sowjetsoldaten marschierten vor die Tribüne, und Abteilung für Abteilung bestieg die Eisenbahnwagen, die Geschütze auf dem Truppenübungsplatz feuerten Abschiedssalven. Dubynin schaute mit versteinertem Gesicht zu, er warf die durchnäßten Zigaretten weg und zündete sich sofort die nächsten an, sein Generalsmantel flatterte im Wind wie die Sowjetfahne, die gegen Ende der Feier bei absolutem Schweigen eingeholt wurde. Einer der Sowjetgeneräle verließ unmittelbar davor die Tribüne, stieg in seinen Wagen und fuhr ohne ein erklärendes Wort davon. Als er das sah, sagte Dubynin: »Verstehen Sie bitte, er kann das nicht mit ansehen. Er war im Kriege, er hat den Krieg gewonnen, und jetzt verliert er ihn...«

»Ich verstehe«, antwortete ich.

Und in diesem Augenblick endete der Krieg für mich zum dritten Mal.

Sie gingen fort. Sie gingen für immer fort. Der unbeschreiblich lange Zug, beladen mit Truppen, Panzern, Mannschaftswagen und Geschützen, ruckte an und begann, ganz langsam auf den Schienen davonzurollen. Nach Osten. Sie gingen fort.

Sie waren zu mir gekommen, hinter den Stacheldraht des KZ Sachsenhausen, um mich zu befreien. Später aber nahmen sie mir die Freiheit fast für das ganze Leben.

Jetzt endlich gingen sie fort.

Ich hatte sie begrüßt als Junge mit vor sich hin faulendem

Bein, als biblischer Lazarus aus Warschau, der unter Tausenden von Toten aufstand, um in Unfreiheit zu leben.

Ich verabschiedete sie auf der Schwelle zum eigenen Alter, als Senator des unabhängigen Polen, um von diesem Augenblick an als wirklich freier Mensch mit dem Schicksal zu ringen.

An diesem Tag in der Ortschaft Borne-Sulimowo, auf dem Bahnsteig, dicht neben einem Sowjetgeneral stehend, beendete ich zum dritten Mal meinen Zweiten Weltkrieg.

Die Vergangenheit kann man nicht ›bewältigen‹

Rede zum 50. Jahrestag des Kriegsendes,
am 8. Mai 1995, im Parlament in Den Haag

Eure Majestät, Königliche Hoheit, Exzellenzen, meine Damen und Herren!

Daß ich die für mich so ehrenvolle Einladung zur Teilnahme an dem Symposium heute angenommen habe, bezeugt meinen Mangel an Demut und ist ein Fehler, für den ich herzlich um Verzeihung bitte.

Das Symposium unter der Schirmherrschaft der Monarchin und der Regierung des Königreichs der Niederlande ist Überlegungen politischer Art gewidmet und erfordert im Grunde eine politische Vorbereitung. Ich dagegen bin kein Politiker, die Politik ist für mich ein fremdes und ziemlich rätselhaftes Element. Seit Jahren versuche ich, meine eigene dunkle und dramatische Welt zu beschreiben, und wenn es mir manchmal gelingt, in dem, was ich schreibe, einen Akzent von Glaube, Hoffnung und Liebe unterzubringen, dann verdanke ich diese Tatsache meiner christlichen Tradition, meiner Überzeugung, daß die Literatur trotz allem eine Art von Trost in dieser Existenz voller Verzweiflung und Leiden sein sollte, aber auch ein Akt dankbarer Verwunderung angesichts der Vielzahl der Überzeugungen, Ereignisse, Erleuchtungen und Zusammenbrüche, die uns der Schöpfer erleben ließ, um uns zu prüfen.

Ich werde also nicht von der Politik sprechen, sondern von meiner geheimnisvollen, manchmal tragischen, manchmal wiederum verlockenden Welt, die mich geformt hat und weiterhin formt.

Bitte verzeihen Sie mir die Banalitäten und den Mangel an wirklich neuen Gedanken.

Das Europa von heute beschäftigt sich seit einigen Jahrzehnten mit dem Problem der Bewältigung seiner eigenen Vergangenheit.

Mein persönliches Verhältnis dazu ist skeptisch. Das ist die Folge der begrenzten Perspektive meines Lebens. Einziges Thema meiner schriftstellerischen Arbeit ist die historische Erfahrung meiner Generation von Europäern, vor allem natürlich meiner Generation polnischer Menschen. Ich habe mir oftmals die Frage gestellt, was eigentlich die ›Bewältigung der Vergangenheit‹ bedeutet oder bedeuten sollte, von der ich heute anläßlich einer so besonderen Gelegenheit und vor einem so würdigen Publikum sprechen soll.

Für mich ist eine derartige Formulierung ganz einfach ein semantischer Fehler. Denn die Vergangenheit kann man nicht bewältigen. Mit der Vergangenheit kann man überhaupt nichts tun. Sie existiert in mir, in jedem von uns, sie hat uns geformt, und sogar das Nachdenken über sie ist eine Folge von ihr. Meine Vergangenheit ist mein Leben, es existiert nicht ohne Vergangenheit und kann ohne sie nicht existieren. Im Grunde ist alles in mir Vergangenheit und nur Vergangenheit.

Doch wenn ich das sage, berühre ich ein verblüffendes Geheimnis des menschlichen Geistes. Denn im Grunde geht es uns nicht um die Vergangenheit, sondern um die Erinnerung.

Eigentlich existiert meine Vergangenheit nicht, es existiert nur meine Erinnerung an die Vergangenheit. Das, woran ich mich erinnere, ist mein Leben, was aber vergessen wurde, bildet nicht mein Leben. In diesem Sinne haben die Menschen keine objektive Vergangenheit. Ebenso wenig wie die Nationen.

Die Geschichte ist nicht die Vergangenheit, sondern das, was beschrieben, festgehalten, übermittelt, kommentiert, benannt wurde. Die Geschichte spielt sich im Bereich der Worte ab, die den Nationen von dem berichten, was im kollektiven Bewußtsein erinnert werden soll.

Deshalb kennen wir nicht die volle Wahrheit von den vergangenen Ereignissen.

Wir wissen, daß vor fünfzig Jahren das Dritte Reich Adolf Hitlers fast alle Juden Europas vernichtete. Wir wissen, das Europa von damals war schwach, gemein, erbärmlich, kraftlos und im Grunde gleichgültig dem größten Verbrechen gegenüber, das sich je unter den Menschen ereignet hat. Wir wissen, daß Millionen unserer Nächsten in Gaskammern umgebracht und ihre Körper in Krematorien verbrannt wurden.

Doch ist das kein Wissen um die Vergangenheit Europas. Denn wir wissen nicht, was die gedacht haben, die umgebracht wurden, und was die gedacht haben, die sie umbrachten. Wir lesen die Texte von Anne Frank, die Notizen von Emanuel Ringelblum, die Tagebücher von Ludwig Landau, Adam Czerniakows Notizen – und finden darin Fetzen von Gedanken und Gefühlen, wir begegnen den

Menschen auf der Schwelle zur Vernichtung, also dort, wo niemand von uns Lebenden hingelangt ist, und wissen weiterhin nichts über ihr Sterben. Zu jener Zeit spielte sich die Geschichte Europas in der luftdicht verschlossenen Gaskammer ab, und es gibt kein Zeugnis der dort gemachten Erfahrung, weil niemand, der einmal die Gaskammer betrat, sie wieder verlassen hat.

Wir lesen Höß', des Kommandanten von Auschwitz, Geständnisse und viele andere Dokumente, die von vielen anderen Verbrechern niedergeschrieben wurden – und wissen weiterhin nicht, was damals geschah, weil die Verbrecher nicht die ganze Wahrheit bekannten, sondern nur den erinnerten Teil, und in ihrer Erinnerung war nur geblieben, was ganz einfach das Weiterleben möglich machte, das Fortdauern, nicht einmal vom Standpunkt simpler Selbstverteidigung aus, sondern im zutiefst existentiellen Sinn. Denn ich glaube nicht, daß Mengele leben konnte, wenn er sich an sich selbst in jenen Tagen erinnerte. Wenn er trotz allem weiterlebte, dann nur, weil er sich selbst als vielfachen Mörder vergaß und sich nur an sich selbst als ganz gewöhnlichen, normalen Menschen erinnerte, und das war leicht zu bewerkstelligen, denn die Erinnerung ist selektiv und jeder von uns kann seine eigene Erinnerung manipulieren.

Die Nationen können das auch. Auch sie manipulieren ihr kollektives Bewußtsein.

Es ist doch eine Manipulation im Rahmen des kollektiven Bewußtseins, wenn man den Mythen erliegt, den Illusionen, Legenden, Trugbildern und Verfälschungen – und dabei gibt es auf dieser Erde keine Nation, die auf ihre Mythen, Legenden und Verfälschungen verzichten würde.

Ich liebe Polen, denn es ist meine Heimat, aber die polnischen Illusionen kann ich trotzdem nicht ertragen. Fast alle Polen sind der Meinung, sie hätten die Herausforderung des Krieges und der Nachkriegserfahrung des Kommunismus heldenhaft bestanden.

Ich aber frage Tag für Tag: Wenn ihr so heldenhaft wart, warum haben dann die Deutschen drei Millionen unserer jüdischen Mitbürger inmitten polnischen Schweigens und polnischer Gleichgültigkeit ermordet? Alsbald höre ich, es habe doch brave Polen gegeben, die den Juden halfen und dabei ihr eigenes Leben und das ihrer Nächsten riskierten. Das will ich keineswegs bestreiten. Ich erinnere mich aber gut, daß in den Tagen, als das Warschauer Ghetto starb, im April 1943 unmittelbar an der Mauer, hinter der die Juden ohne Hoffnung und ohne jede Chance, gerettet zu werden, starben – sich ein fröhliches Karussell drehte und auf diesem Karussell sich fröhliche polnische Jungen und Mädchen drehten – unter einem von Rauchwolken verhangenen Himmel, den Rauchwolken von den Bränden im Warschauer Ghetto.

Und wo waren die edlen Holländer, wenn Anne Frank doch umgebracht wurde und mit ihr die ganz überwiegende Mehrheit der holländischen Juden? Wo waren damals die Franzosen, während manche von ihnen in den Uniformen der Vichy-Polizei Zehntausende französischer Juden in die Güterwagen verluden? Und wo die Briten und Amerikaner, die von der Judenvernichtung sehr wohl wußten und doch fast nichts taten, um den Völkermord zu beenden? Wo war damals Europa, von dem mein kluger, guter Vater, Verehrer von Mozart und Heine, Absolvent der Pariser Sorbonne,

Sozialdemokrat, Poliglott, Historiker, Politiker, Dozent an der Universität, voller Stolz zu sagen pflegte, dieses Europa sei sein Vaterland? Wo war es damals, unser väterliches Europa? Ich denke, es wurde erschlagen, erschossen, vergast und in den Krematorien verbrannt.

Bewältigung der Vergangenheit? Was heißt das für mich im Augenblick, wenn ich heute auf der Warschauer Straße stehe, an derselben Stelle, wo ich als kleiner Junge von meiner Großmutter einen grünen Luftballon am Draht bekam, und jetzt feststelle, daß selbst die Steine sich nicht mehr dort befinden, wo sie sich einst befanden. Nur meine Erinnerung ist noch geblieben, und die wird zusammen mit mir erlöschen.

In meiner Klasse hatte ich sieben jüdische Mitschüler, und keinem von ihnen ist es gelungen, seinem schrecklichen Schicksal zu entrinnen. Spuren ihrer Existenz gibt es nicht. Ich hatte sechzehn römisch-katholische, ›rein‹ polnische Schulkameraden, von denen nur fünf den Krieg überlebten, und nur drei unter diesen Getöteten, Gefallenen und Erschossenen fanden ein Stückchen Erde für sich nach dem Tode, und niemand weiß, wo die übrigen begraben wurden. Diese Menschen gibt es nur in meinem liebevollen Gedächtnis, und nur in diesem Sinne sind sie Vergangenheit, nur in diesem Sinne haben sie überhaupt existiert.

Ich habe am Warschauer Aufstand gegen die Deutschen teilgenommen und bin besiegt worden. Fast direkt von der Barrikade holten sie mich in das KZ Sachsenhausen. Als man mich im Viehwaggon abtransportierte, war ich voller Haß, Angst und Rachegefühle. Am 2. September 1944 bekam ich auf der Lagerrampe zum ersten Mal eines mit dem Ochsenziemer über den Rücken, weil ich zu langsam aus dem Waggon sprang. Ich bekam einen Schlag mit dem Ochsenziemer von dem Lager-Kapo, der kein Deutscher war, sondern Franzose. Und wenige Tage später gab mir ein deutscher Häftling, der seit 1934 in Sachsenhausen saß, ein Stück Brotrinde, damit ich meinen Hunger stillen konnte.

Damals brach in mir eine historiosophische und politische Konstruktion zusammen, die mich in den vorangehenden Kriegsjahren begleitet hatte. Denn ich sah Deutsche, die meine Kameraden im Unheil waren, und sah Polen, die mich im KZ verfolgten. Ich wurde geschlagen von einem Holländer, zusammen mit einem anderen Häftling, ebenfalls einem Holländer. Ich aß aus einer Schüssel mit einem Deutschen, diese Schüssel aber nahm uns ein Ukrainer weg und vertrieb uns mit Fußtritten. Ich sah, wie ein Deutscher einen Deutschen quälte, ein Pole einen Polen, ein Holländer einen Holländer, ein Franzose einen Franzosen, so wie ich zwei Jahre zuvor auf einer Warschauer Straße gesehen hatte, wie ein Jude einen anderen Juden den deutschen Gendarmen auslieferte.

Seit jenen Tagen unterscheide ich deshalb die Nationalitäten nicht mehr, die Nationalität eines Menschen kümmert mich nicht, ich interessiere mich nicht für die Vergangenheit der Deutschen, Holländer, Polen, ich weiß nur, was ich nicht vergessen habe, die Menschen und die Unmenschen. Ich will bei den Menschen bleiben.

Oft rufe ich mir den Satz der großen polnischen Schriftstellerin Zofia Nałkowska ins Gedächtnis, die nach dem Krieg folgende Worte aufschrieb: »Dieses Schicksal haben Menschen den Menschen bereitet.«

Menschen den Menschen. Nicht Deutsche den Polen, Holländern, Russen und vor allem den Juden. Nicht Russen den Deutschen in fernen polaren Gefangenenlagern und nicht Amerikaner oder Briten den Deutschen zu Zeiten der Bombardierung von Dresden und Berlin, Hamburg und Köln, und nicht Polen und Tschechen den Deutschen, als Hunderttausende Deutscher aus ihrer Heimat vertrieben wurden. Menschen haben Menschen dieses Schicksal bereitet.

Natürlich kann man hier politische Interpretationen und Rechtfertigungen suchen, man kann – wohl nicht ohne Grund – sagen, diese Dinge seien nicht vergleichbar, denn die Deutschen hätten den Krieg entfesselt, während die anderen sich gegen die Aggressionen gewehrt hätten und zwar mit Recht. Das ist sicher ein gerechter und vernünftiger Standpunkt, doch eine solche Interpretation trocknet nicht die Tränen, lindert nicht die Schmerzen, mindert nicht die Angst in der Todesstunde, auch wenn wir heute sagen, im Kriege seien die einen für die gute Sache gestorben und die andern für die böse.

Ich habe einmal geschrieben, der Mensch sei von Natur aus schwach und deshalb gefalle ihm die Gewalt. Die Gewalt ist eine Art Herausforderung angesichts unseres unvermeidlichen Schicksals, ein Versuch, unsere Sterblichkeit zu betrügen. Es gibt in uns schreckliche Ängste und Schwächen – deshalb haben wir ein aggressives Verhältnis zur Welt.

Wie kann man die Vergangenheit bewältigen und wie an die gemeinsame Zukunft glauben?

Ich meine, einen entscheidenden Einfluß auf die geistige

Verfassung des Menschen und damit auf die Gesamtheit seines Verhaltens – übt die Kultur in ihrer ganzen, vielfältigen Kreativität aus.

Meiner Ansicht nach hat die Kultur nur ein Ziel: unsere Ängste zu zähmen, uns Demut angesichts der Vielfalt und Rätselhaftigkeit der Welt zu lehren, in uns das Einverständnis mit der Vergänglichkeit zu bewirken.

Meiner Ansicht nach lastet auf dem Europa des 20. Jahrhunderts ein empfindlicher intellektueller Fehler, nämlich daß der Mensch unbegrenzte Möglichkeiten habe und daß der menschliche Verstand allen Herausforderungen der Wirklichkeit gewachsen sei. Dieser Fehler ist eine Folge der schönen Illusionen der Renaissance, jenes Glaubens an die Macht menschlicher Vernunft, vor der die Materie keine Geheimnisse hat oder bald keine haben wird.

Vielleicht ist es wahr, daß wir die Materie beherrschen können. Aber es ist wohl nicht wahr, daß wir unsere eigenen Schwächen beherrschen können, die Unvollkommenheit unserer Natur, vor allem aber die Begrenztheit und Endlichkeit unserer zerbrechlichen Existenz.

Ich habe den Eindruck, der Mensch erkennt die Welt, der Mensch erkennt seine Nächsten besser durch seine Gefühle als durch sein Denken. Das Wissen an und für sich bezeichnet noch keine Weisheit, so wie die Wissenschaft an und für sich noch keine Werte schafft. Wiktor Osiatyński, der polnische Gelehrte und Denker, wiederholt oft den scheinbar banalen Gedanken, die Erfindung des Hammers allein sei noch kein Durchbruch in der Entwicklung des Menschen gewesen. Mit einem Hammer kann man töten, aber auch Nägel in ein Brett schlagen.

Die Frage, was man mit dem Hammer tut, bleibt eine Frage der Wahl unter verschiedenen Werten. Über diese Werte habe ich im Leben mehr von Tolstoi und Faulkner erfahren als von den bedeutendsten Wissenschaftlern. Das heißt nicht, daß ich die Gelehrten gering schätzte. Das heißt nur soviel, daß ich gegen eine Praxis bin, die das Schicksal der Menschen in die Hände von Experten legt und im Intellekt das einzige Heilmittel gegen alle Unvollkommenheiten des kollektiven Lebens sieht.

Die Vergangenheit Europas im 20. Jahrhundert war geprägt von der Verachtung der geistigen Werte. Die Totalitarismen des 20. Jahrhunderts – sowohl der braune, den das Dritte Reich verkörperte, als auch der vom Sowjetsystem realisierte rote – sind in Anlehnung an die Überzeugung entstanden, die Werte hätten keine Bedeutung und der Mensch sei nur ein Unkraut oder der Dünger der Geschichte.

Mittlerweile halte ich alles, was in unserem kollektiven Leben von Dauer ist, was uns erlaubt, nebeneinander zu existieren unter den Bedingungen relativer Toleranz, relativer Versöhnung und relativer Zusammenarbeit, für ein Resultat der Überzeugung, daß die menschliche Person die Achse des Weltalls ist und daß sie den höchsten Wert bildet.

Es ist ganz einfach eine Frage der Wahl. Doch die Wahl ist erst möglich dank des Selbstbewußtseins. Denn jede Wahl ist verbunden mit Resignation, Schmerz und Entsagung. Ohne das gibt es keine Chance für Harmonie und innere Bereicherung. Das betrifft in gleicher Weise den einzelnen wie die Gesellschaft.

Die Vergangenheit Europas zu überwinden, heißt für mich, der Erinnerung an alles treu zu bleiben, was Europa in unserem schlimmen Jahrhundert der Totalitarismen widerfahren ist. Doch verlangt es auch Anstrengung, um eines Tages die Welt der Werte wieder zu gewinnen, die Europa infolge des eigenen Hochmuts und des Verzichts auf die eigene Tradition verloren hat.

In den mittelalterlichen Kathedralen bewundern wir aus großer Entfernung herrliche Werke von Künstlern, die irgendwo sehr hoch oben dicht unter der Kuppel jahrelang in Mühe, Demut und innerer Begeisterung Statuen schufen oder Bilder malten von ungewöhnlicher Schönheit. Diese Werke ihrer Hände waren nicht für die Augen der Gläubigen von damals und der Touristen von heute bestimmt. Jene Künstler schmückten die Gewölbe der Kathedralen, weil das für sie eine Art von Gebet war. Indem sie ihre Werke schufen, hatten sie Kontakt mit dem großen Geheimnis von Glaube, Hoffnung und Liebe. Sie arbeiteten nicht des Ruhms oder des Geldes wegen, sondern aus einem inneren Bedürfnis heraus.

So entstand Kultur. Und so entsteht sie heute.

Die Kultur ist eine Waffe zur Vervollkommnung des Menschen. Sie ist ein Werkzeug, mit dem der Mensch sich jener antiken Trias nähert, die mit den Worten das Wahre, Schöne, Gute ausgedrückt wird.

Und was wahr ist, ist gut. Was gut ist, ist schön. Was schön ist, ist wahr.

Wenn wir unsere Zukunft bewahren wollen, müssen wir zurückkehren in die Welt der europäischen Werte, die uns die jüdisch-christliche Perspektive des Menschen als eines zwar unvollkommenen, aber doch geliebten Gotteskindes gibt.

Das ist alles, was wir benötigen, um uns abzufinden mit unserem schmerzlichen Los und um den schwierigsten Anforderungen gerecht zu werden.

Kampfansage an die Dummheit

Zum Bildband *Die unsichtbaren Lager*
von Reinhard Matz

Vor über dreißig Jahren besuchte John Steinbeck Polen. Ich
nahm an einem Gespräch mit diesem bedeutenden Schriftsteller gegen Ende seines Aufenthalts teil. Dort stellte jemand Steinbeck die Frage, ob er auf seiner Reise durch unser Land auch Auschwitz aufgesucht habe. Er antwortete, er
erliege nie den Einflüsterungen jener ungesunden Neugier,
die für schwache Menschen charakteristisch sei. »Wenn ich
einen Verkehrsunfall sehe, halte ich meinen Wagen nicht an.
Auschwitz war so ein Verkehrsunfall der Geschichte von
gigantischem Ausmaß«, sagte er.

Eine große Gruppe der an dieser Begegnung teilnehmen-
den polnischen Schriftsteller verließ daraufhin den Saal.
Erst da begriff Steinbeck, daß bestimmte Formulierungen
für die Menschen in Polen unerträglich sind.

Möglicherweise wären sie heute erträglich. Schließlich
sind seit Kriegsende fast fünfzig Jahre vergangen, die Generation der Augenzeugen ist abgetreten, und die Übrigge-
bliebenen sind sehr alt. Alten Leuten hört man nie mit hin-
reichender Aufmerksamkeit und mit Interesse zu. Alten
Leuten schenkt man oft nicht einmal Glauben, weil ihre Erinnerung trügt, weil Einzelheiten ihrer Berichte einander
oft widersprechen und zudem die Erfahrung lehrt, daß alte

Menschen verbittert sind und deshalb der Welt mancherlei Vorwürfe machen.

Auf der europäischen Bühne tauchte kürzlich David Irving auf; noch vor zwanzig Jahren hätte er nicht erscheinen können, weil damals die Augenzeugen von Auschwitz, Sachsenhausen und Buchenwald, die Augenzeugen des Holocaust, der Zerstörung Warschaus, Rotterdams und Coventrys, aber auch Dresdens und Berlins, die statistische Mehrheit der Bevölkerung Europas bildeten, und weil die Menschen jener Zeit im allgemeinen etwas mehr Geschichtsbewußtsein hatten.

Schon ziemlich lange bin ich der Meinung, daß einer der Maßstäbe für die gegenwärtige Verdummung der Menschheit der Grad ihres Nichtwissens über den Zweiten Weltkrieg ist. Es geht hier keineswegs um die Achtung, die den Opfern Hitlers zusteht, sondern um das Bewußtsein, daß die menschliche Natur zu solchen Handlungen wie das Verbrennen ganzer Völker in Öfen imstande ist, und das im Namen eines nationalistischen oder rassistischen Ideologiewahns. Das Nichtwissen um die Kriegsgeschehnisse bedeutet also ein Nichtwissen um die menschliche Natur, folglich kennt ein Mensch, der nie von Auschwitz gehört oder zwar gehört, aber es nicht geglaubt hat, sich selber nicht und weiß wenig über seine eigenen Möglichkeiten, Böses zu tun.

Ich bin der Meinung, das Wissen um Europas schreckliche Vergangenheit müsse eine Art von moralischem Gebot sein für jeden, der sich selbst achtet und seine eigene Menschlichkeit vertiefen möchte. Doch ist diese Meinung bestimmt nicht allgemein verbreitet, mehr noch: seit einigen, ja seit vielen Jahren schon fühle ich mich in diesem

Punkt immer einsamer und habe sogar aufgehört, mich darüber zu wundern. Die Menschen sind im allgemeinen bequem und recht schwach, sie schätzen es deshalb nicht, allzu
viel über ihre eigenen Geheimnisse zu wissen. Letzten Endes ist es angenehmer, in Unwissenheit zu schlafen, als infolge übermäßigen Wissens über sich selbst an Schlaflosigkeit zu leiden. Die Welt verändert sich, die Menschen haben
heute andere Schwierigkeiten und Probleme als früher, die
moderne Zivilisation bietet ihnen neue Annehmlichkeiten
und Sorgen an, von denen die armen Juden, die Hitler ver-
gaste und verbrannte, keine Ahnung hatten. Andererseits
sind die Freuden und Mühen jener Juden heute wahrlich
exotisch und erstaunlich für die gut gekleideten und genährten Bewohner der modernen Utopie, die gemeinhin Überflußgesellschaft heißt und in Wahrheit ein Land überflüssi-
ger Dinge und mangelnder Gedanken ist.

Denn nur in einer Welt mangelnder Gedanken, in einer
Welt ohne philosophische Bezüge zum Leben konnten solche intellektuellen Ungeheuerlichkeiten entstehen wie die
Ansicht, es habe Auschwitz nie gegeben und der Holocaust
sei eine Erfindung jüdischer Verschwörer, die – wie immer
seit Jahrhunderten – die Weltherrschaft anstreben.

Denn nur in einer Welt mangelnder Gedanken konnten
auf der öffentlichen Bühne Bewegungen der radikalen Rechten entstehen und sich festigen, nationalistische, rassistische,
intolerante, fremdenfeindliche, antichristliche – weil gegen
die Freiheit und die geistige Integrität des Nächsten gerichtete – Bewegungen. Ein großer Dichter hat geschrieben:
›Wenn die Vernunft schläft, erwachen die Gespenster.‹ Zunächst sind das dumme und klägliche Teufel, bewaffnet mit

Steinen und Molotowcocktails. Später erscheinen auf den Straßen die gut organisierten und bereits uniformierten Abteilungen fanatischer Anhänger der Stärke und der Einheit. Am Ende beginnt Auschwitz zu arbeiten.

Die lautstarken Anfänge stammen nicht aus der Hölle, sondern aus menschlichen Hirnen und Herzen. Es mangelt ihnen nicht an bestimmten sozialen, ja sogar moralischen Begründungen. Das Gefühl der Enttäuschung, die Überzeugung, in der Politik sei immer eine schmutzige Manipulation enthalten, die den Interessen der einen gegen die andern dient, Fälschung und Lüge seien in den politischen Beziehungen etwas Normales – dieser Geisteszustand schafft den Boden, auf dem extreme Anschauungen wachsen und gedeihen. Von links wie von rechts. Bei meiner Erfahrung und in meinem Gedächtnis bemerke ich keinen wesentlichen Unterschied zwischen Hitler und Stalin, Himmler und Berija, Auschwitz und dem Archipel Gulag. In dem einen wie dem anderen Fall hatten wir es mit mangelnder Vernunft zu tun und mit einem Übermaß an blinder Bosheit, mit dem Hochmut der Dummen und der demutsvollen Ratlosigkeit der Klugen. Im Grunde sind gerade die Klugen schuld, denn die Dummen werden immer dumm bleiben, man kann ihnen schwerlich Vorwürfe machen. David Irving hatte das Recht, seinen Unsinn herauszuplappern, was im übrigen mit dem alten polnischen Sprichwort übereinstimmt, das besagt, wen Gott strafen wolle, dem nehme er den Verstand. Die politische und moralische Verantwortung dagegen fällt auf die Klugen, die Irvings Dummheiten verbreiten, seine Ausführungen ernst nehmen, ja sogar mit ihnen zu polemisieren versuchen, als hätte das irgendeinen Sinn. Ist jemand überzeugt, zwei und zwei sei fünf oder acht, sollte man ihn in Ruhe lassen. Es lohnt nicht, ihn zu überzeugen, er irre sich, zwei und zwei sei vier, weil es keine Vernunftsgründe gibt, die einem Kopf ohne Vernunft einleuchten.

Die menschliche Vernunft ist zwar begrenzt, jedoch nicht so sehr, daß sie dem Offensichtlichen widerspricht. Offensichtlich in der Geschichte Europas des 20. Jahrhunderts sind die nationalsozialistischen Konzentrationslager. Noch leben Menschen, die Gefangene dieser Lager waren, noch leben auch einige Täter. Geblieben sind Tonnen von Dokumenten, geblieben sind auch die Steine. Die vorliegende Sammlung von Fotografien dokumentiert bestimmte Offensichtlichkeiten, die für mich Teil meines eigenen Lebens sind, ähnlich übrigens wie für Millionen von Europäern, die in den Lagern umkamen oder von deren Existenz sehr wohl wußten. Selbstverständlich gibt es heute nicht mehr viele Augenzeugen, denn die Zeit vergeht, und die Menschen sterben, damit die nachfolgenden Generationen ihre eigene Geschichte schaffen können.

In meinem Land hat die Existenz der KZ nie einen Zweifel geweckt und tut das bis heute nicht, weil Polen der größte Friedhof der Zivilisation ist; in Polen genügt es, den Kopf aus dem Fenster des eigenen Hauses zu strecken, um in Blickweite den Ort einer Hinrichtung zu sehen oder ein Grab, wo die Opfer der Totalitarismen unseres Jahrhunderts beerdigt liegen. In dieser Hinsicht ist Polen ein Land wachsamer Erinnerung, und die Polen schreien sogar im Schlaf immer dieselben Warnungen heraus. Manchmal ergebnislos.

Aber ich verstehe das. Die Menschen möchten heiter

leben und sich den Kopf nicht vollstopfen mit dem Unglück, das anderen widerfahren ist und dazu noch vor langer Zeit, vor einem halben Jahrhundert. Immerhin hat jeder seine eigenen Sorgen.

Insofern kann sich der Bildband von Reinhard Matz, ein Werk von großer Kunst und zugleich Zeuge der Unruhe des menschlichen Gewissens, als Taktlosigkeit erweisen. Statt sich stromlinienförmig an unsere blendende Gegenwart anzupassen, bemüht sich der mit einer Kamera ausgerüstete Künstler, die Spuren der Gespenster zu finden – und er findet sie. Auf diese Weise will er die Menschen zu selbständigem Denken über sich selbst veranlassen, für viele eine unerfreuliche Beschäftigung, vor der sie sich zu drücken vorziehen.

Wir haben es hier also mit einer Kampfansage zu tun: des Denkens wider die Gedankenlosigkeit, der Klugheit wider die Dummheit, des Gewissens wider die Gemeinheit.

Die Kunst darf nicht schweigen

Festrede zur Wiedereröffnung
des Dresdner Schauspielhauses im Herbst 1995

Ein Mann erwachte mitten in der Nacht und dachte, er
müsse sterben. Er wußte das immer, aber erst jetzt in diesem Augenblick, plötzlich aufgewacht, fing er an, über den
Tod nachzudenken.

Ein Mann ging auf einer mit Bäumen bepflanzten Straße,
wie immer in den vergangenen dreißig Jahren – und plötzlich, zum ersten Mal, erblickte er den Schein der Sonne in
einer Baumkrone. Es war so schön, daß der Mann zu weinen begann.

Ein nonchalanter Schürzenjäger fuhr mit dem Bus. Auf
der Haltestelle sah er ein Mädchen, das lächelte, weil die
Welt so schön war. Und der Weibernarr dachte, daß er sein
Leben für das Lächeln dieses Mädchens zu opfern bereit
wäre. Aber der Bus fuhr weg, das Mädchen verschwand.
Die Sehnsucht blieb.

Ein Greis, der sich auf einer Bank im Park in der Sonne
aufwärmte, erinnerte sich an seine Kindheit. Und er kam zu
dem Schluß, daß nichts für ihn so viel wert war, wie ein
Zinnsoldat, der ihm einmal im Spielzeug seiner Kinderjahre
irgendwo abhanden kam.

Solche Augenblicke bauen das menschliche Schicksal.
Um die Last seines Schicksals tragen zu können, will der

Mensch den Platz erkennen, an dem seine Fundamente gefestigt wurden. An dem Platz ist es dunkel. Ein bißchen Licht ist nötig, um überhaupt einige Schritte vorzurücken. Ohne dieses Licht bewegen wir uns tappend im Finsteren eigener Geheimnisse.

Die Kunst ist ein Licht. Nur sie erhellt das Geheimnis unserer Gegenwart unter den Ängsten, Bäumen, Lächeln und Zinnsoldaten.

Es kann uns vorkommen, daß es auf der Welt Plätze gibt, die der Kunst eingeräumt wurden. Zu denen gehört – wie wir meist meinen – eine Theaterbühne, ein dunkler Kinosaal, ein Gebäude der Philharmonie oder Oper, ein ruhiger Lesesaal, wo die Bücherschränke an den Wänden bis an die Decke reichen.

Sicherlich sind verschiedenartige Räume, Geräte und Gegenstände notwendig, die für uns materielle Zeichen der Gegenwart bilden, ohne die der zeitgenössische Mensch sich keinen Umgang mit der Kunst vorstellen kann. Aber im Grunde trägt jeder von uns einen Sinn und eine Wahrheit der Kunst, denn sie ist ein Wissen von uns selbst.

Ich will nicht die Bedeutung und den Wert der Wissenschaft als eines Erkenntnisinstruments in Frage stellen. Ohne die Wissenschaft ist das Wissen um Blätter, Sterne, menschliche Körper, Boden, und auch – in einem hohen Grad – um die Gesellschaft nicht zu gewinnen. Aber ich bin mir nicht sicher, ob die Wissenschaft ein ausreichendes Instrument der Erkenntnis ist, wenn es sich um den Menschen handelt. Die Wissenschaft kann die Frage beantworten, was die Tränen sind, aber auf die Frage, warum der Mensch weint, findet sie keine Antwort. Warum leidet der Mensch, liebt, haßt, tötet, opfert sich, sündigt, begehrt Gott und lehnt Gott ab, warum hat er manchmal Angst vor einem Kind und erschrickt ein anderes Mal nicht einmal vor einem Exekutionskommando? Warum ist der Mensch so, wie er ist, das heißt immer geheimnisvoll, unerkennbar, voller schöner und grausamer Überraschungen, zwischen dem Himmel und der Hölle aufgespannt, und oft sogar dessen unbewußt?

Ich behaupte nicht, daß die Kunst auf solche Fragen antworten kann. Ich glaube, daß sie solche Fragen stellt und uns dadurch der tiefsten existentiellen Erkenntnis über die menschliche Person, deren Freiheit, Würde und deren Unzulänglichkeiten näher bringt.

Gerade deswegen ist die Freiheit der Kunst, deren Recht, ohne Ausnahmen alle Fragen laut zu stellen, eine grundsätzliche Voraussetzung für die geistige Entfaltung des Menschen.

Dort, wo die Kunst jeder Freiheit beraubt ist, muß es zu einer Behinderung des Menschen kommen, und nach einer gewissen Zeit verkümmern und erlöschen seine inneren Kräfte.

Mein ganzes Leben verbrachte ich in der Zeit einer Unterdrückung der Kunst. Ich denke hier an mein Heimatland – Polen, und an meine Heimatstadt – Warschau. Heute befinde ich mich in Dresden, in der Hauptstadt Sachsens. Diese Stadt und dieses Land, ähnlich wie meine Heimat, erhebt sich nach vielen Jahrzehnten der Unterdrückung.

Ich denke, ich war als Pole in der letzten Vergangenheit durch das Schicksal privilegierter als meine deutschen Nachbarn aus der früheren DDR. Zum ersten erfuhr Warschau eine totalitäre oder – wenn man so will – autoritäre Dressur der Gedanken und Gefühle vierundvierzig Jahre lang, Dresden dagegen von 1933 bis 1990, das heißt siebenundfünfzig Jahre lang. Anscheinend war das kein großer Unterschied, aber es geht im Grunde um eine historische Generation. Für die Entwicklung einer Gesellschaft ist das eine Zeit von großer moralischer und intellektueller Bedeutung. Zum zweiten ließ das kommunistische System in Polen aus vielen verschiedenen Gründen – über die zu sprechen ich hier keine Zeit habe – mehr Freiheit, zu denken, seine Meinung zu äußern, zu recherchieren, und räumte auch das Recht darauf ein, zu suchen und Fehler zu begehen – mehr Freiheit als im Dritten Reich Adolf Hitlers und später in der DDR Wilhelm Piecks, Walter Ulbrichts und Erich Honeckers.

Das bezieht sich nicht nur auf Theater, Film, Literatur, Bildende Künste und Musik, sondern auch auf menschliche Verhaltensweisen, Sitten und Gewohnheiten, die aus der jahrhundertelangen Tradition eines Volkes herkommen.

Es unterliegt keinem Zweifel, daß die kommunistische Partei in Polen gewisse Elemente des Polentums mit ihren Wurzeln auszurotten versuchte. Aber nie hatte sie Mut genug, um den polnischen Nationalcharakter insgesamt in Frage zu stellen. Man konnte die Polen mit der Ideologie vor den Kopf schlagen, man konnte – übrigens ohne größeres Ergebnis – ihre Weltanschauung beeinflussen, die christliche Tradition beschränken und die materialistische Konzeption der Welt und des Menschen durchzusetzen versuchen. Aber selbst in schlimmsten Zeiten wagte es die Partei nicht, die Geschichte des Volkes auf den Müllhaufen zu werfen. Das war übrigens nicht in ihrem Interesse, denn manchmal berief sie sich doch selbst – aus politischer Taktik – auf große Ereignisse der polnischen Vergangenheit.

In der DDR wurde die Ideologie der Partei, die eine diktatorische Macht ausübte, auf dem Fundament einer den Menschen eingeprägten Unwahrheit aufgebaut: daß das deutsche Volk gar keine Geschichte hätte. Die DDR war – anders als das durch Kommunisten regierte Polen – eine Welt, die bei Null anfing, die dank des Segens der epochalen Gedanken von Marx, Engels, Lenin und Stalin aus dem Nichts gezaubert wurde. Vom Standpunkt einer solchen Sozialpädagogik aus war die DDR alles, was die Bürger dieses Staates besaßen; und was der DDR in der Geschichte voranging, war eine undurchdringliche Finsternis. In dem Sinne herrschte nur in der DDR, in einem einzigen kommunistischen Land, selbst wenn man die Sowjets berücksichtigt, ein einzigartiges ideologisches Pathos, ein ideologischer Überschwang, der an die Genesis erinnerte. Und aus dem Chaos der undurchdringlichen Finsternis entstand nun – dank der ideellen Kraft des wissenschaftlichen Sozialismus und der Parteiführung mit der Sowjetunion an der Spitze – eine Welt der Ordnung, der Helle, der Tugend und des Guten. Das war eine Art diesseitige Erlösung, und auf jeden Fall war das ein Weg, der in eine paradiesische Zukunft führte. Nur in der DDR versuchte die Partei sich Attribute einer Gottheit zu verleihen. Selbst der Kult Stalins bei den Sowjets barg nicht so viel mystische Ergriffenheit in sich wie die offizielle Propaganda des kommunistischen deutschen Staates.

Vielleicht ist das irgendwie auf einen Mangel an Humor

bei sehr vielen Deutschen zurückzuführen. Schließlich war Hitler, der über das ganze Deutschland herrschte, auch unbeschreiblich närrisch, bevor er unbeschreiblich verbrecherisch wurde – und fast jeder Pole empfand die Komik dieser Person, aber die Deutschen betrachteten Hitler sehr ernsthaft. Vielleicht ist das auch eine Frage gewisser ästhetischer Kriterien, denn das Dritte Reich war – trotz all seiner Verbrechen – ein schrecklicher politischer Kitsch. Und ein gleicher Kitsch voller närrischer Eigenschaften war die DDR. Es kam doch in den 60er Jahren zu einer so lächerlichen Begebenheit, daß man hier über das ›DDR-Volk‹ sprach, daß Goethe zum größten Dichter der DDR wurde. Und damals gab ein solch doktrinärer und beschränkter Mensch wie Gomulka eine Anordnung an die Presse, daß sie die Erklärung der DDR-Regierung in dem Zusammenhang nicht zitieren sollte, denn dies würde in den Augen der Polen den Bruderstaat der kommunistischen Gemeinschaft kompromittieren.

Ich will jedoch auf die Hauptfrage zu sprechen kommen, nämlich auf das ideologische Pathos in der DDR und auf die Ablehnung der eigenen, großen Geschichte durch die Deutschen.

Ich habe einen Freund, der behauptet, dies sei sehr deutsch, denn nur die Deutschen könnten zu ihrem politischen und ideologischen Topf so viel metaphysische Sauce geben. Aber ich bin einer anderen Meinung. Die Ursache ist, wie ich denke, sehr banal. Schließlich hatten nur die Deutschen ihren zweiten normalen und demokratischen Staat, in dem doch die Geschichte des deutschen Volkes weiter existierte. Eben dieser Staat bildete eine Fortsetzung der Geschichte, denn er lehnte die Geschichte nicht ab. Während in Bonn die Fortsetzung ein sich aus dem nationalen Schuldgefühl ergebendes Moralprinzip war und der Wiedergutmachung dienen sollte, die die Deutschen Europa und der Welt schuldig waren, gab es freilich in Berlin ein Gegenteil. Keine Fortsetzung, und in der Konsequenz auch keine Wiedergutmachung. Denn wozu eine Wiedergutmachung, wenn es keine Fortsetzung gab? Welche moralische Schuld blieb zu vergelten, wenn alles, was es vor der DDR gab, gar nicht existierte? Das deutsche Volk, die Geschichte von Bismarck und Sedan, von Kaiser Wilhelm II. und Verdun, von Adolf Hitler und Auschwitz – das alles gab es in der DDR gar nicht. Und selbst wenn es etwas davon gegeben hätte, dann wäre es nur eine Verkörperung von Gesetzmäßigkeiten der Klassenentwicklung der Menschheit gewesen.

In dem Sinn erwies sich die DDR als die am meisten ausgeprägte Orwellsche Schöpfung in der Geschichte der europäischen Kultur.

Aber in der DDR gab es lebende Menschen, die dachten, fühlten, liebten, eine Sehnsucht empfanden und auch nach ihren eigenen Wurzeln suchten. In der DDR lebten auch Künstler. Sicherlich ging es keinem von ihnen leicht. Und es wäre eine Mißachtung und eine Verachtung der dramatischen Menschenschicksale, wenn wir heute die verschiedenartigen Lebensgeschichten mit Achselzucken quittierten oder alle die Lebensläufe in einen geschmackvollen Rahmen einfassen würden und als ein Vorbild anerkennen oder – im Gegenteil – sie alle auf den Müllhaufen werfen würden.

Ich habe kein Recht darauf, ein Richter für meine Nächsten in Polen zu sein, geschweige denn in Deutschland. Ich bin also kein Richter, sondern ein Zeuge, der nicht alles vergessen hat.

Es gab in der DDR Künstler, die gehorsam die Tretmühle des totalitären Staates bewegten. Es gab leider viele solche Künstler. Sie richteten nicht wenig Verwüstung im Bewußtsein der Gesellschaft an. Noch heute, nach einem totalen Zusammenbruch der ganzen kommunistischen Konzeption, demonstrieren sie die Verbundenheit mit alten Illusionen. Das ist meines Erachtens keine Tugend der Treue, sondern einerseits eine innere Unreife, andererseits eine Sehnsucht nach der Welt, in der sie besondere Privilegien genossen. Die Demokratie verweigert solche Privilegien den Künstlern – zu Recht. Die Demokratie, die ihre Kraft aus der Fortsetzung der europäischen Geschichte schöpft, gibt dem Künstler seinen uralten Platz unter Mitmenschen zurück. Das ist ein sehr unbequemer Platz, kein Sessel, eher ein wackliger, elender Hocker, auf dem man schwer sitzen kann. Und dazu ist das ein Hocker, der öffentlich zur Schau gestellt wurde. Alle sehen, wie einer unruhig darauf sitzt, alle sehen, wenn er von dem Hocker fällt oder sich überschlägt. Hauptsache, daß man gesehen, beobachtet wird – mit Aufmerksamkeit und Achtung.

Es gab auch in der DDR Künstler, die protestierten, die Bande abstreiften und nach Westen gingen, wo sie die Landschaft ihres früheren Lebens, das Gefühl einer Schicksalsgemeinschaft verloren, aber die Geschichte ihres eigenen Volkes mit der ganzen Last ihrer Tugenden und Sünden wiedergewannen. Das Weggehen war jedoch nicht so tragisch, wie das eines Künstlers aus Warschau, Prag oder Budapest. Das war keine Emigration, sondern eine Anschriftsänderung im eigenen Lande. Das war keine Wahl, die mit dem Verlust der Heimat und der Sprache verbunden war, das war eine Erweiterung der eigenen Heimat und der eigenen Sprache. Vielleicht war das traurig und unangenehm, aber von keiner Tragik geprägt, wie es bei den Polen, Tschechen, Ungarn und Russen der Fall war.

Deswegen bin ich mir nicht sicher, ob ›die Flucht nach Westen‹ eine heroische Geste und eine große Entbehrung war. Vielleicht war es eine größere Entbehrung und ein heldenmütigerer Akt, in Dresden, Rostock, Magdeburg zu bleiben und die Last der materiellen Not mit dem ganzen Volk auf sich zu nehmen und immer wieder mit Hartnäckigkeit zu versuchen, die Fragen zu stellen, die die Kunst stellen muß, um ihre Identität zu bewahren.

Ich wiederhole: Ich habe kein Recht zu richten, aber ich habe das Recht zu zweifeln, zu fragen, zu zögern und auch Ähnlichkeiten und Unterschiede zwischen der Situation eines Künstlers in Polen und in der DDR zu suchen.

In einer Frage bin ich hartnäckig und – wohl – unerträglich altmodisch und konservativ. Ich bin nämlich der Meinung, daß das künstlerische Schaffen eine Nobilitierung ist. Es ist ein Privileg, eine künstlerische Begabung zu haben, die Schauspielkunst, das literarische Schaffen, die Bildhauerkunst zu betreiben, Gedichte zu schreiben, Sinfonien zu komponieren, Hamlet zu spielen. Es ist eine große Gabe Gottes, der Natur, des Schicksals. Aber jede Gabe muß der Welt vergolten werden, für das Privileg muß man Pflichten auf sich nehmen. Die Kunst ist ein Licht in unseren inneren Labyrinthen. Und der Künstler hat die Pflicht, diese Finsternis zu erhellen. Und wenn der Staat ein Reich der Finsternis ist, dann muß man gegen diesen Staat kämpfen – um ein bißchen mehr Licht.

Ein Bäcker muß nicht Brot gegen eine totalitäre Macht backen, und ein Arzt muß nicht gegen diese Macht seine Patienten behandeln, auch ein Informatiker muß nicht gegen diese Macht Computer programmieren. Die Kunst spricht jedoch das Gewissen des Menschen, seinen Glauben, seine Hoffnung und Liebe an, die Kunst will den Menschen aus seiner Einöde der Ängste, Vorbehalte und Zweifel befreien und ihn in eine weniger schreckliche Welt hineinführen – in eine weniger schreckliche Welt, weil gewisse existentielle Fragen schon formuliert wurden.

Der Künstler ist immer mit der Wirklichkeit im Streit. Selbst die beste von allen möglichen realen Welten ist für ihn eine Herausforderung, und selbst gegen den Himmel bäumt er sich auf.

Aber wenn er selbst gegen den Himmel rebelliert – dann sollte er es gegen die DDR.

Ein Bäcker brauchte nicht sein Brot gegen die DDR zu backen, der Arzt brauchte nicht gegen die DDR seine Patienten zu heilen, aber ein Künstler mußte gegen die DDR schaffen. Das ist eine moralische Pflicht des Künstlers, die aus dem Privileg, die Kunst zu schaffen, erwächst. Die Kunst entsteht nur aus Protest, nie aus Affirmation.

Ich weiß nicht, ob alle Künstler der DDR der Herausforderung ihrer Zeit gewachsen waren. Es gab sicherlich solche, die dieser Herausforderung gewachsen waren. Es gab auch sicherlich solche, die nachgaben. Wenn sie aber nachgaben, dann gingen sie vom Tag zur Nacht, vom Licht zur Finsternis über – und sie hörten auf, eine wahre Kunst zu schaffen. Denn es gibt keine Kunst dort, wo man Sklaven-aufsehern schmeichelt und gleichzeitig den Sklaven ein-redet, daß sie unbeschreiblich frei wären. Denn die Kunst ist und muß sich immer für den Menschen einsetzen, der angesichts der Herausforderungen der Geschichte und des eigenen Schicksals immer schwächer ist.

Ich rühre hier an ein großes Problem der ganzen deut-schen Kultur des 20. Jahrhunderts. Die deutsche Kultur hat immer noch nicht mit der Epoche des Dritten Reiches und mit der Epoche der DDR abgerechnet. Diese Abrechnung werden weder Politiker noch Bäcker oder Computerpro-grammierer vornehmen. Das ist eine Aufgabe für Künstler, die immer in Vertretung des Volkes, im Namen des Volkes und für das Volk sprechen. Denn nur sie bilden einen Code der geistigen Verständigung zwischen Generationen.

Die große Abrechnung mit der jüngsten Geschichte des deutschen Volkes wird niemand den Künstlern abnehmen.

Andrzej Szczypiorski hielt diese Rede, wie hier gedruckt und leicht durchgesehen, auf deutsch.

Brief an Edgar Hilsenrath

Lieber Herr Hilsenrath

Die Wochenzeitung *Der Spiegel* hat mir vorgeschlagen, eine Rezension Ihres neuesten Romans *Jossel Wassermanns Heimkehr* zu schreiben. Unvorsichtigerweise habe ich diesen Vorschlag angenommen, weil ich eitel bin und es der Mühe wert hielt, auf den Spalten einer so hervorragenden Zeitschrift einen Text von mir über einen so hervorragenden Autor drucken zu lassen.

Doch habe ich, von Eitelkeit veranlaßt, etwas Wesentliches vergessen, nämlich daß ich mich in der Literatur nicht auskenne, ausschließlich eigenen Leselaunen fröne, keine kritische Vorbildung besitze und nie ein Rezensent war. Ich verfüge über eine sehr begrenzte Bildung und gewiß auch über einen verdorbenen Geschmack; denn mich haben Schriftsteller erzogen wie z. B. Tolstoj, Flaubert oder Faulkner. Ich habe nur wenige moderne Dinge gelesen, die man heute modernistische Literatur nennt und die uns angeblich neue Landschaften des menschlichen Geistes aufgetan haben und uns gastfreundlich in das Labor des zeitgenössischen Künstlers einladen, in seine stille Werkstatt, wo der Autor gerade über seinem neuen Werk zum Thema seiner eigenen Schlaflosigkeit brütet oder einen Roman darüber schreibt, worauf das Schreiben eines Romans beruht.

Lieber Herr Hilsenrath, die alten Juden im alten Polen

hatten eine Redensart: ›Das Wort ist gesprochen, die Stute steht am Zaun‹. Das bedeutete, wenn der Mensch sich einmal verpflichtet hat, ein Geschäft zu machen, dann muß er dieses Geschäft auch zu Ende bringen, widrigenfalls verliert er seine Kaufmannsehre, und niemand wird je wieder etwas von ihm kaufen, weder eine Stute noch einen alten Topf.

Nach dieser Überlegung stellte sich heraus, daß ich die Besprechung Ihres Romans für den *Spiegel* schreiben mußte. Das wurde zu einer Sache meiner beruflichen Verantwortung.

Aber der gute Gott wacht über die Wahnsinnigen. Ich habe Ihren Roman gelesen und beschlossen, den Text zu schreiben, zu dem ich mich verpflichtet hatte. Ich wiederhole, der gute Gott wacht über die Wahnsinnigen. Er hat mich für meine modernistische Eitelkeit weder mit einem Roman über das Romanschreiben gestraft noch mit dem Geständnis eines Kerls, der an Schlaflosigkeit leidet und deshalb, statt dieses Leiden im Kontakt mit seiner eigenen oder einer fremden Frau auszunützen, ein düsteres Werk über die langen Nachtstunden in seiner zerwühlten Bettwäsche schreibt. Der gute Gott hat mich belohnt, ich weiß selbst nicht wofür; denn ich habe ein schönes, kluges, bewegendes Buch über eine gestorbene Welt gelesen, die dank diesem Buch wiedergeboren wurde. Ich konnte einige Lektüretage lang die reine Luft des vergangenen, vor meinen Augen ermordeten Europas atmen, das dank Ihnen, lieber Herr Hilsenrath, wieder auferstanden ist und lebendig wurde wie zu Zeiten meiner Kindheit: schön, fröhlich, voll von Zärtlichkeit und jener geheimnisvollen inneren Unruhe, ohne die das menschliche Leben seinen Wert verliert.

Sie sind, Herr Hilsenrath, meiner Meinung nach ein Zauberer. Ihre schriftstellerische Beschwörung ruft aus der Welt der Geister Menschen aus Fleisch und Blut, gute, schlichte und redliche Menschen herbei.

Ich kenne mich in der Literatur nicht aus. Wenn ich mich darin auskennen würde, hätte ich wohl nicht die Kühnheit, Romane, Erzählungen und andere Texte zu schreiben, die mir im Schlaf von den Zwergen diktiert wurden, aber vielleicht auch von meinen Teufeln und Engeln. Ich kenne mich in der Literatur nicht aus, weil ich sie für ein großes Geheimnis halte, für eine Art Herausforderung, die der Mensch dem Herrgott hinschleudert. Er kommt zu Gott und sagt: ›Herrgott, Du hast die Welt geschaffen, die mir eng und unklug vorkommt, Du hast die Menschen geschaffen, die mir unglücklich und verloren vorkommen, jetzt aber werde ich Dir zeigen, wie weit und schön diese Welt sein sollte, wie brav und von Liebe belebt die Menschen sind. Das ist meine Welt, die ich in dem Roman eingeschlossen habe; lies das, Herrgott, vielleicht ziehst Du aus der Lektüre irgendwelche Schlüsse für die Zukunft, wenn Du die nächste Welt schaffen wirst.‹

Ich kenne mich also nicht aus im großen Geheimnis der Schöpfung, lieber Herr Hilsenrath, deshalb geruhen die schriftgelehrten Kritiker womöglich, eine völlig andere Meinung über Ihren Roman zu haben. Vielleicht sind sie der Ansicht, er sei altmodisch oder betreffe Vergangenes oder er sei auf eine Weise erzählt, die ihrem verfeinerten Geschmack nicht entspricht, oder er biete keine tiefen intellektuellen Inhalte, weil er nur so banale Dinge behandle wie Leben und Tod, gut und böse, Redlichkeit und Gemeinheit, nicht aber unseren Egoismus, unsere Manie, unsere Glatze, unsere Geliebte, unseren Kanarienvogel, unsere Grippe. Er bietet auch kein Material, um sich an dem raffinierten Sprachspiel zu beteiligen, das die Literatur höchsten Ranges seit einiger Zeit beiderseits des Ozeans betreibt.

Sie, lieber Herr Hilsenrath, haben das normalste Buch der Welt geschrieben, ohne jeden philosophischen Anspruch, dafür aber mit Punkt und Komma; ohne den Wunsch, jemanden darüber zu belehren, wie klug und begabt Sie sind, statt dessen aber mit Demut angesichts der riesengroßen, blendenden Bilder einer Welt, die den Menschen einstmals zum Erleben und Erinnern gegeben wurde. Sie haben ein ganz gewöhnliches Buch geschrieben, wie vor längerer Zeit Turgenjew oder Fontane oder Balzac oder – in jüngeren Zeiten – Joseph Roth.

Das Entscheidende aber ist, daß Sie eine ermordete Welt beschrieben haben, was andere vor Ihnen nicht taten, weil sie in der Zeit vor dem großen Morden lebten und schrieben. Andere wußten noch nicht alles vom Menschen, sie konnten die Zukunft des Menschen nicht voraussehen, weil sie die Praxis menschlicher Möglichkeiten nicht kannten und sich das alles, was im Menschen steckt, nicht einmal vorzustellen vermochten; ich fürchte, Herr Hilsenrath, es steckt ausnahmslos in jedem Menschen. Es genügt, ein kleines Rädchen in Gang zu setzen, ein Maschinchen anzuwerfen, das in den dunklen Kammern unseres Herzens wie eine Uhr tickt – und plötzlich stellt sich heraus, daß alles möglich ist. Selbst das, was sich die Philosophen nicht träumen ließen.

Sie und ich, wir beide gehören zu der verdammten Generation, die ziemlich viel weiß von den menschlichen Möglichkeiten. Dadurch sind wir vielleicht sogar klüger als Tolstoi oder Shakespeare, doch ist das eine verfluchte und fruchtlose Klugheit, weil sie nicht auf fruchtbarem Feld oder im Garten keimte, nicht einmal auf einer belebten Straße, wo man viele verschiedene Menschen treffen kann, sondern auf den unkrautüberwachsenen, vergessenen Friedhöfen Europas, die es mancherorts gibt. Im Grunde kam sie auf die Welt in der Asche und dem Rauch der Krematorien, was aus ihr eine flüchtige und unseren Nächsten ziemlich gleichgültige Klugheit macht. Aus dieser Klugheit kann man keine integrierten Schaltkreise produzieren, nicht einmal einen gewöhnlichen Stuhl. Ich hoffe jedoch, daß sie sichere Nahrung für die Gedanken und Gefühle der Menschen und bitteres Brot für die Erinnerung unseres 20. Jahrhunderts sein wird.

Lieber Herr Hilsenrath, Sie schreiben in Ihrem Roman über Juden, die ich als Pole geliebt habe, aber auch über Polen, die ich weiterhin liebe, obgleich ich wie kaum jemand sonst ihre Sünden und Schwächen kenne, aber auch das Böse, das in ihnen durch das Unglück der vergangenen Jahrhunderte gezüchtet wurde. Vielleicht ist mir darum Ihr Roman so nahe und hat mir soviel freudigen Schmerz und schmerzliche Freude bereitet. Sie haben ein sehr schönes Buch über eine verstorbene Welt geschrieben, die für mich nie gestorben ist, weil ich bis heute lebe und das Bild jener Landschaften in mir trage. Um der Genauigkeit willen muß ich hinzufügen, daß ich nie in dem Winkel Europas war, den Sie beschreiben. Ich bin geboren und aufgewachsen in Warschau, wo assimilierte, gebildete und der Orthodoxie sehr ferne Juden lebten, aber auch Juden, die Ihren Helden ähneln. Ich habe Freunde, die aus dem ehemaligen Galizien stammen und mit den Juden dort zu tun hatten. Daher weiß ich sehr gut, daß Ihre Geschichte auch die Geschichte von hunderttausend Menschen aus jener Region Europas ist: über die am Pruth und die an der Weichsel, aus Galizien und Masowien, Litauen und Kleinpolen, Weißrußland und den Heiligkreuzbergen. Gewiß gab es in Wilna und Lublin andere Gerichte, und die Leute trugen andere Hüte oder Strümpfe. Aber sie dachten sehr ähnlich und hatten in sich viel von jener dunklen Weisheit, die die Seiten Ihres Romans ausstrahlen.

Nicht alles, worüber Sie schreiben, verbindet meine Erinnerung mit Ihrer, aber das versteht sich von selbst, weil Sie eine jüdische Erinnerung haben und ich eine polnische. Das sind recht unterschiedliche Erinnerungen, obwohl unser Unglück ähnlich war. Ich möchte hier – fast im gleichen Atemzug – anführen, daß es auf der Welt Polen gibt, die meinen, die Polen hätten ein Monopol auf Leiden. Das sind dumme Polen. Doch hat letzten Endes jeder das Recht auf seine eigene Dummheit, die eine Gabe des Schöpfers ist, ich kenne ja, ähnlich wohl wie Sie, auch dumme Juden, dabei sind sie doch das auserwählte Volk, und Gott könnte in dieser Frage ein bißchen mehr guten Geschmack beweisen.

Also, dumme Polen sind der Meinung, sie hätten am meisten gelitten, und die dümmsten fügen noch hinzu, Hitler habe ihnen im Kriege dasselbe Los wie den Juden bereitet. Das ist eine ganz gewöhnliche Fälschung; denn die Juden sollten vernichtet werden und wurden vernichtet, die Polen aber wurden nur dezimiert. Unter diesen dezimierten Polen befanden sich niederträchtige Leute, die sich in der Sorge um die eigene Haut und vielleicht auch wegen ihres Antisemitismus unmenschlich betrugen. Und es ist Sache Polens und der Polen, laut davon zu reden. Die Welt ist nur dann halbwegs zu ertragen, wenn jeder vor allem von den eigenen Sünden redet. Dagegen ist es nicht gut, wenn die Menschen viel über die Sünden anderer reden, die eigenen aber mit Schweigen zudecken. Auf dieses Verhalten stoße ich manchmal in Deutschland, wo seit einiger Zeit die Meinung ziemlich verbreitet ist, die Polen seien große Antisemiten, die Deutschen dagegen hätten – allerdings mit gewissen Ausnahmen – die Juden sehr geschätzt und geachtet. Mehr noch, sogar unter bestimmten Juden, gewiß solchen, bei denen Gott mit Vernunft gespart hat, begegne ich ähnlichen Anschauungen.

Ich diskutiere ungern über diese Probleme. Ich bin nicht dazu da, unablässig zu wiederholen, wer den Holocaust erfunden und realisiert hat. Ich bin auch nicht dazu da, um die Juden an jene Juden zu erinnern, die mit dem Vernichtungsapparat des Dritten Reiches kollaboriert haben. Das ist Sache der Juden selbst oder eines neuen Shakespeare der europäischen Literatur, der sich bisher noch nicht zu Wort gemeldet hat.

Ich schreibe diese Bemerkungen am Rand eines schönen und klugen Buches, das die jüdische Erinnerung widerspiegelt. In diesem Spiegel finde ich ein wichtiges Stück von mir. Das ist nicht meine Erinnerung, wie ich schon zuvor konstatiert habe, aber ein wesentlicher Teil von ihr. Das Weltbild ist nicht identisch, aber sehr ähnlich. Dieselbe Sonne, dieselben Bäume, aber die Schatten legen sich anders auf den Rasen. Die Ihren sind länger, weil der Tag Ihrer Welt damals endgültig erloschen ist. Meine Welt wurde zum Glück in der Abenddämmerung gerettet, als man die Umrisse der Hoffnung noch sehen konnte. Lieber Herr Hilsenrath, manche Leute werden weinen, wenn sie Ihr Buch lesen. Und das ist gut. Unsere Zeit hat Tränen sehr nötig, um nicht zu vergessen, was wir unwiederbringlich verloren haben.

Aber ich habe während der Lektüre nicht geweint, weil Sie in gewissem Sinn mein eigenes Los beschreiben, obgleich ich kein Jude bin, sondern ein Pole, der die Juden geliebt hat, weil sie ein bedeutender Teil seines Vaterlandes waren. Mein eigenes Los habe ich schon vor langer Zeit beweint, seit Jahren sind meine Augen trocken.

›Ich werde dich ausspeien aus meinem Munde, weil du lau bist‹, sagt die Schrift.

Nie war ich lau angesichts dessen, was uns im 20. Jahrhundert betroffen hat. Sie auch nicht. Sie haben einen Roman geschrieben, in dem die Lava glühender Liebe fließt. Es ist ein heißes Buch.

Solche Bücher entstehen im Leiden und sind deshalb voller Heiterkeit, Zärtlichkeit, Verständnis und Mitgefühl.

Sie, lieber Herr Hilsenrath, und ich müssen nicht mehr weinen. Es lohnt aber, wenn die weinen, die lau waren.

Denn vielleicht sehen sie durch die Tränen ihren Engel.

Fröschegequak und Krähengekrächz

Über *Unkenrufe* von Günter Grass

Es liegt etwas in der Luft Europas, daß man seit einigen Jahrzehnten die großen Probleme des Menschen und der Gesellschaft nicht anders auf Buchseiten überzeugend bedenken und beschreiben kann als nur in spöttischer Weise.

Vielleicht haben nach der Erfahrung, die uns in den letzten sechzig Jahren vermittelt worden ist, die einst wichtigen Dinge ihr altes Maß verloren. Vielleicht sind es keine Probleme mehr, wert jenes heiligenden Ernstes, der vor hundert Jahren in der Literatur vorherrschte, als die Schriftsteller noch die Illusion nähren konnten, der Mensch sei herrlich und die Völker groß. Vielleicht hatte Adorno recht, als er sagte, nach Auschwitz werde es keine Gedichte mehr geben.

Immerhin haben sich damals vor unseren Augen eschatologische Probleme ereignet, und die Metaphysik war das tägliche Brot der Hungernden und Verurteilten. So wurde im Grunde das Schicksal des Menschen in jeder Dimension summiert, und die Literatur hat nichts mehr zu sagen. Sie kann höchstens mit Spott den Nächsten zuschauen.

Ich glaube, Grass weiß das alles sehr genau und hat uns deshalb einen spöttischen und bitteren Roman über die polnisch-deutsche Versöhnung geschenkt, der jedoch für einen Polen beim Lesen zum Trost wird; er erlaubt ihm, sich irgendwie mit der Vergangenheit abzufinden, aber auch – was sehr viel schwieriger ist – mit dem heutigen Tag.

Die Stärke dieses Romans besteht, denke ich, gerade darin, daß er ohne Barmherzigkeit, ohne jene aerodynamische und pseudohumanistische Schonung zeigt, wie klein alles angesichts der Vergangenheit geworden, wie flach die Welt von heute ist im Vergleich mit der jüngsten Geschichte. Es ist etwas von Beckett im Grass'schen neuesten Roman, und eben das spricht am stärksten für dieses Buch, macht aus ihm ein wichtiges literarisches Werk, denn in der Welt der Gegenwart sucht man vergebens nach shakespeareschen Dilemmata. Es gibt in uns nur noch die Sehnsucht nach der Größe und Tiefe der Erlebnisse, die Größe und Tiefe selbst gibt es wohl nicht mehr.

Der einzige Ort, wo man mit der polnisch-deutschen Versöhnung beginnen kann, ist bei Grass der Friedhof. Auf diese Weise hat er den Schlüssel gefunden, der aufs Beste zur ganzen Problematik unserer derzeitigen Beziehungen paßt. Aber Grass ist weiter gegangen, und das bezeugt seinen schriftstellerischen Mut.

Denn der Ort, wo sich die polnisch-deutsche Versöhnung definitiv verwirklicht, um für immer fortzudauern – ist auch der Friedhof.

Alles in diesem Buch ist konsequent gedacht, und zwar so, daß es konsequent verkleinert wird. Dank dieser Konsequenz finden wir endlich das entsprechende Maß für den Irrsinn deutsch-polnischer Abhängigkeiten, Vorbehalte, Melancholien, für den Hochmut und das Pathos.

Die intellektuell nicht allzu schwungvollen Deutschen können, verstrickt in ihre Redlichkeit, Pünktlichkeit, Akkuratesse und ihren guten Willen, der jedoch unterlegt ist mit jenem woanders rühmlichen Wunsch, sogar die guten Taten sollten sich in Geld umrechnen lassen und selbst die erhabensten Initiativen sollten ihr Bankkonto haben, diese ordentlichen zeitgenössischen Deutschen, die gern etwas Normalität hätten in ihren Beziehungen zu den ordentlichen zeitgenössischen Polen, können nicht darüber begeistert sein, daß fast täglich jemand etwas klaut, etwas zerstört, etwas umwirft, etwas nicht vollendet – und schon geht das Geschäft, selbst ein derart erhabenes wie Exhumierung und Beisetzung, durchaus nicht so, wie es sich gehört. Also wollen diese ordentlichen Deutschen einen ordentlichen Zaun um den Friedhof ziehen, damit den Dieben der Zugang verwehrt ist. Doch da erheben die ordentlichen Polen – intellektuell schwungvoller, was sich nicht verheimlichen läßt, aber sehr viel weniger daran interessiert, mit den Verstorbenen Geschäfte zu machen, nicht etwa weil die Polen moralischer sind, sondern einfach deshalb, weil sie an allem ringsum weniger interessiert sind – ein großes Geschrei, die Deutschen liebten den Stacheldraht. Schließlich verzichten die Deutschen auf den Zaun und sind bereit, sporadische Diebstähle von Kränzen, Blumensträußen oder sogar ganzen Grabplatten zu tolerieren.

Grass zeigt uns die Sache durch das verkleinernde Okular des umgekehrten Fernglases. Die Perspektive scheint richtig, die Umrisse der Welt sind deutlich, aber die gesamte Wirklichkeit ist nicht groß, ja sogar überraschend klein. Doch genügt es, das optische Gerät umzudrehen und die Welt so zu betrachten, wie man durch ein Fernglas blicken soll, um die polnisch-deutsche Kreuzigung von heute in der richtigen Größenordnung zu sehen, im vollen Ausmaß der zeitgenössischen Erfahrung.

Wenn Grass je nachsichtig ist, dann gegenüber den Polen, nicht gegenüber den Deutschen. Nach meinem Dafürhalten ist das ein Zeugnis großer Reife, ja mehr noch: das einzig richtige Herangehen an die Literatur.

Trotz aller Hirngespinste, die seit Jahren in Deutschland hinsichtlich des Werks von Grass in Umlauf sind, glaube ich, daß er Deutschland und die Deutschen zutiefst liebt, ihn schmerzt das Deutschsein, das ihm die angeblich freie und – man weiß nicht warum – allgemein geschätzte europäische Ungeniertheit nicht gestattet. Grass ist verstrickt in die deutschen Sünden, Provinzialismen, Vorurteile und Widersprüche, so wie ich verstrickt bin in mein verfluchtes Polentum. Vielleicht erlaubt sich Grass eben deshalb, gegenüber polnischer Kleinkariertheit und Simplizität nachsichtig zu sein, aber genau dieselben Eigenschaften bei den Deutschen setzen in ihm das tödliche Gift des Spottes und des moralischen Abscheus frei.

Die auf den Seiten des Buches stets anwesenden Unkenrufe sind eine melancholische Ankündigung des heraufziehenden Unheils. In der polnischen Kulturtradition und im Volksglauben ist der Frosch ein Geschöpf am Rande, doch wenn er unbedingt eine Rolle spielen soll, dann ist es in den polnischen Märchen gewöhnlich die verzauberte Prinzessin, der ein Kuß ihre ursprüngliche Gestalt wiedergibt. Das Unheil wird in der polnischen Tradition vom Krächzen der Krähen angekündigt.

Für die polnische Öffentlichkeit kann Grass dank seinem neuesten Roman zum quakenden grünen Frosch werden, der sich unter dem Einfluß der Kritikerküsse aus Warschau, Danzig und Krakau in eine deutsche Prinzessin voller Schönheit, Anmut und Weisheit verwandelt.

Vielleicht wird Grass in Deutschland das durchdringende Krächzen der Krähen zu hören bekommen. Sollte das eintreten, wäre daran nichts Merkwürdiges.

Im eigenen Land pflegt der Schriftsteller einsam zu sein. Und das ist vermutlich gut so.

Ist der Ehrliche der Dumme?

Gedanken zum Buch von Ulrich Wickert

Ulrich Wickert hat ein faszinierendes Buch geschrieben. Ich bin kein Literaturkritiker, ich bin auch nicht jemand, der nur einen Bruchteil von Wickerts imponierendem Wissen über die in seinem Buch behandelten Fragen besitzt. Mein Wissen ist intuitiv, es erwächst mehr aus der Beobachtung meiner Umgebung als aus gründlicher Bildung. Das ist zwar keine Rechtfertigung, kann aber die Befangenheit erklären, die ich empfinde.

In diesem Buch steckt ebenso großes Wissen wie große Sensibilität. Ich kann, gewissermaßen neben diesem Text, einige meiner Reflexionen zu einem ähnlichen Thema anführen, ohne in den Kern der Dinge einzudringen, von denen der Autor spricht.

Der Titel von Wickerts Werk lautet: *Der Ehrliche ist der Dumme*. Man kann die Akzente verlagern, was den Sinn dieser Behauptung völlig ändert, und sagen: Der Dumme ist der Unehrliche. Das meint Wickert, und diese Anschauung teile ich voll und ganz. Ich habe stets behauptet, die Dummheit sei eine moralische Kategorie. Klugheit und breites Wissen von der Wirklichkeit gehen Hand in Hand mit Einsicht, Toleranz und Barmherzigkeit. Dummheit und Torheit bilden das Fundament der Intoleranz, der Grausamkeit und des Bösen.

Wickert skizziert die Landschaften der zeitgenössischen Geistigkeit, gesehen aus einer allgemeinen Perspektive. Das ist – in meiner unvollkommenen Sprache ausgedrückt – ein kollektivistischer Gesichtspunkt. Ich möchte ein paar Worte über diese Dinge sagen, aber aus dem Blickwinkel eines Menschen, der die Welt durch die Brille des Individuums sieht.

Ich bin ein Kind des 20. Jahrhunderts und wurde geformt vom 20. Jahrhundert. Das ist das Jahrhundert der Dummheit und des Verbrechens. Vielleicht war es nie anders. Ich tröste mich jedoch damit, daß der Mensch früher seiner eigenen Freiheit und der Gleichheit unter den Menschen näher war als zu unseren Zeiten.

Ich habe einmal einen Satz geschrieben, der mir sehr gefällt und in dem ich den wirklich tiefen Sinn unserer Natur finde. Ich habe geschrieben, nicht der sei frei, der es ist, sondern der, der es zu sein begehrt. Die Sehnsucht nach Freiheit stellt einen größeren Wert dar als die Freiheit selbst, mit der wir nicht so recht etwas anzufangen wissen. In diesem Sinne wird das Gefühl der Unfreiheit, der Daseinsenge, der Wirklichkeitsbeschränkung, die mich fesseln, zu einem Wert an sich, weil sie mich lehren, wie den Herausforderungen des Schicksals gerecht zu werden ist, wie man mit seinem Los ringen sollte, um die eigene Würde zu bewahren und damit die Sehnsucht nach einer besseren Welt.

So ist die Begrenzung unserer Existenz ein Wert. Ein Wert ist der Widerstand der Welt, die sich meinen Wünschen nicht fügen will, die meine Träume nicht erfüllt, meine Sehnsüchte nicht befriedigt, die mir Glück, Ruhe, Geborgenheit versagt und mich unablässig zu der Reflexion zwingt darüber, daß ich unvollkommen, unvollständig, verletzt bin. Darin gerade finde ich die Kraft, die mir befiehlt, mein eigenes Los in unablässigem Kampf in die Hand zu nehmen trotz des Widerstands der Materie und – ehrlich gesagt auch im Leiden. Ohne Leiden sehe ich keinen Sinn des Daseins.

Das ist eine zutiefst pessimistische Anschauung, doch meine ich, sie ergibt sich aus der Akzeptanz bestimmter einfacher Fakten, aus der Anerkennung der Tatsache, daß ich ein Teilchen der Natur bin.

Ich habe gesagt, früher seien die Menschen weder so dumm noch so unehrlich gewesen wie in unserem 20. Jahrhundert. Ich denke, es fällt nicht schwer, den Grund unserer Dummheit aufzuzeigen; sie hat nota bene zu Lebzeiten der letzten Generationen zu den größten Verbrechen geführt, die sich die Menschen je erlaubt haben.

Ich glaube, ich habe die Demut gegenüber der Wirklichkeit verloren. Ich habe mich von der Illusion verleiten lassen, ich sei dabei, die Wirklichkeit nach eigenem Wunsch und Willen zu formen.

Dostojewski schrieb, wenn es keinen Gott gibt, ist alles erlaubt. Bei Dostojewski geht es wortwörtlich um den christlichen Gott, doch kann man das etwas weiter interpretieren. Wenn es nichts gibt, das stärker ist als der Mensch, das über ihm steht, über ihn entscheidet, ihn zum Untertan macht – dann gibt es keine Normen und keine Grenzen für die menschliche Willkür. Doch sogar für den kompletten Atheisten, der den Glauben an Gott verachtet, muß es etwas über dem Menschen Stehendes geben, was sein Los bestimmt.

Ich meine den Tod. Ich meine das Bewußtsein unserer Sterblichkeit. Ich bin ein Wesen, das seinen Anfang hat und sein Ende. So gesehen habe ich meine unwiederholbare Sonne und meine Sterne, meine einzigartigen Bäume, meine Geschmacks- und Geruchsempfindungen, die sonst niemand auf Erden hat, denn sie hören zusammen mit mir auf zu existieren, und das heißt, es gibt eine Grenze meiner Welt, und hinter ihr bleibt nur die Wahl zwischen Gott und dem Nichts. Diese Wahl ist eine Frage des Charakters, der Erziehung, der Kultur, Tradition, intellektuellen Reife, eine Frage von Mut oder Feigheit; aber eines bleibt für den Menschen eindeutig – nämlich daß es einen Schluß gibt, ein Ende seiner Person.

Dieser Gedanke ist besonders wichtig, weil er Demut lehrt. Dummheit ist Mangel an Demut. Das 20. Jahrhundert hat die Demut verloren. Es glaubt, sicher zum ersten Mal in der Geschichte, daß der Mensch unbedingt glücklich zu sein hat. Für mich klingt das, ehrlich gesagt, völlig idiotisch. Warum soll ich glücklich sein, wenn ich morgen sterbe? Und die Tatsache, daß ich sterben werde, unterliegt keinem Zweifel.

Ich will niemanden dazu bewegen, sich mit dem Gedanken an den Tod zu plagen. Ich verleite ihn zu etwas sehr Einfachem und Offensichtlichem, zu dem Bewußtsein, daß er schwach ist, beschränkt, verurteilt, und sich deshalb über alles freuen sollte, was die Welt ihm gibt, ohne das aggressive Verlangen, sich die Welt unterzuordnen, weil das immer mit dem Begehren einher geht, sich andere Menschen zu unterwerfen.

Im 20. Jahrhundert wollten die Nazis – im Sinne ihres eigenen philosophischen Unsinns –, daß die Deutschen glücklich seien und den Rest der Welt ihrem Willen unterwürfen. Im Ergebnis verbrannte man ganze Völker in den Öfen.

Im 20. Jahrhundert wollten die Kommunisten – im Sinne ihres eigenen philosophischen Unsinns –, daß die Welt der Arbeit glücklich sei und sich den Rest der Welt unterwürfe. Im Ergebnis gingen Millionen Menschen im Gulag zugrunde, wurden Millionen in den Abgrund einer schrecklichen Unfreiheit gestoßen und geistig verletzt.

Nach den Erfahrungen mit Hitler und Stalin wollte das 20. Jahrhundert daran glauben, Demokratie und entwickelter Kapitalismus würden alle Ansprüche der menschlichen Person befriedigen. Im Grunde proklamierte man – vielleicht im Gefolge der vorausgegangenen schrecklichen Erfahrung –, es gebe den Tod nicht. Es genügt, das Fernsehen einzuschalten, um festzustellen, daß es so ist. Das Fernsehen zeigt eine Welt gedankenloser Wesen, die in freudigem Lächeln beim Anblick von Colgate-Zahnpasta oder eines Waschmittels die Zähne fletschen. Alle sind fröhlich, heiter, lächelnd, mit ihren Angelegenheiten beschäftigt, alle freuen sich, singen, treiben Sex, machen Geld, essen Hamburger, tragen Jeans und sind unsterblich. Aber weil es nicht nur herrlich sein darf, zeigt das Fernsehen auch die Welt der Gewalt, des Blutes, der Grausamkeit und des Todes, was uns jedoch nicht betrifft, weil es sich ja ausschließlich auf dem gläsernen Bildschirm abspielt, im Bereich der Fiktion, in irgendeinem Ruanda oder Sarajewo, und in Wirklichkeit gibt es dieses Ruanda und dieses Sarajewo gar nicht. Das ist künstliches Blut, das sind künstliche Leiden, das sind Leichen aus Märchen und Legenden. Der Mensch stirbt bekanntlich nicht. Der Mensch hat bekanntlich Geld und erwartet vom Leben Unterhaltung, starke Emotionen und Glück.

Ein polnischer Satiriker hat vor Jahren geschrieben: Die Erfahrung lehrt uns, daß in der Regel die anderen sterben. Die anderen – ja, wir – nein.

Infolge seines blinden Glaubens an den Fortschritt und den Genius der menschlichen Vernunft glaubt das 20. Jahrhundert, es gebe keine Grenzen für die menschlichen Möglichkeiten.

Dostojewski sagt, wenn es keinen Gott gibt, ist alles erlaubt. Die Menschen zum Ende des 20. Jahrhunderts sagen, wenn es keinen Tod gibt, ist alles erlaubt.

Wickert schreibt über den Verfall der Werte. Zweifellos leben wir in einer Zeit des Werteverfalls. Der Ehrliche ist der Dumme.

Ich denke, der grundlegende Wert ist das Leben. Aber man kann das Leben nicht unabhängig vom Tod untersuchen. Erst im Zusammenhang mit dem unvermeidlichen Tod wird das Leben zum Wert. Es verläuft und entwickelt sich im Schatten des Todes. Der Tod gibt dem Leben seinen endgültigen Sinn.

Ich will den Tod überwinden. Die einzige Möglichkeit, die mir in dieser Hinsicht gegeben ist, heißt: eine so dauerhafte Spur hinterlassen, daß sie noch existiert, wenn ich nicht mehr sein werde.

So dachten die Menschen in früheren Zeiten, als sie noch Demut gegenüber der Wirklichkeit übten und wußten, daß sich die Verlängerung der Existenz in der Dauerhaftigkeit bestimmter Taten realisiert.

Die Dauerhaftigkeit der Taten wird von der Liebe diktiert. Die Liebe ist der Schlüssel zu meiner Zukunft. Die
Kraft des Christentums beruht unter anderem darauf, daß
es die Menschen eines lehrt: Nur die Liebe kann den Tod
überwinden. Sicher, auch das ist eine Illusion, aber sie ist
unvergleichlich dynamischer, schöner, schöpferischer als die
Anschauung, ich solle die mir gegebene Wirklichkeit so gestalten, daß ich glücklich werde.

Das Glück an und für sich ist dumm. Das Glück ist kein
Wert. Es ist ein bestimmter Geisteszustand, mehr nicht.
Die Liebe ist weise, selbst wenn sie Leiden und Schmerzen
mit sich bringt. Die Liebe ist kein Zustand, sondern ein
Wert.

Ulrich Wickert hat ein sehr interessantes Buch geschrieben. Aus diesem Buch ergibt sich eine gewisse Gesetzmäßigkeit. Wickert beschreibt eine Welt ohne Traurigkeit. Es
gibt in dieser Welt Blut, Übermacht, Gewalt, Schurkerei,
Verbrechen, es gibt dort auch den Tod als Ware. Mehr noch
– es gibt sogar die Verzweiflung. Aber die Traurigkeit gibt
es nicht. Es ist eine frischfröhliche, gedankenlose Welt, in
der die Menschen ihr Glücksideal verwirklichen wollen,
wenn das nicht gelingt, verfallen sie manchmal in Verzweiflung. Aber die Verzweiflung entbehrt – anders als die Traurigkeit – der Reflexion.

Traurigkeit bedeutet Nachdenken, intensives Nachdenken über sich und die Welt. Die Verzweiflung ist im Grunde
gedankenlos und unvernünftig. Sie führt zu Passivität und
Vernichtung, während die Traurigkeit zu Aktivität und
zum Suchen nach der Rettung bewegt. Wenn nicht des Lebens, so doch des Wertes, das es selbst ist. Ich glaube, eine

Welt ohne Traurigkeit, mithin ohne Reflexion über das eigene Schicksal und das anderer Menschen, ohne die Liebe und den Wunsch, dem Anspruch der eigenen Endlichkeit zu genügen – ist sehr leer, dumm, weniger menschlich als die Welten des Europas von einst, die vergangen sind.

Manchmal glaube ich, die Menschen waren früher freier, gleicher und ganz einfach innerlich reicher, weil sie Angst hatten vor der Dunkelheit, vor Gewitter und Hochwasser und Überschwemmung, vor Trockenheit und Stürmen, sie fürchteten sich vor der Welt, und der ganze Fortschritt ihres Denkens beruhte auf der sehr schönen Bemühung, sich von bestimmten Ängsten zu befreien. Sich weniger fürchten, sich etwas mehr freuen, sich leichter abfinden mit dem Unvermeidlichen. Sie waren nicht frei, aber sie wollten es sein.

In diesem Sinne ist auch die Freiheit für mich kein Wert, sondern nur ein Zustand des Daseins. Ein Wert ist der Wunsch nach Freiheit, die Sehnsucht nach ihr.

Ein polnischer Schriftsteller pflegte bei gesellschaftlichen Gesprächen zu sagen: Ich glaube nicht an Geister, aber daß es sie gibt, unterliegt keinem Zweifel. Das klang sehr witzig und wurde in bestimmten Kreisen Warschaus fast zum Bonmot.

Nun ja, der Schriftsteller hatte wohl recht. Heute kann man sagen: Wenn es keine Geister gibt, dann lohnt es doch zu glauben, daß es sie gibt, und sich mit diesem Glauben bei dunkler Nacht zu einem einsamen Spaziergang in den Wald zu begeben. Das sind kleine und wertvolle Lektionen der Demut auf der Welt, die sich abgibt mit dem Klonen von Menschen, mit der Produktion Gottes im Labor und dem

Sicheinreden von früh bis spät, daß der Mensch geschaffen sei für das Glück.

Dabei genügt es, nachts aus der Stadt zu gehen, in den finsteren Wald, um auf dem Pfad plötzlich Hexen zu begegnen, Zwergen, Teufeln, ja sogar den vier apokalyptischen Reitern.

Dazu bedarf es keiner Fernsehfiktion, die uns den Tod in Sarajewo zeigt.

Dazu genügt es, sich in die eigene Natur zu vertiefen und voller Traurigkeit festzustellen, daß die Welt ein unlösbares Rätsel ist und ich selbst ein dunkles, entsetzliches Geheimnis, das sogar mein Tod nicht löst.

Ein polnischer Intellektueller hat vor Jahren, als der Stalinismus Zähne und Krallen verlor und in Polen eine gewisse politische Liberalisierung stattfand, gesagt: Der Mut ist billiger geworden, die Vernunft teurer. Heute gibt es keinen Zweifel daran, daß in Europa die Vernunft teurer geworden ist. Langsam wird sie zur Mangelware.

Ein anderer polnischer Intellektueller sagte: ›Das Denken hat eine große Zukunft‹. Diese Hoffnung habe ich immer noch.

Ulrich Wickert fordert die Menschen zum Denken auf. Jeden auf eigene Gefahr. Darum ist sein Buch so wichtig und wertvoll.

Das verschlossene Zimmer

Über Christentum, Kirche, Freiheit, Polen und Europa

Als ich klein war, verbrachte ich den Sommer immer in einer Ortschaft bei Warschau, deren Namen ich nicht mehr weiß. An das Haus aber erinnere ich mich sehr gut. Es stand in einem großen Obstgarten, überall roch es nach Blumen und Früchten. Bienen summten, und die Luft kam mir damals hellblau vor.

Das Haus hatte riesengroße und dunkle Zimmer. Die Fußböden knarrten, bei Sonnenuntergang zirpten die Grillen, etwas Unbekanntes knusperte im Dämmerlicht, gelegentlich hörte man fremde Schritte im Garten, doch waren es vielleicht gar keine Schritte, sondern seltsame Geräusche, Flüsterworte oder sogar Seufzer.

An den Fenstern dieses Hauses gab es Läden, wie das vor einem halben Jahrhundert bei Häusern außerhalb der Städte üblich war – und meine Amme schloß diese Läden zur Nacht sorgfältig. Sie war immer ängstlich, sie flüsterte wohl sogar Gebete. Sie sagte, man schließe die Läden nicht aus Angst vor bösen Menschen, sondern vor den Geistern. Wenn meine Mutter aus Warschau kam und diese Geschichte hörte, schimpfte sie die Amme heftig aus.

Doch die alte Amme hatte wohl recht. Ob es nicht immer und überall böse Geister gibt, dessen können wir nie sicher sein, aber auf alle Fälle ist es besser, die Fensterläden zu schließen.

In jenem Haus gab es auch Zimmer im Obergeschoß. Ich stieg oft hinauf und lief in den völlig leeren Räumen herum, wo über den Fußbodenbrettern der Staub in den Sonnenstrahlen tanzte und an den Wänden Spinnen krochen. Das Zimmer am Ende des Korridors blieb stets abgeschlossen. Nie konnte ich hineingehen, und es wurde aus diesem Grund natürlich für den Rest des Lebens meine fixe Idee.

Jeder von uns hat in seiner Biographie so ein geheimnisvolles, verschlossenes Zimmer, dessen Schlüssel im tiefen See versenkt ist, ein verlockendes, aber unzugängliches Zimmer mit sorgsam geschlossenen Fenstern, so daß man darin nichts erkennen kann, deshalb birgt dieses Zimmer das wichtigste Geheimnis unseres Lebens. Wir werden es nie klären, erst in unserer Sterbestunde werden sich uns die Türen zur Wahrheit öffnen.

Das ist unser menschliches Verlangen nach dem Absoluten, unsere Sehnsucht nach dem Sinn, der sich in Reichweite befindet. Es würde genügen, die Tür zu öffnen, um endlich alles zu verstehen.

Jenes Haus aus meinen Kinderjahren wurde später zum Symbol, ja in gewissem Grade zur Wiege meines Christentums. Ich wohne in diesem Haus, ich bin darin, nachts grenze ich mich von der Welt ab, um den bösen Geistern den Zutritt zu verwehren, oft steige ich in das Obergeschoß, ich stehe dort vor der verschlossenen Tür und warte voller Angst und Neugier darauf, daß sie sich öffnet.

Vielleicht suche ich auch manchmal nach dem verlorenen Schlüssel, doch dessen bin ich mir nicht mehr sicher...

Nie war ich ein Philosoph, ein Denker. Ich bin nur ein Schriftsteller, der in seinen Büchern den anderen Menschen, vielleicht sogar denen, die erst noch auf die Welt kommen werden, seine Vision von der Wirklichkeit und vom Menschen übermitteln möchte – so wie mein Gedächtnis sie festgehalten hat, wie ich sie erfahren habe.

Mehr nicht.

Also bitte ich, von mir keine gelehrte Abhandlung über Herausforderungen und Pflichten zu erwarten, die am Ende unseres Jahrhunderts, am Vorabend einer neuen Epoche, an der Schwelle zum dritten Jahrtausend stehen.

Ich könnte nichts Relevantes sagen. Ich kann nur einigen persönlichen Reflexionen Ausdruck verleihen.

Es gibt, denke ich, zwei große Probleme der Gegenwart, die zu Anfang des kommenden Jahrtausends die Aufmerksamkeit aller Christen auf sich konzentrieren werden. Das erste Problem ist der Versuch, jenen bedeutsamen und wichtigen Teil Europas, der im letzten halben Jahrhundert ohne eigene Schuld außerhalb Europas geblieben ist und allein der kommunistischen Herausforderung standhalten mußte, nun zu integrieren.

Das zweite Problem von noch größerer Reichweite für die Welt ist der Konflikt zwischen dem begüterten Norden und dem armen, an Hunger, Krankheiten sowie wirtschaftlicher und politischer Rückständigkeit leidenden Süden.

Ich glaube, von der Lösung dieser Dilemmata der Epoche hängt das Wohlergehen und vielleicht sogar der Fortbestand der Welt ab. Doch finde ich in dieser Frage eine gewisse eigene Unvollkommenheit, einen häretischen Zug in meiner Auffassung und Empfindung des Christentums.

Vielleicht bin ich kein treuer Bekenner, wie ich einst angenommen habe, vielleicht schlummern in mir irgendwelche schwer zu benennenden Auflehnungen, denn ich fürchte weder heute noch morgen die allgemeine Vernichtung, ein Massaker, eine Apokalypse als Folge unserer Fehler, Verbrechen oder ganz gewöhnlichen, im Namen der Bequemlichkeit des Menschen begangenen Dummheiten.

Ich meine hier die in Europa recht verbreitete Ansicht, daß wir durch Mangel an Vorausblick, Arroganz gegenüber der Natur, Egoismus eine allgemeine atomare Katastrophe herbeiführen und die Menschheit auslöschen können.

Als Christ habe ich einen gewissen wesentlichen Mangel, ich bekenne mich nämlich zu der Überzeugung, daß Gott nicht gegenwärtig ist in der Geschichte, doch auch nicht soweit abwesend, daß er uns völlig freie Hand ließe beim Morden an seinem eigenen Werk.

Diesen Gedanken möchte ich ein wenig breiter und deutlicher umreißen.

Ich meine, Gott ist in der Geschichte nicht anwesend, denn wenn ich Seine Anwesenheit und Seinen Einfluß auf den Ablauf der historischen Ereignisse anerkennen würde, müßte ich ganz einfach an seiner Existenz zweifeln oder den Glauben an Seine Barmherzigkeit und Liebe zum menschlichen Wesen verlieren.

Die Gegenwart Gottes in der Geschichte wäre gleichbedeutend mit einer Anklage gegen Ihn wegen der Gaskammern und Krematorien von Auschwitz, der Grausamkeit von Workuta und wegen all des Bösen, das der Mensch im Laufe der Jahrhunderte dem Menschen bereitet hat. Wenn ich die Anwesenheit göttlicher Vorhaben anerkennte, müßte ich voller Verzweiflung fragen, wo denn Christus in der Stunde des Holocaust war, als Sein eigenes, auserwähltes Volk in den Öfen verbrannt wurde, und wo Seine Mutter war, der die Polen seit Jahrhunderten ihr Los anvertraut hatten – als Warschau ohne jede Hoffnung vor den Augen der gleichgültigen Welt starb. Ich müßte auch nach dem Schicksal der Kurden fragen, oder nach dem Schicksal der Osseten in Georgien, der Georgier in Aserbaidschan oder schließlich der irischen Katholiken und Protestanten, die sich vor unseren Augen seit langen Jahren gegenseitig umbringen.

Ich denke, Gott ist in der Geschichte nicht anwesend, die Geschichte ist den Menschen in Pacht gegeben. Doch ist das eine wirklich ewige Pacht – Gott entscheidet selbst, wann sie endet. In diesem Sinne verwerfe ich die Anschauung, daß Gott sich durch uns vertreten lassen will, indem er uns die Operation Weltende anvertraut. Denn Gott hat doch zu diesem Zweck unsere Wasserstoffbombe nicht nötig, er braucht keinen Hitler, keinen Stalin, keinen Saddam Hussein, um die Geschichte der Welt zu beenden, wenn er meint, sie solle zu Ende gehen.

In diesem Sinne glaube ich nicht und glaube ich gleichzeitig doch an die Anwesenheit Gottes in der Menschheitsgeschichte. Dieses Paradox ist leicht zu erklären. Ich meine ganz einfach, wir sind geschaffen, um bestimmte Pflichten, Aufgaben und Prüfungen zu bestehen. Der Schöpfungsakt hat uns zu freien Wesen gemacht, die ihr individuelles Los selbständig und ihr kollektives Los gemeinsam gestalten sollen. Wenn die Zeit erfüllt ist, wird Gott uns Seine Anwesenheit zeigen. Er zeigt uns, jedem besonders, diese Anwesenheit in dem Moment, da sich vor dem Menschen die Tür zu jenem geschlossenen Zimmer öffnet, in dem sich das große Geheimnis verbirgt. Ich denke, die Menschheit als Ganzes hat auch ihre geschlossene Tür vor sich. Der Augenblick kommt, da sie geöffnet wird.

Ich habe unsere kollektive Pflicht erwähnt, was die europäische Integration betrifft, aber auch die Milderung der Kontraste zwischen dem reichen Norden und dem armen Süden.

Für mich sind die christlichen Pflichten vor allem Sache der menschlichen Person, Sache des einzelnen Menschen.

Unser Leben ist einzig, es ist unwiederholbar, so wie jedes menschliche Los in seiner Art einzig ist. Ich kann nicht das Leben eines anderen Menschen leben, und er kann meine Freuden, Illusionen, Leiden und Wünsche nicht erfahren. Darum halte ich das Christentum auch für eine persönliche Angelegenheit und beziehe die christliche Pflicht – wie ich sie verstehe – auf das Einzelwesen und nicht auf ganze Völker.

Indem ich den Wert der Soziallehre der Kirche anerkenne, mache ich aus ihm für mich nicht den einzigen Wegweiser. Vielleicht bin ich in dieser Frage kein hinreichend demütiger Jünger meiner Kirche, aber ich bin gar nicht sicher, daß Gott gerade eine derartige Demut vom Christen verlangt.

Ich finde, mein Christentum ist ernstlich bedroht durch die übermäßigen integrativen Tendenzen nicht nur in der römischen Kirche, sondern in fast allen christlichen Kirchen unserer Zeit. Es ist bezeichnend, daß wenn im vergangenen Jahrzehnt die Kirchen einem authentischen Ökumenismus nahe waren – wir fanden das bei Katholiken, Protestanten und Orthodoxen –, so haben die letzten Jahre ein Anwachsen anderer Tendenzen gebracht, obgleich man immer noch viel von Ökumene redet.

Ich kann vor allem von den Erfahrungen aus meiner nächsten Umgebung sprechen, von der polnischen Erfahrung. Das ist, meine ich, sehr lehrreich. Zu Anfang möchte ich zwei tiefgründige, eindringliche und pessimistische Meinungen anführen, die wir in unserem kollektiven Leben oft vergessen. Die erste ist die berühmte Anschauung Toquevilles, der Sturz des Tyrannen sei noch lange kein Beweis für die Freiheitsliebe. Die zweite Meinung, anonym, stammt aus den Schriften Montesquieus und besagt, daß wer die intolerante Macht stürzt, die ihn verfolgt hat, sogleich noch intoleranter wird.

Das sind, wie man vermuten kann, die eisernen Gesetze des öffentlichen Lebens, denn nie und nirgends geschah es anders. Vielleicht ist das sogar eine Übertragung der physikalischen Gesetze des ausschlagenden Pendels auf die Sitten der Gesellschaft.

Was für Schlüsse ergeben sich daraus für die tägliche Praxis? Wie gestaltet sich in diesem Licht die polnische Wirklichkeit? Und welche Verbindung hat das mit unserer christlichen Weltanschauung?

Es unterliegt heute keinem Zweifel mehr, daß der Sturz des Kommunismus in Polen keinen Ausbruch einer großen Liebe zu den Idealen der Freiheit des Menschen mit sich gebracht hat. Im Gegenteil, bei manchen Politikern, die gestern noch tapfer gegen die Diktatur gekämpft haben, kann man zur Zeit autoritäre Tendenzen beobachten, wobei ich sofort unterstreichen möchte, daß ich nicht Wałęsa meine. In der breiten Menge der Staatsbürger kann man ebenfalls eine Abneigung gegen die wirkliche Redefreiheit, aber auch eine Unsicherheit, Verängstigung, ja sogar eine gewisse Feindlichkeit gegen die Manifestierung einer nonkonformistischen Einstellung durch verschiedene Leute beobachten. Diese Abneigung ist auch in einem Teil der katholischen Geistlichkeit präsent, die gewiß Gehorsam gegenüber der Organisation Kirche mehr schätzt als die Fülle der bürgerlichen Freiheiten. Dieser Stand der Dinge beweist, daß der fast sprichwörtliche und in Europa legendäre Katholizismus der Polen eine der Mythen der Gegenwart ist. Erst heute kann man ohne Mühe das konstatieren, was Inhalt des Verdachts und der Unruhe tiefer denkender Katholiken ist, daß nämlich unsere Religion flach, oberflächlich ist, sich oft auf die blinde Ausführung ritueller Gesten beschränkt, ohne irgendwelche tiefere Reflexion über Gott und das Wesen des Menschen. Doch was ist am Ende der religiöse Glaube, wenn nicht eine Methode des Menschen, mit seinem Schöpfer zu reden?

Ist das eine wirklich christliche Gesellschaft, in der soviel Betrunkenheit, soviel Unredlichkeit, ja sogar ganz gewöhnlicher, von der Polizei verfolgter Diebstahl herrscht, wo es so wenig Achtung gibt vor eigener und fremder Arbeit und soviel alltägliche Intoleranz Haltungen gegenüber, mit denen der Mensch nicht einverstanden ist, weil sie keinen Platz finden in seinem engen, konservativen Weltbild? Und ist es eine wirklich christliche Gesellschaft, wo man einerseits mit Leichtigkeit, Leichtsinn und Nonchalance Tausende von Abtreibungen vornimmt, auf der anderen Seite aber klägliche, anachronistische Bemühungen anstrengt, um moralische Normen mit Hilfe von Polizeiknüppeln zu erzwingen, wie das die Autoren des unseligen neuen Abtreibungsgesetzes wollen.

Das moralische Landschaftsbild meines Landes ist ein Zeugnis für die traurige, schmerzliche Wahrheit, daß nämlich die Morallehren des Christentums, vor allem aber der römisch-katholischen Kirche, ganz einfach enttäuscht haben, daß sie den Anforderungen unseres historischen Abschnitts nicht entsprachen und das Ergebnis des Religionsunterrichts unbefriedigend ist und von geistigen Schwächen und intellektueller Unreife zeugt.

Man hätte diesen Stand der Dinge schon längst voraussehen können. Die Kirche, die eine so hervorragende Rolle als Bastion des Patriotismus und Verteidiger der nationalen Würde in den langen Jahren des Kampfes gegen die kommunistische Diktatur gespielt hat, mußte viel von ihrem Reflexionsvermögen verlieren, mußte auch ihren Universalismus vernachlässigen und verflachen.

Der polnische Katholizismus ist mehr polnisch als katholisch, und unser Christentum dient in nicht geringem Maße der Unterstreichung, Andersartigkeit und – was daraus folgt – einem Bessersein sui generis und also der Intoleranz. So gesehen ist das Christentum in Polen fern von den universalen Wurzeln, die seinen unvergänglichen Wert bezeichnen und über seine Echtheit und Einzigartigkeit entscheiden, auch im metaphysischen Sinn. Unsere Religiosität ist oft hinterwäldlerisch und von Folklore durchsetzt, es gibt darin zahlreiche heidnische Züge, was nicht ohne Einfluß auf die moralische Einstellung bleibt.

Für mich persönlich ist dies das grundlegende Dilemma meines Lebens.

Ich will kein polnischer Christ sein, ich will nur Christ sein. Aber in Polen nur Christ zu sein – heißt nicht auf polnische Weise Christ zu sein, heißt also ein bißchen Häretiker zu sein und ein bißchen Kosmopolit, heißt sich in gewissem Sinne außerhalb der Kirche und außerhalb der nationalen Gemeinschaft zu befinden.

So kann ich das ganze Problem vereinfachen und seine Konturen mit dickem Strich nachziehen, damit sie ausdrucksvoller werden, so kann ich sagen, daß mein derzeitiger Kampf gegen das Heidentum vor allem auf der Verteidigung meiner geistigen Souveränität beruht. Sie ist bedroht durch verschiedene Usurpationen, die noch gestern für diese geistige Souveränität ungewöhnlich wichtig und hilfreich waren.

Ich nehme an, der Anfang des 21. Jahrhunderts wird für die Christen die nächste Herausforderung bringen. Ich meine hier die Notwendigkeit einer neuen Evangelisation Europas und der Welt, eine Evangelisation mit wahrhaft universalem Ausmaß, wo der Ballast unserer nationalen Provinzialismen abgeschüttelt wird.

Ein Christ ist nicht Pole, Italiener oder Deutscher, sondern nur Mensch. Er stellt mithin die menschlichen Werte über die nationalen, er ist bereit, ohne Angst und ohne Verlustgefühl einem bestimmten Teil seiner Besonderheit zu entsagen, wenn er meint, daß eine solche Entsagung dem allgemeinmenschlichen Interesse und einem höheren moralischen Prinzip besser dient. Für den Christen – ich bin mir bewußt, daß ich etwas Banales sage, man muß es aber ständig von neuem wiederholen – für den Christen hat das Leiden keine nationale Farbe und kann sie auch nicht haben. Der leidende Kurde muß ihm näher sein als der in guten, stabilisierten Verhältnissen lebende Nachbar.

Es ist für mich keine redliche Behauptung von Präsident Bush, wenn er sagt, er wolle das Leben junger Amerikaner nicht opfern, um die Kurden zu retten. In diesen Worten schwingt ein falscher Ton. Doch habe ich nicht das Recht, über Bush oder jemand anderen zu richten. Denn ich trage nicht solche Last an Verantwortung und kann mir einen gewissen Komfort des Mitgefühls leisten, das, gerade weil es von mir weder Opfer noch Entsagung fordert, auch ein bißchen heidnisch ist. Ich denke, ohne die christliche Weltanschauung, das heißt ohne Anerkennung der Heiligkeit und Tragik jedes individuellen Menschenschicksals, das uns von Gott gegeben ist und über das wir vor Gott werden Rechenschaft ablegen müssen, ohne die schlichten christlichen Wahrheiten, die Jesus Christus und die Evangelisten uns hinterlassen haben, werden wir die Herausforderungen der Zukunft nicht bewältigen.

Im Christentum steckt eine große moralische Kraft, das glaube ich zutiefst – es bringt dem Menschen die Wahrheit über ihn selbst und die ihn umgebende Welt. Aus dieser Kraft muß man jetzt mehr schöpfen als je zuvor, denn nie zuvor gab es so viele aus unserem Hochmut resultierende Bedrohungen. Und dieser Hochmut ist nichts anderes als die banalste Dummheit. Wir meinen, alles zu können, weil wir auf dem Mond gelandet sind und es uns gelungen ist, auf einem gewissen kleinen Fleck der Erde eine Überflußgesellschaft zu schaffen.

Es genügt aber, sich an den Tod zu erinnern, und schon entdecken wir die eigene Schwäche. Es genügt, die Blätter an den Bäumen zu betrachten, die Wolken am Himmel, die Sonnenauf- und -untergänge – und sogleich verstehen wir, daß wir sehr wenig schaffen können.

Das Christentum lehrt uns Demut angesichts der Vielfalt der Welt und der Macht Gottes. Es lehrt uns aber auch die Größe des Menschen angesichts der Entscheidungen, die er fast täglich fällen muß.

Der Mensch kann böse sein, aber er kann auch gut sein. Entscheidungen zu fällen ist das Zeugnis seiner Größe und Kleinheit, seiner Schwäche und seiner Stärke, seiner Sterblichkeit im Sinne des irdischen Ablaufs der Geschehnisse und seiner Unsterblichkeit im ontologischen und eschatologischen Verständnis.

Wie ich zu Anfang gesagt habe – jeder von uns hat ein geschlossenes Zimmer, das ein Geheimnis birgt. Das Christentum ist für mich die unablässige Erinnerung daran, daß ich einst das Zimmer betreten werde. Dieser Prüfung gewachsen sein – das ist das erste und wichtigste Dilemma des Gewissens.

Die Furcht vor der Freiheit

Über die gewandelte Stellung der polnischen Kirche seit 1989

Vor zwanzig Jahren war in Polen der folgende Witz verbreitet: In einer vollbesetzten Kirche knien alle während der Wandlung nieder, einige Personen bleiben jedoch weiterhin stehen. Jemand fragt einen der Stehenden:

»Warum sind Sie nicht niedergekniet?« – »Weil ich nicht gläubig bin.« – »Warum sind Sie dann in die Kirche gekommen?« – »Weil ich die Kommunisten nicht ausstehen kann.«

Diese kleine Anekdote schildert treffend die Rolle und die Bedeutung der Kirche in Polen.

Es besteht kein Zweifel, daß die große Mehrheit der Polen sich für katholisch hält. Die Bedeutung der Kirche, die in Polen immer groß war, nahm im 19. Jahrhundert, als die Polen keinen eigenen Staat hatten, noch zu. In jener Zeit war es die Kirche, die die nationale Tradition pflegte und das Bewußtsein der nationalen Eigenart gegenüber den Eroberern stärkte. Diese Lage festigte sich nach 1945, als die kommunistische Macht versuchte, von der Gesellschaft die Anerkennung ihres ideologischen Monopols zu erzwingen.

In der unmittelbaren Nachkriegszeit gelang den Kommunisten dies sogar teilweise, mit Hilfe von blutigem Terror und grausamen Verfolgungen. Mitte der 50er Jahre mußte die Partei jedoch in der Praxis die Tatsache anerkennen, daß die Machtausübung gegen die Kirche und ihre Lehre überhaupt nicht möglich war. Nach 1956 erhielt der Klerus Rechte und sogar Privilegien, von denen in den anderen kommunistischen Ländern keine Rede sein konnte. Es ist klar, daß die Partei ununterbrochen gegen die Kirche agitierte und versuchte, den Einflußbereich der Kirche zu beschränken. Von Verfolgungen aus religiösen Gründen läßt sich aber kaum sprechen. Während in der Sowjetunion, in der Tschechoslowakei sowie in Ungarn die Kirche fast ausschließlich im Untergrund wirkte, war Polen ein Land, wo die Menschen völlig offen und massenhaft ihre Religion ausüben konnten. Die Kommunisten bemühten sich einerseits, die Kirchenhierarchie und den Klerus zu isolieren, andererseits kokettierten sie mit den kirchlichen Würdenträgern.

Was die Lage der katholischen Kirche unter der Herrschaft der Kommunisten angeht, lassen sich einige Entwicklungsstadien unterscheiden. Die erste unmittelbare Nachkriegsphase war gekennzeichnet durch stalinistischen Terror und grausame Verfolgungen. In der Regierungszeit Gomulkas von 1956 bis 1970 fand zwar ein harter ideologischer und propagandistischer Krieg statt, die Kirche war jedoch schon anerkannt als eine einflußreiche Macht, die das Machtmonopol der Kommunisten bedrohte. In den 8oer Jahren betrachteten Gierek und sein Stab die Beziehungen zur katholischen Kirche sehr pragmatisch. Sie versuchten, den wachsenden Einflußbereich der Kirche zu beschränken, peinlichst vermieden sie aber eine offene ideologische Auseinandersetzung. Sie bemühten sich, den Eindruck zu erwecken, sie respektierten die Kirchenhierarchie und nähmen sogar die Morallehre der Kirche schweigend an.

In den Jahren des Kriegsrechts und später, nach 1981, war Jaruzelski überhaupt nicht mehr imstande, eine ideologische Auseinandersetzung mit dem polnischen Katholizismus zu führen. In dieser Zeit war die Kirche ganz auf der Höhe ihrer Missionsaufgabe, sie wurde zur unbestreitbaren Führerin beinahe der ganzen Nation. Die Rolle der Kirche als Festung der nationalen Unabhängigkeitsbestrebungen Polens verstärkte sich zusätzlich, als Karol Wojtyla zum Papst gewählt und ein paar Jahre später der Priester Popiełuszko von den Funktionären der Geheimpolizei bestialisch ermordet wurde. Am Ende der kommunistischen Herrschaft wurde die Kirche zur Werkstatt des demokratischen und bürgerlichen Denkens. In den Gotteshäusern versammelten sich Millionen von Menschen. Dies waren relativ sichere Zufluchtsorte für zahlreiche polnische Gruppierungen und Organisationen, die eine unabhängige und offen oppositionelle Haltung der Macht gegenüber einnahmen.

In jener Zeit waren die Verdienste der Bischöfe und aller Geistlichen immens. Es ist so gut wie sicher, daß ohne die organisatorische und moralische Unterstützung der Kirche die demokratische Opposition sich damals nicht hätte entwickeln können. Die polnische Kirche stand in den Jahren 1980 bis 1989 allen weit offen, einschließlich der Atheisten und einer großen Zahl Zweifelnder. Sie verwirklichte rückhaltlos und äußerst wirksam die Mission des 2. Vatikanischen Konzils. Sie bot Halt und Schutz ausnahmslos allen Bürgern, die sich den demokratischen und freiheitlichen Wandel in Polen wünschten, unabhängig von ihren persönlichen Überzeugungen und ihrer Einstellung zur Religion. In diesem Sinn war die Kirche zutiefst patriotisch und gleichzeitig zutiefst christlich. Sie kämpfte für die Menschen- und Bürgerrechte, sie prangerte das Böse, die Verlogenheit und Heuchelei an; sie lehrte zwischenmenschliche Solidarität und Nächstenliebe und erinnerte die Menschen an ihre Pflichten dem eigenen Land gegenüber.

Es ist klar, daß die Kirche auch damals nicht ohne Makel war. Zahlreiche Intellektuelle in ihrem Umfeld bemängelten die volkstümliche, nationale, ja gar nationalistische Art und Weise der Priester, die Glaubenssätze zu behandeln. Eine beträchtliche Mehrheit der Priester war bäuerlicher Herkunft. Ihre Ausbildung war oberflächlich, sie waren konservativ eingestellt und mißtrauten der modernen Welt. Die Kirche selbst wurde allerdings nicht kritisiert, das galt ja als Metier der armseligen Karrieristen und Opportunisten, die mit der Militär- und Polizeidiktatur der Jahre 1981 bis 1989 zusammenarbeiteten. Die Gesellschaft betrachtete diese als Verräter an der nationalen Sache.

Nach dem Zusammenbruch des Kommunismus veränderte sich die Situation der Kirche im demokratischen Staat, in der pluralistischen Gesellschaft, vollkommen. Unter den neuen historischen Bedingungen war die Rolle der Kirche als Garantin der polnischen Nationalbestrebungen erschöpft, denn die Polen hatten ihre Souveränität zurückerlangt, für die sie so lange gekämpft hatten. Nicht mehr aktuell war auch die Situation, in welcher die katholische Kirche als die einzige von den Kommunisten unabhängige Organisation des gemeinschaftlichen Lebens galt.

Anstelle der zentralistischen Einparteiendiktatur entstand eine parlamentarische Demokratie. Vielfältige politische Parteien mit unterschiedlichen ideologischen Richtungen und Programmen schufen neue Räume des öffentlichen Lebens und gestalteten eine neue soziale Wirklichkeit. Im Rahmen der Freiheiten, die von der Demokratie gewährleistet werden, versammelten sich die Polen in verschiedenen Organisationen. Die Kirche, die jahrzehntelang die einzige Struktur der nationalen Gemeinschaft war, blieb zwar weiterhin mächtig, wurde jedoch langsam, aber unaufhaltsam zu einer unter vielen öffentlichen Einrichtungen. Diese Umstände zogen schon zu Beginn der polnischen Demokratie, gleich nach dem Zusammenbruch des Kommunismus, eine Reihe dramatischer Folgen nach sich, wie sie in den früheren Perioden kaum vorauszusehen waren. Nach 1989 gab sich der Klerus mehr und mehr der Hoffnung hin, daß die Rolle der Kirche, die sich große Verdienste im Kampf gegen den Kommunismus erworben hatte, in diesem unabhängigen Staat von der Nation auch gebührend gewürdigt werde. Und das hieß für viele Bischöfe und Priester, daß ihnen ein wesentlicher Einfluß auf die Entwicklung der politischen Situation im Staat eingeräumt werde.

Die überwiegend katholische Gesellschaft verhielt sich dagegen auf eine Art und Weise, die in den kirchlichen Kreisen als undankbar betrachtet wurde. Die Kirchenhierarchie erlag immer mehr der falschen Überzeugung, Polen sei einer Verschwörung gegen die Religion zum Opfer gefallen. Nachdem der Staat in den Händen der einflußreichen Führer der ehemaligen antikommunistischen Opposition geblieben war, die mit der Kirche seit Jahren verbunden waren, lavierte er ungeschickt zwischen der Skylla der politischen Bestrebungen des Klerus und der Charybdis der pluralistischen demokratischen Strömungen in der Gesellschaft.

Die Regierung Mazowiecki führte schon kurze Zeit nach dem Zusammenbruch des Kommunismus erneut den Religionsunterricht in der Schule ein, was bei vielen Polen, die an diese Praxis seit Jahrzehnten nicht mehr gewöhnt waren, auf Ablehnung stieß. Schlimmer noch: die Regierung führte die Schulreform ausgesprochen undiplomatisch durch, unter Mißachtung der Verfassungsnormen, was in einem demokratischen Rechtsstaat natürlich untragbar ist. Etwas später wurde das neue Abtreibungsgesetz im Parlament eingebracht, das einen tiefen Konflikt von nationalem Ausmaß auslöste. Die parlamentarische Mehrheit, die damals von der Kirche nahestehenden Gruppen beherrscht war oder mit den politischen Bestrebungen des Klerus liebäugelte, setzte das Gesetz durch, das die überwältigende Mehrheit der Gesellschaft für Unrecht hielt. Dieses Gesetz unterwarf äußerst empfindliche und kaum definierbare Gewissensfragen rechtsstaatlichen Regelungen, bis hin zu Strafgesetzen.

Es besteht kein Zweifel, daß der Streit über den Schutz des ungeborenen Lebens einen globalen Charakter hat und keine Besonderheit der jungen polnischen Demokratie darstellt. Die Heftigkeit jedoch, mit welcher der Klerus den doktrinären, römisch-katholischen Blickpunkt durchsetzte, führte notwendig zur scharfen Polarisierung der Meinungen und Haltungen.

Geschmacklose Angriffe der mit der Kirche verbundenen Rechtsparteien gegen die Gegner des Abtreibungsgesetzes und sogar gegen die, die nur seine soziale und sittliche

Wirksamkeit bezweifelten, sowie die Siegesgewißheit der kirchlichen Kreise führten im Herbst 1993 zu ihrer überraschenden Wahlniederlage und zur Rückkehr postkommunistischer Gruppierungen an die Macht. Die der Kirche nahestehenden Rechtsparteien, die von der Kirchenhierarchie offen unterstützt wurden, entsandten keinen einzigen Vertreter ins Parlament, was weltweite Verwunderung auslöste.

Nach 1989 gaben die Medien, vor allem das Staatsfernsehen, dem Zureden und dem Druck von seiten des Klerus nach und begannen, über alle Ereignisse des religiösen Lebens zu informieren. Nach dem Zusammenbruch des Kommunismus verknüpfte die erste polnische Regierung fast alle staatlichen Angelegenheiten mit der Präsenz der Kirchenhierarchie und des niederen Klerus, was damals in einem stark katholischen Land selbstverständlich schien. Es ergab sich ein erstaunliches Bild: Es reichte, den Fernseher einzuschalten, um einen Menschen in der Soutane zu erblicken, und es reichte, das Radio einzuschalten, um die Stimme eines Geistlichen zu hören.

Zunächst deuteten die Menschen dies als Zeichen einer neuen Zeit; alsbald jedoch reagierten sie mit wachsender Verärgerung. Die Polen waren jahrzehntelang an einen Katholizismus gewöhnt, der in den Mauern der Gotteshäuser blieb. Vor den Altären bestätigten sie ihr polnisches Nationalbewußtsein und demonstrierten ihre Bindung an den katholischen Glauben und an die bürgerlichen Freiheiten. Der Geistliche am Altar war für sie jahrelang nicht nur ein Priester, sondern auch ein Symbol für das rebellische Wesen der Polen, die für demokratische Freiheiten kämpften.

In der neuen Landschaft des souveränen und pluralistischen Staates verkörperte derselbe Pfarrer – außerhalb des Gotteshauses – eine von den zahlreichen, von den Medien zu Unrecht bevorzugte politische Option.

Es besteht kein Zweifel, daß viele Vorurteile und Ungerechtigkeiten entstanden, weil die Menschen schnell vergaßen, wieviel sie der Kirche verdankten; in den Geistlichen sahen sie nur oder vor allem Mitbürger, die nach ihnen nicht zustehendem Einfluß und Privilegien trachteten.

Es bestehen aber ebensowenig Zweifel, daß der Klerus viele Fehler und noch mehr Ungeschicklichkeiten beging. Einer der größten Fehler ist die Überzeugung, der Liberalismus habe einen zerstörerischen Einfluß auf das Polentum und der gottlose, permissive und auf den Konsum bedachte Westen stelle für den polnischen Katholizismus eine Gefahr dar. Selbst wenn eine solche Gefahr real existierte, wäre sie doch die Folge des geschichtlichen Prozesses. Anstatt Verschwörungen und bewußt vom Westen konstruierte Fallen darin zu suchen – wie dies leider die meisten polnischen Bischöfe tun –, sollte man vielmehr die Evangelisierung in einem für den Katholizismus schwierigen Zeitalter versuchen.

Die Kirche begeht einen großen Fehler, wenn sie beharrlich konservative politische Meinungen äußert, während sie gleichzeitig hartnäckig bestreitet, daß dies Politik sei, und behauptet, ausschließlich die Morallehre zu verkünden, wozu sie von Gott berufen sei. Wenn Polens Primas, Kardinal Glemp, in Tschenstochau predigt, die Idee der europäischen Integration bedeute eine Verschwörung gegen Polen und die Polen und die Europäische Union habe die Vernichtung der polnischen Nation zum Ziel, und wenn er gleichzeitig in derselben Predigt erklärt, daß die Kirche keine Politik betreibe, dann kann man sich kaum wundern, daß solche Aussagen auf den Widerwillen von Millionen polnischer Katholiken stoßen und daß zahlreiche Stimmen öffentlich verlangen, die politischen Aktivitäten des Klerus einzuschränken.

Die größte Ungeschicklichkeit aber, die eine große Gefahr für die Zukunft des Katholizismus in Polen darstellt, ist die semantische Usurpation, die der Klerus sich seit langem zuschulden kommen läßt. Wenn nämlich ein polnischer Bischof oder ein anderer polnischer Geistlicher von »der Kirche« spricht, dann meint er damit in der Regel das Episkopat und die Priester und nicht die viele Millionen umfassende Gemeinschaft der Katholiken, die diese wahre Kirche doch erst bilden. 90 Prozent der Polen sind katholisch. Sie sind die polnische Kirche, in der der Klerus einen wichtigen, aber sehr kleinen Bestandteil bildet. Die Identifizierung der Kirche mit der Kirchenhierarchie zeugt von der sicherlich unbewußten Verachtung, mit der die kirchlichen Würdenträger und fast der gesamte Klerus auf die große Glaubensgemeinschaft herabblicken.

In diesem Sinn läßt sich kaum von einer Krise der Kirche in Polen sprechen – es handelt sich vielmehr um eine Krise innerhalb der Kirche selbst, in der die Wege der Millionen polnischer Katholiken und ihrer Seelsorger sich trennen. Es ist richtig, daß in der neuen geschichtlichen Situation alle Polen neue Wege für sich suchen.

Der Klerus wählt, nicht anders als viele andere Bürger, manchmal Wege, die nirgendwohin führen. Das ist besonders gefährlich, weil der polnische Katholizismus nie tief im Boden der Theologie verwurzelt war. Sein festes Fundament stellt die Bindung an die Tradition, an Riten und allgemein gepflegte Nationalsitten dar. In diesem Sinne war die apostolische Mission der Kirche in Polen immer ihre schwache Seite. Ihre Kraft schöpfte die Kirche aus der Zusammengehörigkeit mit der großen Mehrheit der Gesellschaft. Diese Zusammengehörigkeit scheint heute bedroht zu sein.

Die Rückgewinnung des Glaubens

Vom Segen der Literatur in einer schweren Zeit

Als die Gestapo im Frühsommer 1941 die Warschauer Kapuzinerpatres verhaftete, verlor ich meinen jugendlichen Glauben an Gott. In den Jahren davor, zunächst als Kind, später als Schüler, war ich bei den Kapuzinern Ministrant gewesen. Damals war ich von einer tiefen Frömmigkeit geprägt. Als die Deutschen jedoch einen Anschlag auf die Kirche meiner Kindheit verübten, kam ich zu der Überzeugung, Gott sei überhaupt nicht stark und allmächtig, denn das Dritte Reich erwies sich als viel stärker als alle himmlischen Mächte.

Ich hatte meinen Glauben verloren, um ihn nach vielen Jahren unter ganz anderen Umständen wiederzufinden.

Der Mensch vermag schließlich ohne irgendeinen geistigen Halt nicht zu leben, seine Vereinsamung wird unerträglich, vor allem in der frühen Jugend, wenn man vom Leben nicht nur wichtige Richtungshinweise, sondern auch große Erleuchtungen und mitreißende Erlebnisse erwartet.

In jenen Wochen und Monaten, in denen Gott mich als Waise zurückgelassen hatte und ich meiner Kindheit so plötzlich beraubt war, über die doch eigentlich alle Engel zu wachen hatten, schlich ich verzweifelt durch die Warschauer Straßen und war mir wohl kaum jener realen Bedrohung bewußt, die von seiten der Deutschen auf mich lauerte.

Doch es gibt im Leben glückliche Zufälle. Ich kam durch einen solchen glücklichen Zufall in eine alte, sehr zugestaubte Leihbibliothek, die trotz aller Anstrengungen des Okkupanten, Warschau von Büchern zu befreien, noch erhalten geblieben war. Eine alte Dame, die Eigentümerin der Bücherei, wurde zu meinem ersten Mentor in der Welt der Literatur. Und das erste Buch, das sie mir zur gründlichen Lektüre empfahl, waren *Die Buddenbrooks* von Thomas Mann.

Ich kann mich noch gut an jene ungewöhnlichen Tage erinnern. Es war Anfang Herbst, auf der Grünfläche unterhalb der Warschauer Zitadelle verfärbten sich die Bäume von Tag zu Tag immer mehr golden und purpurn, und die zahmen Eichhörnchen liefen die Wege entlang. Unweit donnerte ein deutscher Panzerzug auf der Weichselbrücke hin und her. Die Geschütze waren auf die Stadt gerichtet, die wie im Fieber durch den Aufstand aus dem Untergrund erschüttert wurde. Und ich saß seelenruhig auf einer Bank, mit dem Buch in der Hand, als guter Bekannter des Herrn Konsul Buddenbrook und alteingesessener Bürger der Stadt Lübeck, beschäftigt mit Tonis Sorgen, zugegen bei den Gesprächen der alten Frau Konsul, besorgt wegen der Lungenentzündung, über die Dr. Langhans den Konsul unterrichtete. Ich hatte die Welt vergessen, die mich umgab, die Welt der gemordeten Juden, der dezimierten Polen, die Welt der Vernichtung, Grausamkeit und Verzweiflung, ich war weit entfernt von dieser Hölle, die uns allen damals von den Deutschen des Dritten Reiches bereitet wurde. Mich hatten andere Deutsche in ihren Bann gezogen, jene aus den Büchern von Thomas Mann, später jene, deren Bücher mir aus dem fernen Deutschland geschickt wurden: Heinrich Mann, Fallada, Döblin, Kellermann, Fontane, und dann auch Rilke, von Hofmannsthal, Stefan Zweig, des weiteren Goethe, Schiller, Lessing, Herder. Es war ein wunderbarer Zufall, daß ich gerade damals, in der Zeit der blutigsten Kriegserfahrungen mit den Deutschen, in die deutsche Literatur verliebt war. In dieser Literatur versuchte ich die Wahrheit über die deutsche Wirklichkeit herauszufinden.

Dies läßt sich nur schwer erklären. Vielleicht war es eine Art Flucht vor der Angst, ein Versuch, sich ein Versteck zu schaffen, irgendwie gerettet zu werden dank der Unredlichkeit und Fiktion der Literatur. Ich erinnere mich, daß ich die Deutschen, die in den Warschauer Straßen ihr Unwesen trieben, nicht als richtige Deutsche empfand, eher umgekehrt – sie schienen mir Karikaturen zu sein, Zeugnis einer Krankheit vor dem Hintergrund der tatsächlichen deutschen Landschaft, die ich in der Literatur fand. Jene ss-Leute in Warschau waren für mich wie Geschwüre, irgendwelche Buckel des Deutschtums. Ein richtiger Deutscher schritt in Gehrock und Monokel einher, er bewegte sich gewöhnlich voller Würde, denn er war stets ein älterer Herr, belesen, gebildet, zerstreut, zurückhaltend, manchmal auch ein wenig unsympathisch, weil er andere von oben herab behandelte. Und genau dieser echte Deutsche war zum Gespött und zur Witzfigur von seiten jener Deutschen geworden, die dick und ordinär, brutal und stumpfsinnig, kraftbesessen und blutrünstig waren. Ein echter Deutscher, das war jemand wie Professor Unrat bei Heinrich Mann. Ich erinnere mich noch gut daran, daß ich über das Schicksal des alten Unrath genauso weinte wie über jenes meiner jüdischen Kameraden, die im Warschauer Ghetto umkamen. Ich weiß, daß dies nicht gerecht war, denn meine Kameraden hatten viel mehr Mitleid verdient, aber es ist nun einmal so, daß die Literatur den Menschen stärker beeinflußt als seine eigene Wirklichkeit, die zum Greifen nahe ist.

In Polen hat die Schriftstellerei eine besondere Rolle und Bedeutung. Das ist die Folge des historischen Schicksals der Polen. Die Polen lebten im 19. Jahrhundert ohne eigenen Staat und eigene Einrichtungen des öffentlichen Lebens. Neben dem Katholizismus war die Literatur das einzige Gebiet, in dem ein Pole seine geistige Souveränität stärken und seine Andersartigkeit, Identität sowie den Wunsch nach Unabhängigkeit unter Beweis stellen konnte. Deshalb hat die Literatur jahrzehntelang gewisse gesellschaftliche und politische, ja sogar weltanschauliche Funktionen ausgeübt. Wir hatten keine großen Parlamentsreden, weil wir kein Parlament hatten, aber wir hatten Poeme, die von den großen Dichtern an die Nation gerichtet wurden. Wir hatten keine Möglichkeit, verschiedene politische und gesellschaftliche Konzeptionen für ein organisiertes Staatswesen zu verwirklichen, weil es den polnischen Staat nicht gab, dafür hatten wir die großen Romane, aus denen wir lernten, welche Pflichten der einzelne gegenüber dem Volk und das Volk gegenüber der Welt zu erfüllen hat. Es war eine eigentümliche, vielleicht sogar ein bißchen kranke Literatur, denn sie befaßte sich nicht mit dem, was die Dichter seit Tausenden von Jahren besangen, nämlich die Seele eines Menschen, sondern sie bemühte sich, ein weites Feld zu bestellen, ein großes Anwesen: das Bewußtsein von vielen Millionen Menschen.

Hier hat sich im 20. Jahrhundert nicht viel geändert, denn Polen erfreute sich lediglich zwanzig Jahre lang der Unabhängigkeit, um wiederum, im Jahre 1939 infolge des Krieges unter fremde Herrschaft zu geraten. Zunächst war es die blutige, grausame Naziokkupation, und nach 1945 die kommunistische Knechtschaft mit allen ihren Abarten, von der verbrecherischen stalinistischen Tyrannei bis zum altersschwachen Marasmus der achtziger Jahre.

Und somit erfüllte die Literatur wiederum ihre frühere gesellschaftliche und moralische Funktion. Ich glaube, daß sich die Literatur im Laufe vieler vergangener Jahrzehnte gemäß jenem ganz bestimmten Imperativ entwickelt hat, den einer der besten Schriftsteller unseres Jahrhunderts, der bedeutende Pole und große englische Autor, Joseph Conrad, ganzen Generationen von polnischen Schriftstellern mit auf den Weg gegeben hat. Er schrieb, es sei Aufgabe der Literatur, »die sichtbare Welt zu richten«.

Ich war immer der Überzeugung und bin es auch weiterhin, daß diese Worte Conrads bedeuten, die sichtbare Welt solle nach Maßgabe des Gewissens beurteilt werden, das uns gegeben wurde, um diese konkrete Welt der Aufrichtigkeit und der Würde näher zu bringen, indem wir sie gemäß jenen Kriterien von Freiheit und Würde des Individuums ordnen, wie sie diesem Individuum als innerer Reichtum immanent sind. Dies bedeutet meiner Meinung nach auch, daß wir diese konkrete Welt trennen müssen von verschiedenen Mythen und Legenden, die sie zum Zwecke unterschiedlicher vergänglicher Meinungen und Interessen verfälschen. Meinungen sind vergänglich, aber die Mythen bleiben, und plötzlich erweist sich die Welt als verlogen.

Das Material, aus dem meine Bücher sind, ist die Erinnerung der Generation. So gesehen, beschreibe ich nicht die Vergangenheit, sondern das, was aus der Vergangenheit in der Erinnerung verblieben ist, das, was tief in der Seele meiner Helden die Vergangenheit überdauert hat, und das heißt – mit einem gewissen Zögern und ohne letzte Gewißheit ausgedrückt –, was in mir selbst überdauert hat. Gleichzeitig begleitet mich immer, seit Beginn meiner schriftstellerischen Tätigkeit, die Botschaft von Joseph Conrad: nie die Gerechtigkeit zu verraten. Als Schriftsteller möchte ich nicht Richter sein, denn niemand hat mir das Recht gegeben, über andere zu urteilen. Um so mehr darf ich als Schriftsteller niemandes Henker sein. In Übereinstimmung damit, was ich bei Conrad gelernt habe, betrachte ich meine schriftstellerische Arbeit als immer neuen Versuch, gerechte Maßstäbe für diese Welt zu suchen, die mir zum Überleben zugedacht wurde. Meine Anschauung über die Welt ist genauso denkbar einfach, wie es das Christentum ist, in dem ich einst erzogen wurde. Der Sinn dieser christlichen Erziehung sind Liebe, Erbarmen und Vergebung.

Ich habe Menschen in Zeiten der Prüfung erlebt. Ich bin dabei zu der Überzeugung gelangt, daß der Mensch von Natur aus schwach ist und große Angst vor dem Tode hat. Vielleicht gefällt ihm gerade deshalb die Gewaltanwendung gegen andere. Die Umstände, in die die Geschichte den Menschen hineinstellt, lassen ihm kaum eine größere Bewegungsfreiheit. Moralische Entscheidungen haben oft das Gesicht des Teufels und leider viel zu selten das Antlitz eines Engels.

Ich bin mir nicht sicher, ob Gott da mitwirkt. Ich hoffe,

er wirkt nicht mit. Denn wollte ich anders urteilen, müßte ich ihn für die Gaskammern, die Krematorien, den Archipel Gulag und Auschwitz verantwortlich machen. Daher denke ich lieber, daß die Geschichte böse ist, eine böse Erfahrung, die wir durchmachen müssen, um gewissen Herausforderungen und Zwängen standhalten zu können.

Daher fluche ich als Schriftsteller oft über die Geschichte und nicht über die Menschen, die in sie, manchmal gegen den eigenen Willen, hineingeraten sind, weil sie keine andere Wahl hatten, oder – was schlimmer ist – jede Wahl konnte nicht anders als zwangsläufig böse und gemein sein. So habe ich immer Geschichte verstanden, ihre grausamen und von Menschen unkontrollierbaren Mechanismen, die Deutsche und Polen gegeneinander stellten und zu Feinden machten. Es ist die Sache ganz normaler Menschen, sich solchen Launen der Geschichte entgegenzustellen, ihr Widerpart zu bieten, so, als wäre sie die böse Wahrsagerin, eine gemeine Hexe, die gegen den Wunsch der Menschen und gegen Gottes Pläne agiert. Immerhin ist es dem alten Konsul Buddenbrook ja gelungen, aus meinem Leben während des Krieges jene mit Panzern, Kanonen, Flugzeugen und auch mit Pistolen, Peitschen und Stacheldraht im KZ Sachsenhausen bewaffneten Gespenster zu vertreiben.

Die Literatur, die über allen politischen Rastern wirkt, kann durchaus, sogar in Zeiten furchtbarer Kriege, die Menschen auf Barmherzigkeit, Nächstenliebe sowie auf den Umstand verweisen, daß wir alle – so oder so – sterben werden und somit nicht nur untereinander alle gleich sind, sondern auch gleich mit dem Baum und dem Blatt, das dem in seinem Glauben enttäuschten Jungen im besetzten Warschau ins Buch fällt, und der genau in dem Augenblick, da er dieses Blatt unbewußt auf den Kiesweg wehen läßt, seinen Glauben an die Welt und damit an sich selbst zurückgewinnt.

Nachweis

Das Wahre, Schöne, Gute. Erstabdruck.

Europa ist unterwegs. Erstmals abgedruckt in: STUTTGARTER NACHRICHTEN, 31. 12. 94.

Heute ist alles nur ein Schatten. Erstmals abgedruckt in: HINTERGRUND, Nr. 138, 1995.

Die Beschämung von Millionen. Erstabdruck.

Noch ist nicht alles geschafft. Erstabdruck.

Wo leben eigentlich die Deutschen? Text der Rede bei der Eiswette in Bremen im Januar 1996. Erstmals abgedruckt in: FRANKFURTER ALLGEMEINE ZEITUNG, 26. 6. 96.

Die Berliner Mauer trennte uns von Europa. Erstmals abgedruckt in: FRANKFURTER ALLGEMEINE ZEITUNG, 4. 10. 94.

Diese Worte sagte ein Deutscher. Erstabdruck.

Illusion und Wirklichkeit. Erstabdruck.

Mein Irrtum. Erstmals abgedruckt in: FRANKFURTER ALLGEMEINE ZEITUNG, 4. 3. 95.

Sünden und Fehler. Erstmals abgedruckt in: FRANKFURTER ALLGEMEINE ZEITUNG, 21. 3. 92.

Das Kartoffelkäfertheorem. Erstmals erschienen in: MERIAN Warschau und Polen, Ausgabe 2/45.

Mein Warschau von vor über fünfzig Jahren. Erstmals als Radiosendung ausgestrahlt vom Süddeutschen Rundfunk, am 26. 12. 91.

Das Atlantis des 20. Jahrhunderts. Erstmals abgedruckt als Vorwort zum Bildband *Es war einmal.* Passauer Presse 1995.

Nach einem halben Jahrhundert. Erstmals abgedruckt in: DER TAGESSPIEGEL, 19. 6. 91.

Der 1. August 1944. In leicht gekürzter Form erstmals abgedruckt in: BERLINER MORGENPOST, 23. 7. 94.

Hitler als Kitsch. Erstabdruck.

Das Lager. Erstmals abgedruckt in: DIE ZEIT, 24. 3. 95.

Stauffenbergs Widerstand. Erstabdruck.

Die Wannseekonferenz. Erstabdruck.

Eine kleine Nachtmusik. Erstabdruck.

Wo die Vernunft machtlos ist. Erstmals abgedruckt in: BERLINER ILLUSTRIERTE, 21./22. 1. 95.

Es wird nicht mehr geschossen. Erstmals erschienen in: Reinhard Appel (Hrsg.), *Es wird nicht mehr zurückgeschossen. Erinnerungen an das Kriegsende 1945*, Lingen Verlag, 1995.

Die Vergangenheit kann man nicht ›bewältigen‹. Erstabdruck.

Kampfansage an die Dummheit. Erstmals erschienen in: Reinhard Matz, *Die unsichtbaren Lager*, Rowohlt Taschenbuch Verlag, 1993.

Die Kunst darf nicht schweigen. Erstmals abgedruckt in: THEATER HEUTE, 10/1995.

Brief an Edgar Hilsenrath. Erstabdruck.

Fröschegequak und Krähengekrächz. Erstmals abgedruckt in: DER SPIEGEL, 4. 5. 92.

Ist der Ehrliche der Dumme? Erstabdruck.

Das verschlossene Zimmer. Erstabdruck.

Die Furcht vor der Freiheit. Erstmals abgedruckt in: NEUE ZÜRCHER ZEITUNG, 10./11. 2. 96.

Die Rückgewinnung des Glaubens. Erstmals erschienen in: Friedbert Pflüger und Winfried Lipscher (Hrsg.), *Feinde werden Freunde. Von den Schwierigkeiten der deutsch-polnischen Nachbarschaft*, Bouvier Verlag, 1993.